古代歷史文化研究輯刊

二六編

王明蓀 主編

第 **17** 冊

教養相資：清代書院考課制度（上）

劉明 著

國家圖書館出版品預行編目資料

教養相資：清代書院考課制度（上）／劉明 著 -- 初版 -- 新
北市：花木蘭文化事業有限公司，2021〔民 110〕
目 4+234 面；19×26 公分
（古代歷史文化研究輯刊 二六編；第 17 冊）
ISBN 978-986-518-600-5（精裝）
1. 書院制度 2. 清代
618   110011827

ISBN-978-986-518-600-5

古代歷史文化研究輯刊
二六編 第十七冊   ISBN：978-986-518-600-5

教養相資：清代書院考課制度（上）

作　　　者	劉明
主　　　編	王明蓀
總 編 輯	杜潔祥
副總編輯	楊嘉樂
編　　　輯	許郁翎、張雅淋、潘玟靜　美術編輯　陳逸婷
出　　　版	花木蘭文化事業有限公司
發 行 人	高小娟
聯絡地址	235 新北市中和區中安街七二號十三樓
	電話：02-2923-1455／傳真：02-2923-1452
網　　　址	http://www.huamulan.tw 信箱 service@huamulans.com
印　　　刷	普羅文化出版廣告事業
初　　　版	2021 年 9 月
全書字數	392566 字
定　　　價	二六編 32 冊（精裝）台幣 88,000 元

版權所有．請勿翻印

教養相資：清代書院考課制度（上）

劉明　著

作者簡介

劉明（1988～），湖北隨州人，歷史學博士，北京師範大學社會學院博士後，先後求學於中南財經政法大學、上海社會科學院、中國社會科學院研究生院，於《北京大學教育評論》、《武漢大學學報》、《安徽史學》、《近代中國》、《歷史教學問題》、《高校圖書館工作》等發表論文多篇，研究方向為近代教育史、近代思想文化史、歷史社會學等。

提　　要

　　書院考課制度淵源於宋明，但其時考課皆未成為書院主導性建制。清初書院制度沿襲了晚明書院講學之遺風，然隨著內在的學術理路以及外在的政治社會環境等的變遷，書院的主導性制度逐漸由講學向考課轉變，加之清代科舉制度的逐漸定型特別是「八股取士」風氣的形成，至乾隆中後期，清代書院形成了以八股試帖為肄習內容，以考課為主導性制度，以考課式書院為主流型式的基本特徵。從制度來看，書院考課制度的基本類型包括甄別課、官課、師課、月課、季課、內課、外課、小課、加課、特課、孝廉課、觀風課、決科等，其制度的基本規程則包括肄業資格、規模、扃試、散卷、課卷、課藝、待遇及獎懲等，通過將其制度設置以及實踐對照考察，基本釐清了書院考課制度的制度內涵以及清代書院制度的基本運作形式。

　　從書院與學術變遷的關係而言，在嘉道以來漢學之風的興起以及晚清西學新學之風的興起中，書院考課都充當了重要的制度條件。嘉道年間，由阮元創設詁經精舍、學海堂等為倡導，以專課經古及兼課經古為基點，經古學以書院為陣地迅速發展起來，雖然書院制度的基本型式未發生改變，但肄習內容的改變重新恢復了書院的學術功能。時至晚清，書院課試之經古學中，詞章之學日益淡化，掌故、算學、時務等愈益凸顯，分齋課士之制漸次推廣，最終演進為西學新學佔據書院課士之主導地位。此階段之中，如上海求志書院、寧波辨志書院等，雖為考課式書院，但通過採用分齋課士之制，並且利用報刊等新式傳播媒介，推動了大量士子接觸西學新學知識，成為晚清製造社會輿論，促進學術風氣轉移以及生產新式人才的重要機制。

　　在書院以考課為主導性制度，以考課式書院為主流型式的情形下，書院山長僅負責考課之命題判卷，士子肄業書院大抵亦僅為參加考課而已，師生之間並無授受，且書院各類弊竇充斥，此種情形，自然難以滿足晚清時代迫切的新式人才需求。救弊之需以及西式學堂制度的典範作用，使得書院制度中考課之主導性地位逐漸轉變，越來越多的書院強調住院肄業，書院教學法也逐漸豐富，日記劄記法、日程法、講授法佔據愈益重要之地位，伴隨此種轉變，傳統書院山長之職掌也從考課為主到以教學為主，從遙領到住院，從主導書院到僅負責書院教育等諸多方面的變遷，呈現出向現代教師的轉型。書院制度以及肄習內容的轉變，為書院制度向學堂制度的轉型提供了基本前提。

目

次

緒　論

一、選題旨趣

　　書院出現於唐，至南宋而制度化，並成為南宋、元，明中後期及清代主導性的文化、教育組織。在晚清，隨著各類新式文化、教育組織不斷湧現，書院制之主導地位開始受到一定衝擊，至光緒二十七年清廷正式下達書院改制上諭，特別是光緒三十一年科舉制度被廢除後，西式學堂制度遂全面取代書院制度。〔註1〕民元以來，國家主導之學校制度及學術建制完全取代書院舊有之地位，書院制處存亡絕續之間，但文脈未斷，並在二十世紀二十年代及抗戰時期兩度出現書院復興運動。〔註2〕新中國成立後，伴隨著全方位的學校制度的建立及國家權威的空前強化，書院制在大陸再無生存空間，遂播遷於港臺繼續發展。二十世紀八十年代以來特別是新世紀之後，由於政治、社會、文化等諸多方面的變革，以梁漱溟、馮友蘭、張岱年等於1984年10月共同創建中國文化書院為起始，大陸書院蓬勃復興，並在思想文化及教育等領域發揮越來越重要的作用。〔註3〕

　　晚清是近代中國劇烈變革的時代，伴隨著西學東漸與西力東侵之衝擊，舉凡中國之政治、經濟、文化、教育、社會等各個領域皆發生深刻、複雜且劇

〔註1〕鄧洪波：《中國書院史》（增訂版），武漢：武漢大學出版社2012年版。
〔註2〕楊一鳴：《走入民國的書院──書院復興與近代學術傳承》，東吳大學歷史所碩士學位論文，2006年。
〔註3〕趙法生：《書院復興：一個耐人尋味的問題》，《中國藝術報》2013年7月8日，第8版。

烈的變遷。就書院制度而言，早在嘉道年間，清代書院制之弊端已顯，阮元創設之詁經精舍即已經開啟清代書院制度及學術取向上的重大變革，並成為清代書院史及學術史之重要節點。至同光年間，大亂敉平，文教之興復成為中興之當務之急，鑒於書院流弊，伴隨著經世之學的勃興以及西式學堂制度之引導，各方圍繞書院制度展開了廣泛的探討和實踐，書院制度及其學術取向也開始發生重要之變遷，其中以江浙為最，至甲午前後，此風尤烈，並蔓延至全國。江浙地區南宋以來即為中國之學術重心地區，在晚清亦為「得風氣之先」之地，受西學東漸與西力東侵之衝擊程度深且巨，思想文化及各領域的制度變革始終處於前列，且多具全國性影響。因此，晚清江浙書院史之研究，對於釐清書院制度於晚清之變革，書院學術取向及其與晚清思想文化變遷之關係以及江浙地域在晚清思想文化變革之中的作用和意義，皆有著一定之意義。

論者每每忽視一基本事實，「中土教學之實在書院」〔註4〕，即書院制度為晚清主導性的文化及教育建制，相較於各類新式文化、教育組織，書院生徒及其知識生產在晚清亦佔據主導性地位。書院史研究興起之初即被視為教育史研究之一重要分支，此種觀點及取向於今日依舊相當程度上延續，而中國近代教育史之研究重點始終集中於各類新式文化、教育組織，與書院相關者則大多集中於書院改制之研究。既有的關於晚清西學東漸的研究中，也同樣集中於各類新式文化、教育機構及新式傳播媒介，〔註5〕對於書院制度對西學東漸之推動則始終缺乏精細深入的研究。此外，書院可以作為一個單獨的研究對象，但並不能作為一個相對自洽的研究領域，書院之發展與科舉制度、學校制度（亦稱學宮、官學、儒學等）、學術建制、地域社會結構、學術風氣等等都有著複雜而密切的關係，單純的教育史視角很難真正呈現書院之實際狀態及作用。以書院為研究對象，以西學東漸等學術變遷為中心，不僅能展現書院在中國近代教育史上的地位及作用，而且對於豐富和深化晚清西學東漸之研究都有其意義。

歷代書院按照教學形式分為講會式書院、聚徒式書院、宣講式書院、考課式書院等諸多種類，清代主導性的書院型式為考課式書院。中國考試制度源遠流長，書院在興起之初即才將考課作為基本制度之一，並始終延續之，

〔註4〕《論各處書院改試策論宜先試院長》，《申報》1898 年 7 月 16 日，第 1 版。
〔註5〕參見熊月之：《西學東漸與晚清社會》，北京：中國人民大學出版社 2011 年版。

但直至清代，考課才成為書院之主導性規制。按照書院的學術取向，有學者將清代書院分為三類：「一為講求理學之書院，一為考試時文之書院，一為博習經史詞章之書院」〔註6〕，後又加入第四種類型，即「注重學習西洋近代科學的書院」〔註7〕。無論何種類型的書院，書院考課皆為基本制度之一，不僅直接體現書院主導者（包括書院主政官、山長等）的學術取向，而且因考課關乎書院生徒膏火之升降、學業之進退，故而頗有轉移世風之效，且書院考課留存之大量課藝，總數在二百種以上，更是書院生徒之思想及學術取向的重要體現，而現有書院史及思想史研究對於此材料尚未有充分之利用。〔註8〕晚清書院考課活動及留存之課藝因其所處階段及其材料的特殊性，展開此研究，對於進一步釐清晚清思想史的發展脈絡，展示晚清思想的複雜性及一般性特徵都有著重要作用。

因此，對書院考課制度及實踐進行研究，以晚清江浙地區為中心並聚焦於西學東漸等思想變遷，對於書院史研究及晚清思想史的研究，皆有著一定之意義，且有可能實現一定之突破。

二、既有研究

書院研究的傳統在中國甚為悠久，傳統書院研究雖並不如現代意義上的學術研究般系統而條理，但為當代書院研究提供了充足的文獻資料及時代意見。傳統書院研究主要以書院記、書院志、地方志、正史及政書類形式呈現，涉及書院之起源、性質，書院之發展歷程、書院教學及管理等諸多問題，其中以王昶《天下書院總志》最具代表性。現代意義上的書院研究源於民初，研究的興起源自對新式學堂制度之反動，如劉伯驥所述：「中國古代教育富有尊師重道的精神，師生間異常親切，擇師選徒，既屬嚴謹。離師以後，人格學問，猶隱然有遵循，不像目前學校裏的師生，隔膜重重。除販授智識外，毫無關係。離校以後，更儼然如陌路生客，這是目前教育最失敗之點。從前書院山長，如果道學不足表率，學子擇師綦嚴，清議紛紛，教壇冷落。書院生徒，如果平素學行失檢，山長不許收容，而考課升降，更沒絲毫苟且。因此師生

〔註6〕盛朗西：《中國書院制度》，《民國叢書》第3編45，上海：上海書店1991年版，第154頁。
〔註7〕陳元暉、尹德新、王炳照：《中國古代的書院》，上海：上海教育出版社1981年版，第107頁。
〔註8〕魯小俊：《清代書院課藝總集敘錄》，武漢：武漢大學出版社2015年版。

大家都要親切認真，實際做修身治學工夫。這一點我認為值得提供於人格教育者的注意。」〔註9〕1923年，毛澤東《湖南自修大學創立宣言》〔註10〕、胡適《書院制史略》〔註11〕相繼發表，現代學術意義上的書院研究逐漸展開，書院研究出現一次持續二十餘年的熱潮，並出現了盛郎西《中國書院制度》〔註12〕；班書閣《書院藏書考》、《書院生徒考》、《書院掌教考》、《書院興廢考》〔註13〕；陳東原《中國教育史》；柳詒徵《江蘇書院志初稿》〔註14〕；梁甌第《明代書院制度》、《宋代書院制度》、《清代書院制度》、《元代書院制度》〔註15〕；曹松葉《宋元明清書院概況》〔註16〕；劉伯驥《廣東書院制度沿革》〔註17〕；謝國楨《近代書院學校制度變遷考》〔註18〕等代表性的研究成果。此一階段的書院研究最大特點「是從反省自西方引入的學校教育入手，總結並肯定書院的經驗，作為建設現代教育制度的借鑒。」〔註19〕

至建國後，書院研究在大陸頗為沈寂，但書院研究作為教育史研究的重要內容，在孟憲承等編的《中國古代教育史資料》〔註20〕，毛禮銳、瞿菊農、

〔註9〕 劉伯驥：《自序》，見《廣東書院制度沿革》，長沙：商務印書館1939年版，第1～2頁。

〔註10〕 毛澤東：《湖南自修大學創立宣言》，《新時代》1923年第1卷，第1期。

〔註11〕 胡適：《書院制史略》，《東方雜誌》1924年第21卷，第3期。

〔註12〕 盛郎西：《中國書院制度》，《民國叢書》第3編45，上海：上海書店1991年版。

〔註13〕 班書閣：《書院藏書考》，《國立北平圖書館館刊》1931年第5卷，第3期；班書閣《書院生徒考》，《女師學院期刊》1933年第3卷，第1期；班書閣：《書院掌教考》，《女師學院期刊》1933年第1卷，第2期；班書閣：《書院興廢考》，《女師學院期刊》1933年第2卷，第1期。

〔註14〕 柳詒徵：《江蘇書院志初稿》，《江蘇省立國學圖書館年刊》1931年第四年刊，123～234頁。

〔註15〕 梁甌第：《明代書院制度》，《現代史學》1935年第2卷，第4期，第1～20頁；梁甌第：《宋代書院制度》《社會研究》1935年第1卷，第1期，第75～114頁；梁甌第：《清代書院制度》《教育研究（廣州）》1937年第78期，第103～163頁；梁甌第：《元代書院制度》，《現代史學》1937年第3卷，第2期，第1～54頁。

〔註16〕 曹松葉：《宋元明清書院概況》，《國立中山大學語言歷史研究所週刊》1929年第9卷，第111～115期。

〔註17〕 劉伯驥：《廣東書院制度沿革》，長沙：商務印書館1939年版。

〔註18〕 謝國楨：《近代書院學校制度變遷考》，臺北：文海出版社1974年版。

〔註19〕 鄧洪波、周月娥：《八十三年來的中國書院研究》，《湖南大學學報》（社會科學版）2007年第21卷，第3期。

〔註20〕 孟憲承等編：《中國古代教育史資料》，北京：人民教育出版社1961年版。

紹鶴亭主編的《中國古代教育史》〔註 21〕都對古代書院作了相當篇幅的論述和記載。至八十年代初，隨著章柳泉著《中國書院史話》〔註 22〕以及陳元暉、尹德新、王炳照等編著的《中國古代的書院制度》〔註 23〕先後出版，拉開了新時期書院研究的序幕。此後湖南大學嶽麓書院等研究機構相繼成立以及學術機制的逐漸健全，書院研究迅猛發展，研究議題涉及書院人物《程顥與大程書院》〔註 24〕、《朱熹與嶽麓書院》〔註 25〕、《朱熹與白鹿洞書院》〔註 26〕、《嶽麓書院山長考》〔註 27〕、《張之洞與廣雅書院》〔註 28〕等等。書院沿革如《嶽麓書院史略》、《白鹿洞書院史略》、《上海格致書院志略》〔註 29〕、書院規制如張正藩《中國書院制度考略》〔註 30〕。書院與科舉關係的研究：林文龍《臺灣的書院與科舉》〔註 31〕、李兵《書院與科舉關係研究》〔註 32〕。另涉及到書院教育、書院藏書、書院刻書、書院祭祀、書院建築及景觀、書院經濟等等，成果汗牛充棟，並出現了鄧洪波所著《中國書院史》〔註 33〕等代表性的成果。總體性的書院研究綜述以鄧洪波、周月娥之《八十三年來的中國書院研究》最為精當，此後又有相關研究者按年梳理書院研究成果，不須贅述，且因涉及具體書院較多，未免冗雜，亦少述及。此次文獻梳理集中於清代書院考課及課藝等論文相關議題及以書院課藝為中心材料的學術研究。

　　書院研究從興起之初，即附屬於教育學、教育史及科舉制度之研究，基於此學科視角的研究多注重書院教育機制及教育實踐，而書院考課被視為書

〔註 21〕毛禮銳等編：《中國古代教育史》，北京：人民教育出版社 1979 年版。

〔註 22〕章柳泉：《中國書院史話》，北京：教育科學出版社 1981 年版。

〔註 23〕陳元暉、尹德新、王炳照：《中國古代的書院》，上海：上海教育出版社 1981 年版。

〔註 24〕郝萬章：《程顥與大程書院》，鄭州：中州古籍出版社 1993 年版。

〔註 25〕楊金鑫：《朱熹與嶽麓書院》，上海：華東師範大學出版社 1986 年版。

〔註 26〕李邦國：《朱熹與白鹿洞書院》，武漢：湖北教育出版社 1989 年版。

〔註 27〕楊布生：《嶽麓書院山長考》，上海：華東師範大學出版社 1986 年版。

〔註 28〕周漢光：《張之洞與廣雅書院》，臺北：中國文化大學出版部 1983 年版。

〔註 29〕王爾敏：《上海格致書院志略》，香港中文大學出版社 1980 年版；楊慎初、朱漢民、鄧洪波：《嶽麓書院史略》，長沙：嶽麓書社 1986 年版；李才棟：《白鹿洞書院史略》，北京：教育科學出版社 1989 年版。

〔註 30〕張正藩：《中國書院制度考略》，臺灣中華書局 1981 年版；張正藩：《中國書院制度考略》，南京：江蘇教育出版社 1985 年版。

〔註 31〕林文龍：《臺灣的書院與科舉》，臺北：常民文化事業股份有限公司 1999 年版。

〔註 32〕李兵：《書院與科舉關係研究》，武漢：華中師範大學出版社 2005 年版。

〔註 33〕鄧洪波：《中國書院史》（修訂版）武漢：武漢大學出版社 2012 年版。

院教育的重要形式，課藝則體現了書院教育之成效，因此關於書院考課及書院課藝的研究以此類成果最為豐富。章中如著《中國考試制度》中列「書院課士」一小節，將其視為科舉之外的考試制度而簡單介紹。〔註 34〕王爾敏在《上海格致書院志略》中為格致書院探討了格致書院考課的實施及其影響，就考課及課藝之中的命題人、課題、優勝者、徵引書目做了大量的統計整理工作，認為格致書院考課起到了「啟發新思潮」的重要作用。〔註 35〕宋巧燕《詁經精舍的文學教學》，《清代書院文學教育制度述論——以詁經精舍、學海堂為考察對象》，張立《杭州詁經精舍的科學教育》，皆以書院考課命題及課藝為例證說明詁經精舍等書院的教育取向及成效。〔註 36〕周文娟《清代湖南書院考試研究》（湖南大學 2009 年碩士論文）為書院考課制度研究的重要文獻，論文以湖南為限，專門考察書院考試制度，包括影響書院考課的內外因素、考課的型式及內容、獎懲機制等。程嫩生、孫彥《課試禁忌與清代書院文學教育》從防弊之法的角度梳理書院考課制度之設計和實踐，頗具新意。〔註 37〕林上洪《清代書院「課試」的現代啟示》從教育學的角度考察書院考課，認為官課是書院辦學質量的外部衡鑒手段，師課是書院教學質量的過程化評價方式，認為「清代書院課試在教學目標、過程評價、學業標準等方面對現代大學有重要啟示。」〔註 38〕盧曉靜之碩士論文《清代江西書院學規中的課程與教學思想研究》之第四章《清代江西書院學規中的教學評價與管理——以考課為例》，以《中國書院學規集成》中收錄江西書院之條規詳細梳理了清代江西書院考課之類型、實踐、內容、組織、紀律、評卷及獎懲等方面的內容。〔註 39〕楊念群所作《儒家地域化的近代形態——三大知識群體互動的比較研究》以「儒家地域化」為核心概念，區分了湖湘，嶺南、江浙三大儒學

〔註 34〕章中如：《中國考試制度》，上海：黎明書局 1932 年版，第 57～58 頁。

〔註 35〕王爾敏：《上海格致書院志略》，香港中文大學出版社 1980 年版。

〔註 36〕宋巧燕：《詁經精舍的文學教學》，《湖南大學學報》（社會科學版）2003 年第 17 卷，第 3 期；宋巧燕：《清代書院文學教育制度述論——以詁經精舍、學海堂為考察對象》，《學術研究》2008 年第 7 期；張立：《杭州詁經精舍的科學教育》，《浙江大學學報》2005 年第 5 期。

〔註 37〕程嫩生、孫彥：《課試禁忌與清代書院文學教育》，《青海社會科學》2009 年第 2 期。

〔註 38〕林上洪：《清代書院「課試」的現代啟示》，《中國考試》2013 年第 6 期。

〔註 39〕盧曉靜：《清代江西書院學規中的課程與教學思想研究》，江西師範大學碩士論文，2013 年。

區域，其中下篇《儒家地域話語的功能化體現——以書院研究為中心》中將書院視為區域知識群體及其群體意義模式形成的關鍵性因素，其中在對江浙地域書院的研究中，從江浙學術專門化思潮（疇人之學）的興起切入，以經古之學向書院的滲透，包括諸多書院課試經古之情形、考據學人掌教書院之情形、分齋課士之法的推廣等等，提出「學風梯級效應」等觀點和概念，並將此視為西式學堂制度在中國之生發以及西學在中國實現制度化的重要中介。〔註40〕

　　1947 年聶崇岐發表《書院和學術的關係》一文是較早開拓書院與學術變遷之議題者，其中提出南宋理學，明朝王陽明、湛若水學派以及清代漢學、桐城派與書院發展之間的密切關係，這些觀點成為此後書院與學術變遷研究的基本觀點。1991 年朱漢民提出南宋「理學思潮的高漲、理學學派的產生、理學學術成果的形成、理學思想的傳播等等，皆以書院為基地；同樣，書院獨特的教育宗旨、教育內容、教學方法，又都是以理學思想為指導而形成的」，理學與書院「一體化」，並通過《湖湘學派與嶽麓書院》（教育科學出版社 1991年版）一書具體展示了此一過程。〔註41〕吳萬居在《宋代書院與宋代學術之關係》中認為書院助長理學之風行，促成學派之分立。〔註42〕此一問題的代表性研究還有鄧洪波《理學家與南宋書院的興起》、《南宋書院與理學的一體化》；楊軼男之《略論兩宋書院與理學的傳播》；王曉龍、張春生之《宋代書院教育與宋代理學的傳播》等。〔註43〕錢茂偉《姚江書院派研究》將姚江書院置於王學的分化和明清學術的大背景之中加以考察，在釐清姚江書院發展脈絡的同時，重點探討姚江書院派後期代表人物邵廷采的生平及學術成就。〔註44〕

　　清代學術與書院之關係的研究以王建梁之《清代書院與漢學的互動研究》

〔註40〕楊念群：《儒家地域化的近代形態——三大知識群體互動的比較研究》，北京：生活・讀書・新知三聯書店 2011 年版。

〔註41〕朱漢民：《湖湘學派與嶽麓書院》，北京：教育科學出版社 1991 年版。

〔註42〕吳萬居：《宋代書院與宋代學術之關係》，臺北：文史哲出版社有限公司 1991年版

〔註43〕鄧洪波：《理學家與南宋書院的興起》，《湖南大學學報》（社會科學版）2006年第 6 期；鄧洪波：《南宋書院與理學的一體化》，《中國社會科學版》2012 年5 月 7 日，第 B01 版；楊軼男：《略論兩宋書院與理學的傳播》，《濟南大學學報》（社會科學版）2007 年第 2 期；王曉龍、張春生：《宋代書院教育與宋代理學的傳播》，《貴州社會科學》2005 年第 1 期。

〔註44〕錢茂偉：《姚江書院派研究》，北京：中國社會科學出版社、文化藝術出版社2005 年版。

最為重要，該書意欲回答「清代漢學為什麼在清代產生並逐漸興盛」之經典命題，以蘇州紫陽書院、徽州紫陽書院、揚州安定書院及梅花書院、廣州菊坡精舍等為中心，探討漢學與書院之間的互動關係，又以書院人物及其掌教書院之情形，如錢大昕之於蘇州紫陽書院，俞樾之於杭州詁經精舍，陳澧之於廣州菊坡精舍，探討學派之承繼，指出漢學與書院之間相互促進之關係，並將此種關係分為自發階段、制度化階段和輻射階段三個時期。〔註45〕類似的研究還有陳文和《試論清代揚州書院在揚州學派形成中的作用》、余九紅之《十八世紀江浙漢學書院構建及其影響》、吳旻之《清代揚州書院在揚州學派形成中的作用探究》等。〔註46〕徐雁平《清代東南書院與學術及文學》以東南三省（江蘇、浙江、安徽）為中心，將個案研究（包括書院及書院人物）與中觀研究（包括文士之流動、書院活動如文人雅集等）相結合，探討書院與學術及文學之變遷，且對書院課藝材料的整理以及書院活動的梳理，為後來者從事相關研究大小的堅實的基礎。〔註47〕劉玉才《清代書院與學術變遷研究》以書院人物及典型書院為中心，探討清代書院與學術之間的密切關係。〔註48〕

現有學術研究中，以書院課藝為材料進行的學術研究，以數學史成果最為豐富，其代表性的成果包括田淼《中國數學的西化歷程》及其《清末數學教師的構成特點》、李兆華《晚清算學課藝考察》、徐岩《清末數學家及其〈上虞算學堂課藝〉探究》、夏軍劍《清末數學家華世芳及其〈龍城書院課藝〉研究》、王美環《晚清數學家李鏐及其算學課藝研究》、屈蓓蓓《崔朝慶對中國近現代數學教育的貢獻》等等，皆著力於書院數學教育之實踐及其在中國數學發展之中的作用和意義。〔註49〕從思想史角度展開的相關研究，如李長莉之《晚清對

〔註45〕王建梁：《清代書院與漢學的互動研究》，武漢：武漢出版社2009年。

〔註46〕陳文和：《試論清代揚州書院在揚州學派形成中的作用》，《南京曉莊學院學報》2005年第4期；余九紅：《十八世紀江浙漢學書院構建及其影響》，山東大學碩士研究生論文，2008年；吳旻之：《清代揚州書院在揚州學派形成中的作用探究》，《揚州教學學院學報》2015年第3期。

〔註47〕徐雁平：《清代東南書院與學術及文學》，合肥：安徽教育出版社2007年版。

〔註48〕劉玉才：《清代書院與學術變遷研究》，北京：北京大學出版社2008年版。

〔註49〕田淼《中國數學的西化歷程》，濟南：山東教育出版社2005年版；田淼：《清末數學教師的構成特點》《中國科技史料》1998年第4期；李兆華《晚清算學課藝考察》，《自然科學史研究》2006年第4期、徐岩《清末數學家及其〈上虞算學堂課藝〉探究》，天津師範大學碩士研究生論文，2005年；夏軍劍：《清末數學家華世芳及其〈龍城書院課藝〉研究》，天津示範大學碩士研

西學的兩種誤讀——論鍾天緯的西學觀》，以《格致書院課藝》為基本材料，探討格致書院考課中重要的優勝者鍾天緯的西學觀，其認為鍾天緯以「道藝」「古今」為基本範疇來體認西學，導致了對西學的誤讀，但其西學觀是由「西學中源說」連接到嚴復啟蒙思想的重要一環〔註 50〕。李志軍之《格致書院與實學教育》以《格致書院課藝》為標的探討中國近代實學教育思想，即人才觀、教育觀、學術觀，將格致書院視為「中國實學思想的產物，也是中國實學思想的發展」〔註 51〕。程克雅之《從湖湘到廣東：書院課藝在晚清經學傳述中的重要性》中指出清代中葉興起的書院刊刻課藝之風及以經史為主要內容的書院課藝對於經學之傳述起到了重壓作用。〔註 52〕陳小華《〈詁經精舍文集〉研究》的主體內容為探討《詁經精舍文集》所載課藝中的對於若干學術問題之研究，並對其研究方法、水平和價值作了一定之評判。〔註 53〕熊月之《新群體、新網絡與新話語體系的確立——以〈格致書院課藝〉為中心》是對思想史角度展開的格致書院考課及課藝的研究帶有總結性質的研究，該文認為格致書院考課「形成以近代新媒體網絡為基礎、以書院傳統為內涵的新的文化網絡」、「《格致書院課藝》晚清沿海城市新式群體有組織、有計劃地生產出來的知識產品」、「充當了西學知識與變法思想的蓄水池」。〔註 54〕

　　總而論之，現有的關於書院考課制度及實踐的研究仍然存在著若干缺陷和空白，由於書院考課並非書院研究的中心議題，書院考課制度及實踐始終缺乏細緻的總結和梳理，而在探討晚清思想文化變遷與書院之間的關係時，現有研究大抵以書院人物為中心，由於缺乏對於書院制度的把握，從而難以釐清作為學術機制的書院的具體作用及運作模式，造成諸多議論的空疏。

　　　　究生論文，2006 年、王美環：《晚清數學家李鏐及其算學課藝研究》，天津示範大學碩士研究生論文，2013 年；屈蓓蓓：《崔朝慶對中國近現代數學教育的貢獻》，內蒙古師範大學碩士研究生論文，2015 年。

〔註 50〕李長莉：《晚清對西學的兩種誤讀——論鍾天緯的西學觀》，《江蘇社會科學》1999 年第 6 期。

〔註 51〕李志軍：《格致書院與實學教育》，《清史研究》1999 年第 3 期。

〔註 52〕程克雅：《從湖湘到廣東：書院課藝在晚清經學傳述中的重要性》，見《清代湘學研究》，長沙：湖南大學出版社 2005 年版。

〔註 53〕陳小華：《〈詁經精舍文集〉研究》，華中師範大學博士研究生論文，2013 年。

〔註 54〕熊月之：《新群體、新網絡與新話語體系的確立——以〈格致書院課藝〉為中心》，《學術月刊》2016 年第 48 卷，第 7 期。

三、資料說明

書院相關之史料汗牛充棟，其中編輯整理之叢書及史料集如《中國書院史資料》、《中國書院學規集成》、《中國地方志文獻・學校考》、《中國近代教育史資料彙編》、《中國地方志集成》、《中國方志叢書》等等皆為論文徵引及參考之基礎性史料，幸賴前輩之披荊斬棘，吾輩後學能得大道通衢。然此類史料關於書院大抵限於書院沿革及制度，考察若干實在情形及制度─實踐之間的斷裂，則主要依賴於報刊、文集、日記等等。

報刊資料尤以《申報》為重，按戈公振所述，「自同治末年，以迄光緒中葉，日報編輯之形式，大率首論說，次上諭，或宮門抄，次為各省各埠要聞，末為本埠新聞」，而「書院題目」為「各省各埠瑣聞」中之重要內容。〔註55〕除了書院題目之外，舉凡書院之人物事蹟，制度變革，書院官師、諸生之情形，書院活動如考課、送院、膏火獎賞、住院、鬧書院等等諸情形以及時人關於書院之議論等等史料可以說是浩如煙海，雖然不免零碎，但通過史料長編的方式將其與書院制度、人物等相關史料相結合，大抵能勾勒出書院制度實踐中的諸多情形。

書院人物包括官、師、肄業生徒等等，涉及其中人物之史料則更為龐雜，包括文集、日記、書信、年譜、傳記和筆記等等，此類史料較多涉及書院人物實際參與書院事業之若干情形以及關於書院的時代意見，將此類史料與編輯整理之叢書、史料集以及報刊史料等相結合，去粗取精，去偽存真，則有利於盡可能接近書院制度及實踐之實際情形及其變遷過程，並還原書院在彼時代之實際地位及作用。

另外，典章制度類文獻亦為論文的重要史料，清代書院雖然並非朝廷的重要正式制度，但清廷及地方大吏始終是書院事業的重要參與力量，尤其是整體性的書院制度變革必然有賴於朝廷之支持和倡導，故而典章制度類史料為考察書院制度沿革、書院創設及運行情形等的重要文獻支撐。

四、研究思路

瞿同祖先生在《清代地方政府》中將「law in book」與「law in action」相結合，運用大量豐富的史料挖掘出大量長期被遮蔽的社會事實，揭示書面制

〔註55〕戈公振：《中國報學史》，《民國叢書》第二編 49，上海：上海書店出版社 1990年版，第 100～101 頁。

度與實際情形之差異，展示了一套活生生的制度模式〔註56〕，堪為後輩學人
之儀型。本研究即始終以將「law in book」與「law in action」作為中心思路，
首先分析論證考課在清代書院制度中主導性地位的形成過程及其表現，進而
將書院考課制度分解為若干制度要件，在對其進行制度層面的梳理和總結的
同時，將其在實踐之中的若干情形亦作梳理和總結，通過展現書院制度與實
踐之中的若干差異、割裂甚至背離，與此同時，通過對有關書院的時代意見
的把握，從而將書院這一「活生生的制度模式」盡可能作還原。

　　從內容上來看，本文第一章意在釐清清代前中期書院制由講學向考課之
轉變，即書院考課制度逐漸佔據書院規制之主導性地位的歷史過程。第二章
意在論述書院考課制度的基本類型、規程及實踐諸情形。第三章從書院考課
命題的角度探討清代學術之轉變。第四章討論書院制度之流弊及其整頓之法，
力圖以此探討晚清書院制度及中國教育體制變遷的內在動力。第五章以求志
書院、辨志書院為例論述「考課式書院」的制度及實踐情形。第六章則以意
在從晚清書院山長及生徒出發，論述書院實際運行諸情形。

〔註56〕瞿同祖著；范忠信、何鵬、晏鋒譯：《清代地方政府》（修訂譯本），北京：法
　　　　律出版社 2011 年版。

第一章　從講學到考課：清代前期書院規制之轉變

　　中國書院淵源於唐，定型於南宋而極盛於明、清，然歷代書院型式及規制差別較大。劉伯驥認為，「宋代書院是屬於私人講學性質」，不受朝廷支配，「講習方面很自由，在學制系統上是未曾列入的」。元代書院書院為官立性質，明代書院獨立於科舉與學校之外，注重講學。清代書院「等於一種補習機構」，但因「書院設備較學校為憂，訂立課程，聘名師掌教，確能負起育才的責任」，因此漸而取代學校。〔註1〕商衍鎏稱：「唯書院之名雖同，性質則歷代殊異。唐以前為藏書之地，宋以後或為講學，或為祠祀，或為考課，而講學、考課者每兼藏書與祠祀。但書院所重者實在講學、考課兩端，其藏書祠祀特附及耳。試為論之。宋元獨尚講學，明代間兼會文，清則講學者鮮，後且以考課為主，而與科舉之關係特深」〔註2〕，大抵如是。

　　明代書院的輝煌局面源於王陽明、湛若水及其後學始於正德年間的長期「聯講會、立書院」以宣揚其學術及思想的實踐，〔註3〕這也造就了明代書院以講會為基礎性規制，以會講式書院（亦稱講會式書院）為主流型式的特徵，即「以講為學」，「以會為學」，「隨地舉會」，「聯講會，立書院，相望於

〔註1〕劉伯驥：《廣東書院制度沿革》，長沙：商務印書館1939年版，第431～434頁。

〔註2〕商衍鎏：《清代科舉考試述錄》，北京：故宮出版社2014年版，第245頁。

〔註3〕鄧洪波：《中國書院史》（修訂版），武漢：武漢大學出版社2012年版，第321頁。

遠近」。〔註4〕然自萬曆後期，處士橫議之風漸長，士子聚集於書院講學、議政，逐漸聚合成一個個政治集團，其中尤以東林書院為代表，〔註5〕官僚士大夫之間的黨爭從萬曆朝一直延續至南明，故而明亡於黨爭之說頗為流行，則書院及講學在後人看來亦難辭其咎，商衍鎏即稱：「若明之東林書院，以講學及於時政，致興大獄，其影響於清代之轉變講學為考課者甚大，尤為千數百年來書院一重要之事。」〔註6〕而從清代中前期之思想轉型來說，明清鼎革又加速了思想界的分化，總而論之即由虛轉實，其表徵一則為調和陸王或由王返朱；一則為經史之學及經世之風興起。清初之政治環境又極為嚴苛，清廷摧折士子之政甚多，世風、士風及學風已經發生了重大轉變，此種思想社會環境，也促使書院制度也發生了轉向。

從書院規制上來看，清初，由於遺民及其子弟支配學界，故而明代書院講學之風依舊相當程度上延續，但講學方式、內容、規模等已經發生了重大的改變。而至康熙中後期，隨著清廷統治漸趨穩固，遺民漸趨凋零，朝廷倡導之程朱理學逐漸佔據意識形態正統地位，書院官學化程度不斷加深，民間講學活動趨於消歇，伴隨著官學之式微及科舉制度之定型，考課制度不斷滲入書院制度體系之中，並開始佔據越來越重要的地位。此一過程至乾隆中後期逐漸完成，此後書院大抵淪課士之所，晚清時人論述書院變遷及當時書院之形象，稱：

> 夫其所以培育人材者，曰官師督課以教之，月給膏火以養之，教養既備，然後人材出乎其中。顧書院昉自唐宋間，其制度未必即如今日之善。蓋從前之書院有教之之法，而無養之之具。宋時鵝湖、鹿洞，大儒講學……然只教之，而未嘗有膏火以為諸生養贍也，即師長之尊，亦無有官給之束脩也。明季顧先生講學東林，而天下書院遂相林立，末年乃有黨禍，其時亦並不設考課之法與優獎之章程。故書院雖為古制，而延掌教以課諸生，分等第以給獎勵，

〔註4〕鄧洪波：《以講為學、以會為學：明代書院講會的新特點》，《湖南大學學報》（社會科學版）2008 年第 5 期；鄧洪波：《隨地舉會，歸之書院：明代講會之發展趨勢》，《湖南大學學報》（社會科學版）2010 年第 2 期。

〔註5〕（日）小野和子著，李慶、張榮湄譯：《明季黨社考》，上海：上海古籍出版社 2006 年版。

〔註6〕商衍鎏：《清代科舉考試述錄》，第 245 頁。

實自本朝始也。〔註7〕

　　夫書院所以培養人材，宋元以來始有建者，其時名儒輩起，以為講學之所，師長居之，及門者進其堂奧，與之講貫實學，為有體有用之士，非如今之書院僅令窮酸之子，月試兩課以博膏火花紅也。前明之季東林講學之風盛於天下，相率效尤，各樹其黨，而書院遂遍於各省，然其章程亦尚無月課也。故今之書院有其名，而非其實矣。蓋月課兩次，以文為優劣閱定甲乙，榜示獎勵而已，生徒與師長無相見之文也。若夫官長則更無講貫之責，每月課士即親臨院中，亦止高坐點名，寫一題紙，令諸生作文耳。諸生家塾有師有徒，所肆之業為正經，而以書院月課之文詩為旁鶩，所冀者兩許膏火銀也。諸生以之為小名小利之地，官師以之為虛應故事之處，然則書院亦安有培育人材之實哉。〔註8〕

　　此中可見，雖然對於清代書院考課有兩種不同的價值判斷，一則認為是教養有法之盛政，人材出乎其間；一則認為是有書院之名而無書院之實，無培育人材之實。但其時書院之形象是一致的，即「官師督課以教之，月給膏火以養之」，「延掌教以課諸生，分等第以給獎勵」，「月試兩課以博膏火花紅」，即考課為書院之主導性規制，考課式書院為主流書院類型。

第一節　宋明以來書院考課之制

　　中國考試之制淵源甚早，三代以上，已有相關記載。自書院創設，考試之制便成為書院制度中之規制之一，唐之集賢殿書院即有「月終則課於內，歲終則考最於外」之制，此為有關中國書院考課的最早記載。〔註9〕書院制度於宋代走向成熟並最終確立，形成了研究、講學、藏書、刻書、祭祀、學田六大事業，〔註10〕而考課不與焉。然宋元時代，書院亦有採用考課之制者，如宋紹定五年，福建南平之延平書院，徐元傑所定《南平郡學及書院諸學榜》規定：「每月三課，上旬本經，中旬論，下旬策。課冊待索上觀，佳

〔註7〕　《論書院立法》，《申報》1881 年 4 月 21 日，第 1 版。
〔註8〕　《論爭居書院》，《申報》1881 年 4 月 4 日，第 1 版。
〔註9〕　陳谷嘉、鄧洪波：《中國書院制度研究》，杭州：浙江教育出版社 1997 年版，第 478 頁。
〔註10〕　鄧洪波：《中國書院史》（修訂版），第 170 頁。

者共賞。」〔註11〕宋景定年間江蘇明道書院《明道書院規程》規定「每月三課，上旬經疑、中旬史疑、下旬舉業。文理優者傳齋，書德業簿。」〔註12〕元泰定三年（1325年）劉鶚訂《齊安河南三書院訓士約》，內中有「會課之宜勤」一條，其稱「以文會友，原是聖賢成德，爾輩隨便立會，不拘人數，宜遵白鹿洞規，恒以實心軟勵，質疑問難，相與開發心胸，顯示幽規，相與砥礪名節，不矜不伐，下拜昌言，若無若有，近思良友，虞廷孔孟，相授之益可想而知也。求友輔仁，亦在志士之自奮耳。」〔註13〕

　　然宋元時期雖有書院採用考課制度，但考課並不在書院規制中佔據重要地位，至明代，書院考課之制度才更為普遍的流行開來，學界普遍認為明中後葉，書院日益官學化的一個重要要標誌即為考課制度在書院的推行〔註14〕，然其時講學與考課同時為書院之重要活動，「明代數建書院，諸生肄舉子業於其中者實繁有徒，謂之課藝；其坐皋比主講席，諸學者環列以聽，乃謂之講會。」〔註15〕而從重要性及規制之完整性來看，考課則遠不如講學之重。明代書院考課之流行，雖然源於科舉制之刺激，亦與明人對於舉業和講學之間關係的認識也有著大的關聯。如前文所述，明代書院之盛源於王陽明、湛若水及其後學長期「聯講會、立書院」以宣揚其學術及思想的實踐，其中雖然以講學為重，然王、湛二人對士子參與科舉及一定的應試之訓練並不排斥。正德四年王陽明掌教文明書院，引用程頤「舉業不患妨功，惟患奪志」之語教導弟子毋將求道與舉業視為二事，應「循循為之，亦自兩無相礙。」〔註16〕正德十二年湛若水閉關西樵山，創設大科書院，十四年其提出：「德業舉業，

〔註11〕徐元傑：《南平郡學及書院諸學榜》，鄧洪波主編：《中國書院學規集成》，上海：中西書局2011年版，第603頁。

〔註12〕《明道書院規程》，鄧洪波主編：《中國書院學規集成》，第163頁。

〔註13〕劉鶚：《齊安河南三書院訓士約》，鄧洪波主編：《中國書院學規集成》，第978頁。

〔註14〕柳光敏：《試論明代書院官學化的歷程》，《齊魯學刊》1994年第4期；李國鈞主編：《中國書院史》，長沙：湖南教育出版社1994年版，第556頁；李兵：《書院與科舉關係研究》，武漢：華中師範大學出版社2005年版，第154～156頁。

〔註15〕施璜等編：《紫陽書院志》卷十六，雍正三年刻本，《中國歷代書院志》第9冊，第587頁。

〔註16〕王守仁：《王陽明全集》，上海：上海古籍出版社2015年版，第125頁；俞樟華著：《王學編年》，長春：吉林大學出版社2010年版，第53頁。

二業本同一致也。如修德業者，亦讀聖賢之書，為舉業者，亦讀聖賢之書。其業一也。其世之學者以為不同，蓋繫乎志，不繫乎業也。故不易業而可以進於聖賢之道者，科舉是也。不易志而可以大助於科舉之業者，聖學是也。」十五年定《大科（書）堂訓》七十二條作為書院院規，稱：「科舉乃聖代之制，諸生若不遵習，即是生今反古，便非天理，雖孔、孟復生，然孔、孟為之，亦必棄於今之習舉業者，從根本上發出自別。故舉業不足以害道，人自累耳，學者不可外此，外此便是外物也，為痛不小。」嘉靖五年，湛若水之弟子黃綸將其相關言論編輯為《泉翁二業合一論》，頗有影響。〔註17〕因此之故，諸多書院將講學與舉業統一其中。

　　明代較早採用考課制度的書院為陝西三原縣之弘道書院，此書院為弘治九年王承裕所建。按王承裕，字天宇，號平川，陝西三原人，吏部尚書王恕子，成化二十二年中舉，弘治六年舉進士，因父親致仕，告假歸家，奉養雙親，遂借僧舍為講堂，稱「弘道書屋」。後因從學者日眾，僧舍不容，眾人遂捐建書院，於永清坊普照寺廢址建弘道書院。弘治九年王承裕訂立《弘道書院學規》，從此學規來看，弘道書院有著很強的為科舉作預備的取向，除規定生徒肄習內容、旨趣以及講解儀程外，還規定：

　　　　七曰作古文：諸生學古文者，每日讀謝疊山所選《文章軌跡》
　　　文字一首；學詩者，每日讀楊襄城所選《唐音》詩二首，兼日書背
　　　誦。每月朔請古文題二、詩題四，俟舉業工夫有暇作之，辭尚體要，
　　　至月終呈稿改正。

　　　　八曰作時文：間日作時文二道，或經義、或四書義、或論、或
　　　策、或表，務說理明白，遣詞條暢，追彼作者。若檢索謄錄，取一
　　　時之要，是自畫也。

　　　　十七曰考試：每月初二日、十六日考試。所作文字，詞理俱佳
　　　者作一等，詞理頗通者作二等，初學可進者作三等。下三等者加以
　　　夏楚。〔註18〕

〔註17〕三浦秀一：《湛甘泉的二業合一論及其影響》，朱漢民主編：《中國書院》第八輯，長沙：湖南大學出版社2013年版。

〔註18〕王承裕：《弘道書院學規》，鄧洪波主編：《中國書院學規集成》，第1688～1690頁。

明嘉靖年間，時任山東提學副使呂高，修葺山東湖南書院，遴選生徒入院肄業，訂立《湖南書院訓規》，其認為：「為學工夫在學者自盡而提撕，考驗之法在教官不可不勤」，因此所規定考課制度極為完善，具體而言：

> 每月逢三日作四書、五經各一篇，初六日論一篇，十六日時務
> 策一道，二十六日表一篇。俱於本日午後呈遞，各經教官親筆改正，
> 面論疵純，領還，候本道不時下院撤看。逢九日，教官列諸生堂上，
> 各另一簿，面試三篇，批評高下，分別次序。次日，同將考簿呈解
> 本道查看。本道於每季終考試勸賞，學無進益者，發回本學。〔註19〕

此中可見，湖南書院規定有嚴格的學程及考試制度，其中考試制有三種類型，一為教官命題後，生徒答卷，於午後呈遞；一為生徒聚集堂上考試三篇；一為提學副使於季終至親試並獎懲之。此外，生徒答卷須保留以便提學副使稽查，考試等第也需要上報。

嘉靖三十一年，鄭廷鵠於白鹿洞書院定《酌定肄業洞生》亦有考課之規定。按鄭廷鵠於嘉靖二十九年七月升任江西按察司副使，提督學校。嘉靖三十一年主持修纂《白鹿洞志》，並講學其中，其時書院經費使用上，「每因有司不知節制，以致諸生視為己資，入有限而出無窮」，乃將肄業生徒之入院之資格與考課等第相勾連，規定：

> 合無自今考案為始，在一、二等者，本府發洞肄業，資給租銀，
> 不願者聽。外府有志者，待本道批行，方准送入附簿，一體給贍，
> 以後隨考升降，著為定規。若概無分別，則勤勉無所勸懲矣。今後
> 仰府，一以考案為主，該府並屬縣生員，考一、二等者，報名登簿，
> 發洞肄業，不願者聽。余俱依擬革除，不許潛住，茲為敗類。若果
> 貧無所資，有益洞學，不在一、二等，明白呈奪。其外府曾經本道
> 批入者，方許附簿，一體給贍。〔註20〕

具體而言，即本府生員須通過考課名列一、二等者方准入院肄業，外府生徒肄業須經道批准，列入附簿，之後根據考課成績隨時調整待遇。換而言之即入院肄業之資格及待遇皆由考課等第而定。

東林書院於萬曆三十三年創設月課，「涇陽先生移涇裏同人堂社於麗澤

〔註19〕呂高：《湖南書院訓規》，鄧洪波主編：《中國書院學規集成》，第 770 頁。
〔註20〕鄭廷鵠：《酌定肄業洞生》，鄧洪波主編：《中國書院學規集成》，第 654～655頁。

堂。月課多士未近者，得拔第一，文譽立著。故士皆爭自奮起，所獎成孤寒甚眾。」〔註21〕萬曆四十五年舒曰敬掌教白鹿洞書院，「與多士盟，每月會講六日，會文六日」。同年知府袁懋貞《申聘南昌鄉紳舒曰敬主洞並議款》中以考課之優劣定膏火之多寡的規定更加精細，具體而言：

> 看得舊規，洞生每月給銀三錢。至四十三年，改給月課優等，……每月計兩考，每歲計考二十四次，每考該銀八兩五錢，除供給紙張，姑以百人作數計，應用銀二兩六七錢之外，凡一等賞三錢，應定為十名；二等賞一錢伍分，應定為二十名；三等前十名賞一錢。以銀之多寡，為優等之多寡。〔註22〕

舒曰敬掌教白鹿洞書院不及兩月，便因丁憂而歸，繼之者為李應升。天啟二年李應升訂立《白鹿洞洞規》，規定：「今一月止初二、十六兩會，抒寫幾何。竊恐常業多荒，文心易斷。因立小會，以二、六為期，即以大會一二名輪為會長、副，執筆評次。轉送本廳覆閱。若會長、副徇情阿諛者，罰。諸生氣驕心昧，以塗抹後言者，斥。」〔註23〕李應升「月必二會，會必手披，風雨夜坐於山齋，丹鉛畫磨其鐵硯。」天啟四年李應升上書大吏，請求增加白鹿洞書院的科舉名額，按原規定有洞學科舉二名，後來增至五名，而吉安白鷺洲書院卻擁有四十二名鄉試名額，因此李應升「伏乞俯將鹿洞遺才，照白鷺書院事例，先期另考，額為十名。」蒙上憲批准，「允洞生科舉八名，仍先遺才另考，定為永例。」〔註24〕從中可見，不管是白鹿洞書院還是白鷺洲書院，都與科舉制度存在著密切的關聯，這也造就了書院「會文」制度不斷發展的動力。萬曆二十年江西白鷺洲書院汪可受《白鷺洲書院館例》，有「會文」、「會考」之規定，「每月三、八日各號房公堂會文，朔、望日於正堂會考。字須楷書，文須完結，間試論策表，俱不可不作。」〔註25〕

嘉興仁文書院萬曆三十二年規定，「養士不免課士，課士太煩，則提調者

〔註21〕《東林書院志》整理委員會整理：《東林書院志》卷二十一，北京：中華書局2004年版，第794頁。

〔註22〕袁懋貞：《申聘南昌鄉紳舒曰敬主洞並議款》，鄧洪波主編：《中國書院學規集成》，第665頁。

〔註23〕李應升：《白鹿洞洞規》，鄧洪波主編：《中國書院學規集成》，第666頁。

〔註24〕李應升：《主洞推官李應升申議洞學科舉詳文》，見李夢陽等編：《白鹿洞書院古志五種》，北京：中華書局1995年版，第824頁。

〔註25〕汪可受：《白鷺洲書院館例》，鄧洪波主編：《中國書院學規集成》，第734頁。

難乎政教之無舉；課士太簡，則矜式者不免磨礪之日疏。以此斟酌三學諸生會期，每月初三日府學，十三日嘉興縣學，廿三日秀水縣學，每學輪該會考之日，本學師長到院開記花名。如生員親赴會課，隨發課簿，赴坐完卷，至晚親納，師長記名責實，照數支給。」〔註26〕即書院成為學官課士之地，名為書院，實則官學矣。

明萬曆三十四年常熟虞山書院，耿橘訂《虞山書院院規》，亦有「會文」之規，「每月初三日，諸生會文於精舍、經房，儒學監會。會卷該房多備，聽來者領用。卷面黏一浮簽，聽本生自書其名。文完，該學吏收齊，揭去浮簽，於卷後角上實填本名，彌封用印。即日，儒學會同三綱孝廉人有本室閉閱。閱完，本縣復閱，以三等發落。一等復試，親閱。」「每月初六日，孝廉會文於絃歌樓，本縣親閱。」課試之期，「生童各照本等巾服，俟進齊，排列堂祠。揖聖賢畢，即排班於室。揖見本縣、本學畢，乃更衣就坐作文。文完，必俟三十人齊，乃班揖，辭聖賢、官師而出。」〔註27〕

明萬曆四十六年，福建共學書院定規，「會課，分為雲、龍、風、虎、明、照、類、求八社，各立會長，每月以初三、十三、二十三日為期。先夕，三學中輪一教職，領題於本道及各司道府堂刑館闈、侯二縣處，以次相及，黎明入院，俟各生齊集，已刻封門，至晚收捲，隨手釘封，送發題處親閱。或轉發主鐸代閱，仍匯送發題處，再行參定，以其尤者揭示之。但須早閱早發，方能激勸多士。閱畢，每二十卷釘為一帙，發書院內聽各生互閱，限五日內匯繳，主鐸收貯，以便遴刻。」〔註28〕

總而論之，明代除極少數書院，如河南輝縣百泉書院明確稱「此會本為舉業也」，無講學之事外，大抵皆認為「講學與舉業非分二事」〔註29〕，將講學與作為科舉訓練之考課相結合，然其中尤其以講學為重。而從制度形式上來看，明代書院會文、會課之制已經初步形成了清代書院考課制度之雛形，其中官課之制，生徒入院須經考課之制，以考課優劣定膏火多寡並隨課升降之制等等，皆為清代書院考課制度所沿襲。

〔註26〕《仁文書院條理院事事宜》，鄧洪波主編：《中國書院學規集成》，第 371 頁。
〔註27〕耿橘：《虞山書院院規》，鄧洪波主編：《中國書院學規集成》，第 260、262 頁。
〔註28〕岳和盛：《共學書院會規》，鄧洪波主編：《中國書院學規集成》，第 513 頁。
〔註29〕耿橘：《虞山書院院規》，鄧洪波主編：《中國書院學規集成》，第 261 頁。

第二節　清初講學之遺風及其轉變

　　明代書院之講學，鄧洪波、陳來、吳震等已有精彩的研究，〔註30〕不須贅述，此種講學風氣至清初依舊多有沿襲。梁啟超稱：「清初講學大師，中州有孫夏峰，關中有李二曲，東南則黃梨洲。三人皆聚集生徒，開堂講道，其形式與中晚明學者無別，所講之學，大端皆宗陽明，而各有所修正。」〔註31〕此外，尚有史孝咸等講學於姚江書院，高世泰於東林書院之講學，施璜等於徽州還古、紫陽書院之講學等。然清初書院雖然沿襲了晚明的講學遺風，但諸多情形已經大為不同。

　　首先便是明清之際思想界之變遷。明清鼎革加速思想界內部的某種分化，增強即限制某些發展趨勢，王汎森即認為：「明末清初思想界出現兩種趨勢，第一，心性之學的衰微；第二，形上玄遠之學的沒落」〔註32〕，而此中若干「幾兆」於晚明最末之二三十年已經大露梁啟超稱：「明季道學之反動，學風自然由蹈空而變為核實——由主觀的推想變為客觀的考察」，「厭倦主觀的冥想而傾向於客觀的考察」〔註33〕如萬曆三十二年顧憲成所定《東林書院院規》列「尊經」條，稱：

　　　　尊經云何？經，常道也。孔子表章六經，程朱表章四書，凡以昭往示來，維世教、覺人心，為天下留此常道也。譬諸日月焉，非是，則萬古晦冥：譬諸雨露焉，非是，則萬古枯槁……若厭其平淡，別生新奇以見超，是曰穿鑿；或畏其方嚴，文之圓轉以自便，是曰矯誣；又或尋行數墨，習而不知其味，是曰玩物；或膠柱鼓瑟，泥而不知其變州，是曰執方。至乃枵腹高心，目空於古。一則曰「何必讀書，然後為學」；一則曰「六經注我，我注六經」，即孔子大聖，一腔苦心，程朱大儒，窮年畢力，都付諸東流已耳！然則承學將安

〔註30〕陳來：《明嘉靖時期王學知識人的會講活動》，《學術中國》第四輯，北京：商務印書館2000年版；吳震：《明代知識界講學活動繫年（1522～1602）》，上海：學林出版社2003年版；鄧洪波：《明代書院講會研究》，湖南大學博士學位論文，2007年。

〔註31〕梁啟超：《中國近三百年學術史》，北京：中國華僑出版社2007年版，第33頁。

〔註32〕王汎森：《清初思想中形上玄遠之學的沒落》，《「中央研究院」歷史語言研究所集刊》第六十九本，第三分。

〔註33〕梁啟超：《中國近三百年學術史》，第1頁、第5、16頁。

所持，循乎異端曲說，紛紛藉藉將安所折衷乎？其亦何所不至哉。

是故君子尊經之為要。〔註34〕

此中，詆王學末流之空談，倡導程朱之學及實學風氣之意頗為鮮明。而明清鼎革後，講學之事更遭時人痛詆，顧炎武稱：

> 劉、石亂華，本於清談之流禍，人人知之。孰知今日之清談，有甚於前代者。昔之清談談老莊，今之清談談孔孟。未得其精，而已遺其粗；未究其本，而先辭其末。不習六藝之文，不考百王之典，不綜當代之務，舉夫子論學論政之大端一切不問，而曰「一貫」，曰「無言」。以明心見性之空言，代修己治人之實學。股肱惰而萬事荒，爪牙亡而四國亂，神州蕩覆，宗社丘墟。」〔註35〕

陸世儀稱：

> 近世講學，多似晉人清談。清談甚害事。孔門無一語不教人就實處做，《論語》曰「君子欲訥於言而敏於行」，……都是恐人言過其實。正、嘉之間，道學盛行。至於隆、萬，日甚一日，天下靡然成風，惟以口舌相尚，意思索然盡矣。此即真能言聖人之言，已謂之徒言，已謂之清談，況於夾雜混亂二氏之唾餘乎？〔註36〕

> 天下無講學之人，此世道之衰；天下皆講學之人，亦世道之衰也。三代之世，君君、臣臣、父父、子子，各務躬行，各敦實行，庠序之中，誦詩書、習禮樂而已，未嘗以口舌相角勝也。嘉、隆之間，書院遍天下，講學者以多為貴，呼朋引類，動輒千人，附影逐聲，廢時失事，甚至有藉以行其私者。此所謂處士橫議也，天下何賴焉？〔註37〕

此論流傳漸廣，而面臨明末清初的天崩地裂，士大夫群體充斥著濃厚的悔罪心態及消極行為，「文人社會由明季的喧囂浮動靜了下來，士風也由囂張而沈寂。」〔註38〕此種變化一方面是對晚明學風、世風之反動；另一方面也因時代之政治禁錮而迫不得已，其中如不入城、不結社、不赴講會等對此際

〔註34〕顧憲成：《東林書院院規》，鄧洪波主編：《中國書院學規集成》，第241頁。

〔註35〕顧炎武著、陳垣校注：《日知錄校注》，合肥：安徽大學出版社2007年版，第384頁。

〔註36〕陸世儀：《思辨錄輯要》卷一，叢書集成初編，第8～9頁。

〔註37〕《清史稿》卷四八零《陸世儀傳》。

〔註38〕王汎森：《晚明清初思想十論》，上海：復旦大學出版社2004年版，第196頁。

書院之轉型影響尤大。此中轉變，陳瑚言之曰：

> 當初吾輩講學，歲有歲會，月有月會，旬有旬會，季有季會，
> 大家考德課業，嚴憚切磋……那時節覺得此心與天地相通，與千聖
> 百王相接，未免起了妄想。出則致君澤民，做掀天揭地事業；處則
> 聚徒講學，得天下英才而教育之，如濂洛關閩諸儒一般。不想時異
> 事殊，兩願都不得遂，只得杜門息交，著書立言，已是十餘年了。
> 〔註39〕

朱用純起初非常注意講學，「誠有感於世道之陵夷、人倫之荒壞、士品之
頹污、學術之晦盲，而又迫於諸君之意，因欲以塞河填海故智，於狂瀾日下
之勢，與諸君共挽回於萬一。」然講學效果並不佳，「所以前者吾弟輩請業於
僕，僕意只將聖賢書義時一提舉，而所重在乎平日躬行實踐。……不謂弟輩
不審乎此，浮遊從事，始也尚以口耳為業，繼也不惟廢於身心，並亦廢於口
耳。但就僕區區講論片刻，此身坐定，稍稍檢攝，此如破屋壞器，東穿西漏，
暫時抵塞，濟得甚事。」通過此種實踐，朱用純認識到，「學之明不徒在講，
必也德之修、義之徙、不善之改三者交勉，不遺餘力，方可日過於明耳。」
「故須勘破而今魔障，跳出而今坑坎，直以聖賢之心為心，聖賢之事為事，
把此「日用常行」一一正其本位，更從上面探討精彩。以此進道，庶幾不難」。
因此其拒絕子弟講學之請，「故已決意辭講，勿復相強，各自閉關思咎，加鞭
向上，日日讀聖賢事，諄諄砥礪，有此而已。」〔註40〕

在顏元看來，「學習躬行經濟，吾儒本業也」，〔註41〕「習」遠較「講」
為重要，且從歷史上來看，宋明以來之講學雖然不為無功，然作用並不大，
因此其希望儒者更加注重「習」，其稱：

> 僕妄謂性命之理不可講也，雖講，人亦不能聽也，雖聽，人亦
> 不能醒也，雖醒，人亦不能行也。所可得而共講之，共醒之，共行
> 之者，性命之作用，如《詩》、《書》、六藝而已。即《詩》、《書》、
> 六藝，亦非徒列坐講聽，要惟一講即教習，習至難處來問，方再與
> 講。講之功有限，習之功無已。……自漢、唐諸儒傳經講誦，宋之

〔註39〕陳瑚：《確庵文稿》，轉引自王汎森：《晚明清初思想十論》，第333～334頁。
〔註40〕朱用純：《辭諸子聽講》（一）、（二），《愧訥集》卷二，光緒八年九月津河廣
　　　　仁堂刊。
〔註41〕顏元：《論開書院講學》，李國鈞主編：《清代前期教育論著選》（中冊），北京：
　　　　人民出版社1990年版，第102頁。

周、程、張、朱、陸，遂群起角立，亟亟焉以講學為事，至明，而薛、陳、王、馮因之，其一時發明吾道之功，可謂盛矣。其效使見知聞知者知尊慕孔、孟，善談名理，不作惡，不奉釋、老名號。即不肖如僕，亦沐澤中之一人矣。然世道之為叔季自若也，生民之不治自若也，禮樂之不興自若也，異端之日昌而日熾自若也。……惟願主盟儒壇者，遠溯孔、孟之功如彼，近察諸儒之效如此，而垂意於習之一字；使為學為教，用力於講讀者一二，加功於習行者八九，則生民幸甚，吾道幸甚！〔註42〕

而從清初之政治環境上來看，「清人以異族入主，時不免存疑忌之心，對於智識階級為尤甚」，「聚眾講學，形同煽惑，是以深中清廷之忌」，「而專制積威之下，遂無復有集會講習之舉。清初學者如孫奇逢、李顒、黃宗羲及東林、姚江之餘緒，雖亦間有講學之事，然不過小規模之集合，共師友之問難而已。蓋與明季講學之風，已大不相同。」〔註43〕劉光蕡稱「惟前明國初諸老先生講學，均不談時事，蓋舉記誦詞章而體之以身心，則已足為有用之材」，〔註44〕大抵如是。流風所及，不講學已經成為時代之政治正確，如潘平格於友朋交際之間所遇：

一友聞講學，恚曰：「學在躬行實踐，講如不是。」先生大稱善。頃之，問曰：「君能躬行實踐否？」友曰：「未能。」曰：「君謙辭耶？抑躬行實踐日見不足耶？」友曰：「某實未能躬行實踐，但愚見學甚不必講。曰：「今之為此言者甚多，但窺其意，直是不欲講學耳，非謂己知躬行實踐，無事於講也。如此，與自暴自棄何異。」友曰：「某雖不十分躬行實踐，然無甚過舉。」曰：「此正坐不講學耳。若講學便見目前之過不少，便不忍一日不躬行實踐，若真躬行實踐，亦不惡人講學。」〔註45〕

從時間上來看，梁啟超稱「從順治元年到康熙二十年約三四十年間，完全是前明遺老支配學界。他們所努力者，對於王學實行革命（內中也有對於王學加以修正者），他們所要建設的新學派方面頗多，而目的總在『經世致

〔註42〕顏元：《總論諸儒講學》，李國鈞主編：《清代前期教育論著選》（中冊），第89～90頁。
〔註43〕蕭一山：《清代通史》，上海：華東師範大學出版社2006年版，第751頁。
〔註44〕劉光蕡：《味經創設時務齋章程》，鄧洪波主編：《中國書院學規集成》，第1677頁。
〔註45〕李國鈞主編：《清代前期教育論著選》（上冊），第81頁。

用』……康熙二十年以後，形勢漸漸變了。遺老大師，凋零略盡。」〔註46〕書院規制之變遷，與清初學界之變遷緊密相關，大抵而言，清初學界「為前明遺老」支配學界之時代，書院仍沿襲晚明遺風，以講學為重，然講學漸由袖手空談向講書之制轉變矣。而遺老凋零之後，書院漸趨於講書與考課並重，至乾隆時期，考課之制基本佔據了書院規制之基礎性地位，講書之製成為形式矣。

一、孫奇逢、李顒之講學

　　順治初年，因遭遇滿族貴族王公圈地，孫奇逢舉家遷徙至河南輝縣百泉山下，講學其間。按學界通常認為其講學於白泉書院，此說恐不確。〔註47〕按順治十八年四月，衛河督水田華石槲郡縣諸生會於百泉書院，請孫奇逢講學，辭之。五月，寧國吳生訪余夏峰，集諸友於孟城，為講習之會。每月以十六日為期，同人遠邇畢至。〔註48〕則孫奇逢之講學，或並不依託白泉書院，而多以講會而行之，孫奇逢主持了蘇門會、孟城會、十人社等學社組織，於白泉山講學二十五年之久。以孟城會為例，順治十六年孫奇逢與「諸子立會孟城，月兩會文。每會，先儒學術異同，或禮制、祠祀、錢穀之事，使自為條議以質之。」〔註49〕形式上以會文及討論為主，內容以經學為主，皆非空談心性也。

　　孫奇逢之講學，於清初影響甚巨，當時北方學者，多出於門下，如湯斌、張沐、魏象樞、魏裔介、耿介等等皆為其門下士。湯斌《孫徵君墓誌銘》稱：「而道德聞於遠邇，負笈來學者日眾；有大僚歸老於家，一見北面稱弟子者，有千里遣其子從遊者；公卿持使節過衛源，不入公署，屏息躡從，以一見先生為快。」孫奇逢雖然認同友人「兩炭相燃，其焰自發；各孤一處，焰立熄矣」之說，認為「炭愈多而光愈烈」〔註50〕，但對晚明講學之風頗為不滿，認為「學問皆從躬行出，而不從口出」；「聚眾上坐開講，擬程擬朱，恐其名是而實非」〔註51〕；「講得一丈，不如行得一寸」〔註52〕，故而其講學大抵

〔註46〕梁啟超：《中國近三百年學術史》，第13頁。
〔註47〕張佐良：《孫奇逢講學百泉書院子虛烏有考》，《河南科技學院學報》2016年第11期。
〔註48〕張顯清主編：《孫奇逢集》，鄭州：中州古籍出版社2003年版，第1417頁。
〔註49〕張顯清主編：《孫奇逢集》，第1414頁。
〔註50〕張顯清主編：《孫奇逢集》，第1379頁。
〔註51〕張顯清主編：《孫奇逢集》，第568頁。
〔註52〕張顯清主編：《孫奇逢集》，第304、1422頁。

皆為「一室中，二三同志，從容答問」，並且主張「不必立講學之名，乃所以為天地留元氣」，認為「閒邪存誠之外，別無學術；事親從兄之外，別無事務。各人著力，彼此不相假貸，真所謂歸而求之有餘師也，則講學之名可不立。鳥相忘於林麓，魚相忘於江湖，豈不妙哉？受教者與立教者，各不可不慎也。」〔註53〕

李顒於康熙七年、八年間始應門人同州白含章、張敦庵，蒲城王省庵之邀先後講學於蒲城、同州、華陰、高陵等地，關中弟子翕然從之。康熙九年末至十年初南下講學，十二月抵常州，《清史稿·李顒傳》載：「常州知府駱鍾麟嘗師事顒，……請南下謁道南書院，且講學慰學者之望，顒赴之，凡講於無錫，於江陰，於靖江、宜興，所至學者雲集」，其中於東林書院與高世泰會講。康熙十一年，李顒赴省謁馮少墟墓，訂其遺集，寓雁塔，時值秋闈，學臺鍾郎拜訪，士子爭造問學，是為雁塔講學。康熙十二年四月，應時任山陝總督鄂善屢次敦請，「三辭不獲」，遂赴省重開關中書院並講學期間，《二曲集·歷年紀略》載：「康熙十二年，總督鄂善修復關中書院，肅幣聘先生講學。先生登座，公與撫軍藩臬以下，抱關擊柝以上，及德紳名賢、進士、貢舉、文學、子矜之眾，環階席而侍聽者幾千人。先生立有學規會約，約束禮儀，整肅身心，三月之內，一再舉行，鼓蕩摩後，士習不變。」〔註54〕八月，鄂善以「山林隱逸」薦，李顒以疾固辭。秋，顒自書院講畢返里，即閉門不復見客。十三年八月有旨復徵，促昇榻就道，顒以疾辭，八月朔，縣役昇至書院，顒長臥不食，以死自誓，終得免，奉旨疾瘵起送。十四年春，作《謝世言》，八月因戰亂流寓富平。十七年春地方官復促啟程，八月昇床至省，水漿不入口者五晝夜，總督知終不可強，不得不以疾篤具復，遂得返富平。十八年八月由富平返鄉，以不能藏身斂跡為悔，遂營建堊室一處，自此不復出戶。〔註55〕

李顒於講學之事，甚為看重。康熙九年春，李顒與友人言及時務有感，稱：「治亂生於人心，人心不正，則致治無由；學術不明，則人心不正。故今日急務，莫先於明學術，以提醒天下人心」，「自此絕口不淡經濟，惟與士友發明學問為己、為人，內外本末之實，以為是一已理欲消長之關。君子小人之所由分，即世道生民治亂之所由分也。」〔註56〕康熙九年李顒口授，駱鍾

〔註53〕張顯清主編：《孫奇逢集》，第 1020 頁。
〔註54〕李顒：《二曲集》，北京：中華書局 1996 年版，第 579 頁。
〔註55〕林繼平：《李二曲研究》，西安：陝西師範大學出版社 2006 年版。
〔註56〕李顒：《二曲集》，第 571 頁。

麟手述之《匡時要務》中多載李顒論講學之語，其稱：

> 大丈夫無心於斯世則已，苟有心斯世，須從大根本、大肯綮處
> 下手，則事半而功倍，不勞而易舉。夫天下之大根本，莫過於人心；
> 天下之大肯綮，莫過於提醒天下之人心。然欲醒人心，惟在明學術。
> 此在今日，為匡時第一要務。

> 民之於仁，甚於水火。人或可以一日無水火，必不可一日無學；
> 不可一日無學，則不可一日不講。講則人知所向，日淘月汰，天理
> 常存，而人心不死；不講則賢賢焉莫知所之，率意冥行，不免任氣
> 滋欲，隨俗馳逐而已。

> 立人達人，全在講學；移風易俗，全在講學；撥亂返治，全在
> 講學；旋乾轉坤，全在講學。為上為德，為下為民，莫不由此。此
> 生人之命脈，宇宙之元氣，不可一日息焉者也。息則元氣索而生機
> 漓矣。〔註57〕

　　然而在李顒看來，講學並非講書，亦非空談，「不講學者，可無論已。乃
有挺身號召，名為講學者，及察其實，仍舊只是掣章句，論書旨。如此只是講
書，非講學也。即真正不泥章句，不滯故紙，能以理道為務，則又舍目前各人
進步之實，茫不究心，往往言太極，談理性，辨朱、陸異同，指陽明近禪，葛
葛藤藤，葛葛藤藤，惟鼓唇吻，此其一病也。淺之為富貴利達之名，深之為聖
賢君子之名，淺深不同。總之為大病。」〔註58〕其認為：「邇來講學者，頗有
其人，道其明矣乎，而不知其憂方大也。往往講之以口，而實未嘗驗之於身，
逞臆見，爭門戶，只以增勝心，此亦通人之通患也。」〔註59〕因此，李顒講
學注重啟發學生自悟，「我這裡論學，本無定法，本無一定下手之要；惟要各
人自求入門，自圖下手耳。」「我這裡論學，卻不欲人閒講泛論，只要各人迴
光返照，自覺各人受病之所在，知有某病，即思自醫某病。」〔註60〕而從講
學之形式來看，李顒更認可三五同志，從容討論之形式，其手定《關中書院
會約》將大堂講學與私寓講學相區分，稱：

> 先輩大堂開講，只統論為學大綱，而質疑晰惑未必能盡，蓋以

〔註57〕李顒：《二曲集》，第104～106頁。
〔註58〕李顒：《二曲集》，第28頁。
〔註59〕李顒：《二曲集》，第38頁。
〔註60〕李顒：《二曲集》，第27頁。

大堂人士眾多，規模宜肅，不肅則不足以鎮浮囂、定心志。私寓則相集略少，情易孚，意易相契，氣味浹洽，得以暢所欲言。吾輩既效法先覺，不可不循其漸次。大堂統論之外，如果真正有志進修，不妨次日枉顧顓寓，從容盤桓，披衷相示，區區竊願謬竭愚悃，以傲蒙瞽之誦。〔註61〕

李顒所訂《關中書院學程》也特別強調，「聯五七同志，每月朔望兩會，相與考德問業，夾輔切劇。公置一簿，以記逐月同人言行之得失。得則會日公獎，特舉酒三杯以示勸；失則規其改圖，三規而不悛，聽其出會。」〔註62〕

二、東林書院之講學

天啟元年，高攀龍重獲起用北上，「以會講事屬葉閒適、吳觀華主盟」，然不久東林黨案爆發，天啟五年，召毀書院並懲處講學之人，人諱講學。「是時，堅志者數人避遠，間起容有之，然無講習之所」，於是吳桂森率領同志會於山水之間，堅持講學。崇禎二年，朝廷允准書院興復，吳桂森主持之，構麗澤堂，與同志講學其中。〔註63〕崇禎五年，吳桂森逝世，「東林遂無主盟，嗣後麗澤堂會講亦輟」，繼之者為高世泰。

高世泰乃高攀龍從子，崇禎十年進士，官至湖廣提學僉事，崇禎十六年歸田，「無日不以東林先緒為己任，葺道南祠、麗澤堂，更建燕居廟，再得草廬、三公祠，備俎豆、飭威儀，集一時同志，恪遵忠憲遺規，春秋會講，四方學者相率造廬問道」，「先生主東林書院三十餘年……踵行忠憲同善會八十六次。」〔註64〕「順治癸巳秋，適常郡守宋公之普親臨講道，尚無學舍，因就東林遺址搭蓋草棚會講，曾向先學憲（注：高世泰）云：『此地急宜振興，後死者不得辭責』等語。故於乙未春，捐貲築燕居廟及三公祠，祭器典籍，再得草廬，復申訂《講會規則》數款。維持四方之來遊者，雲集響應，無異曩時。迄今春秋釋菜，俎豆依然。」〔註65〕十二年，高世泰《申訂東林講會規則》，規定：

每歲春秋上丁日開講會友，至仲丁日設祭先聖之後為止，凡十日。依古禮三齋七戒之期，為十日講習之實。是日會友初到，先謁

〔註61〕李顒：《關中書院會約》，鄧洪波主編：《中國書院學規集成》，第1650頁。
〔註62〕李顒：《關中書院學程》，鄧洪波主編：《中國書院學規集成》，第1652頁。
〔註63〕華貞元：《吳觀華先生傳》，《東林書院志》卷九，第322頁、第326頁。
〔註64〕熊賜履：《高彙旃先生傳》，《東林書院志》卷十一，第466～468頁。
〔註65〕鄧洪波主編：《中國書院學規集成》，第246～247頁。

聖，次謁三公祠，次謁道南祠，講畢再謁聖，俱行一揖一躬禮。人座東西兩班，客東主西。兩班中各以齒序，不必東西走易。供書案，班揖，撤書案，班揖。客後至，班揖。勿亂威儀，勿私笑語，勿談時事，質疑問難，俱於聽講畢後任從枚舉。遠客相訪，即於會所答拜，不必至客舟客寓，通名只用單帖。每期會友必登姓氏，以誌後日操履。是日午飯後齊集座上，只設一點充饑。為遠賓設饌，止用四簋，兩葷兩素，不殺生，酒只數行。〔註66〕

清初東林書院講學，影響頗巨，錢穆稱：

> 余又考無錫東林道南一脈，自鼎革以來，尚綿綴不驟絕。主其事者有高匯旃世泰，乃景逸（高攀龍）從子也。一時大儒碩望，南方如太倉陸桴亭，北方如關中李二曲，皆來講學。而河北有容城孫夏峰，浙東有山陰劉蕺山，其學風所被，幾分中國，跡其先皆與東林顧、高聲氣相肹蠁，蓋亦聞東林之風而起者。即謂清初學風盡出東林，亦無不可。而徽歙之間有吳慎（吳曰慎）徽仲、施璜虹玉，皆遊東林，事匯旃，歸而唱紫陽、還古兩書院，為乾嘉徽州經學之導源，與浙東證人、姚江為後來史學淵藪者，同為清學極盛時之兩大幹，則書院講學之影響於清學者仍非淺也。〔註67〕

受東林講學之風鼓舞而興者有安徽休寧還古書院、歙縣紫陽書院。休寧還古書院，始建於明萬曆二十年，由時任休寧知縣祝世祿、邑人邵庶主持之，二十二年落成。自萬曆二十五年至崇禎十二年共集新安六邑之士講會七次，為徽州地區陽明學之會講中心。天啟五年廢棄，崇禎元年重修。順治十年，邑人趙吉士捐資重修。順治十三年，施璜、吳曰慎等恢復舉行新安六邑大會。康熙年間，訂《還古書院會規》，規定：「會期每舉三日，每歲兩舉。春定於清明後三日，第四、五、六三日。秋定於中秋前三日，十一、二、三三日」，其儀程具體而言：

> 一、始會之日，司會者先期掃潔屋宇，鋪設椅凳，清晨設香案、燭臺、桌圍於先師孔夫子及文公朱夫子神座前，候諸友齊集唱班，行四拜禮，分班作揖，照齒列行，以次就坐。倘名分有礙者就後班坐。如後至者徑入班次，候講畢散班補拜、補揖。

〔註66〕鄧洪波主編：《中國書院學規集成》，第 246～247 頁。
〔註67〕錢穆：《中國近三百年學術史》，北京：九州出版社 2011 年版，第 22 頁。

一、邑父母及學師臨會，將至書院，道長率諸友於大門外恭迎，引上會堂，謁拜先師孔夫子暨文公朱夫子，行四拜禮，道長相見，揖禮，諸友相見，亦揖禮。邑父母及學師東坐西向，道長暨諸會友西坐東向，肅靜。供茶、用點心畢，司鼓者伐鼓三通，贊禮者唱班，向先師前肅揖再揖，分班班揖再揖。鳴講鼓（司鼓者伐鼓五下），宣聖經（童子向先師前朗誦所講書），就坐，肅靜。供茶，請邑父母、學師賜教，道長互相商質，司錄者靜聽記錄明白。供茶，童子歌詩一章。歌畢，贊禮者復唱班向先師前肅揖再揖，分班班揖再揖，道長謝揖，諸友供小飯（照前儀再講書一章），謝揖，送邑父母、學師於大門外如常儀。每會只講一日，若邑父母肯再惠臨，照前供俟。〔註68〕

歙縣紫陽書院始建於宋淳祐六年，時位於城南門外，後遷徙無常，不時修葺。明正德十四年，知府張文林認為書院「以紫陽名，不在其山，義不相稱」，另建一書院於紫陽山麓，亦名之曰「紫陽」，自此兩紫陽並立。順治十三年，參與新安六邑大會之同仁謀復興紫陽書院，因於順治十六年閏二月大會於紫陽，講會得以重振。康熙八年定《紫陽講堂會約》、《崇實會約》，另有定於康熙年間之《紫陽規約》。康熙八年紫陽書院定《崇實會約》，其中規定講會之組織、儀程等甚詳細，具體而言：「每月兩會，以初八、二十八為期，巳而集，申而散。紫陽書院大會定期九月，以十三日開講，十五日為文正公生日，黎明釋菜，是日仍會講終日。十六日散」。其會講內容及程序為：「六經四子，先正格言，關係樞筦者，是為吾道之筌蹄。每會會宗預選一章，衍為講義，會正分撰一章，會生有能自撰一章者，尤見用功之勤。會前二三日膳發同會，參互較訂，期於精切明妥。會日進講，擇會生以次宣讀，聽者體貼入身印正，心體必大有益，非以為談柄也。」〔註69〕

《還古書院志》載《新安大會講學還古會紀》、《還古逐年講學會紀》，還古書院自順治元年至乾隆六年共七十七年有會講，紫陽書院自順治十六年至雍正二年共四十五年有會講。徽州地區朱子學的復興，與還古書院、紫陽書院的會講制度及會講持續舉行密不可分，而「就制度的完備性與執行情況而

〔註68〕《還古書院會規》，鄧洪波主編：《中國書院學規集成》，第476頁。
〔註69〕《崇實會約》，鄧洪波主編：《中國書院學規集成》，第484頁。

言，在清代應以紫陽、還古兩書院最具代表性。」〔註70〕兩書院講學之核心人物為施璜，施璜康熙十一年遊學至無錫東林書院，師事高世泰，「高公固雅重先生，每會輒推為祭酒，先生亦直任不辭。其立法引掖後進也，九容以養其外，九思以養其內，九德以要其誠，而所尤諄切者，惟以修身立誠，深相策勵，學者佩服景行，一如在新安時。」〔註71〕時人稱：「講學也，在新安紫陽、還古兩書院，每月會講，皆首推先生主講席。先生必先期齋戒，肅衣冠，斂容止，危坐正論，儼然以一身當嚴師益友，而於先儒語錄，尤多所發明，能使聽者壹壅忘倦，以故四方學者翕然宗之。」〔註72〕

三、黃宗羲之講學

黃宗羲參與主持之講學活動影響較大者有三次，即康熙六年參與重舉越中證人講會，康熙七年至十四年間於甬上證人書院講學，康熙十五年至二十年間海昌講學。越中證人講會，自劉宗周殉國後，輟講二十餘年。劉宗周之子劉汋「杜門絕人事」，「其坐臥蕺山一小樓，竟二十年」，「嘗寄楊古小學，有縉紳徵集多士，要先生復舉講會，遂屏跡不至。」〔註73〕康熙六年九月，宗周門人黃宗羲、張應鼇、姜希轍、董瑒等人，於越中重舉證人講會，康熙十年，黃宗羲作《壽張奠夫八十序》稱：

> 子劉子講學於證人書院，夢奠之後，虛其席者將三十年。丁未九月，余與姜定庵復為講會。而余不能久住越城，念奠夫（注：張應鼇）從先生遊最久，因請之共主教事。奠夫距城二十里而家，每至講期，必率先入坐書院，以俟諸學人之至，未嘗以風雨寒暑衰老一日辭也，於今蓋五年矣。〔註74〕

邵廷采稱：

> 自蕺山完節後，證人之會不舉者二十年。先生（注：董瑒）謂：「道不可一日不明，後生生今日，不幸失先民餘教，出處輕而議論薄，由學會之廢也。」善繼述蕺山志事者，亟舉學會。復請蕺山高

〔註70〕徐雁平：《清代東南書院與學術及文學》，合肥：安徽教育出版社 2007 年版，第 42 頁。

〔註71〕秦源寬：《施虹玉先生傳》，《東林書院志》卷十二，第 506 頁。

〔註72〕秦源寬：《施虹玉先生傳》，《東林書院志》卷十二，第 506 頁。

〔註73〕邵廷采：《思復堂文集》，杭州：浙江古籍出版社 1987 年版，第 141 頁。

〔註74〕黃宗羲著：《黃宗羲全集》第 10 冊，杭州：浙江古籍出版社 2005 年版，第 654～655 頁。

弟子張奠夫、徐澤蘊、趙禹功諸前輩，集古小學，敷揚程、朱、王、
劉家法。於是餘姚黃梨洲、晦木，華亭蔣大鴻、蕭山毛西河皆挈其
弟子，自遠而至。值督學使者按越下縣，會者近千人，越中士習復
蒸蒸起矣。〔註75〕

邵廷采《謁毛西河先生書》稱「康熙七年六月初吉，望見光顏於古小學。
此時蕺山高弟如張奠夫、徐澤蘊、趙禹功諸先輩咸在講座，而先生抗言高論，
出入百子，融貫諸儒。采時雖無所識知，已私心儀而目注之。」〔註76〕則其
時講學亦頗有影響。然在黃宗羲看來，越中證人書院講學成效不佳，黃氏認
同他人「五年之中，時風眾勢，不聞有所鼓動」之說，認為其故在於「奠夫守
其師說，不為新奇可喜之論，寧使聽之者嚼蠟無味，旅進旅退，於乎鼓動乎
何有？故曰此奠夫所不可及也」〔註77〕因此之故，黃宗羲轉而於甬上舉行證
人之會。

按甬上沿襲晚清遺風，清初遺民及其子弟依舊組織了各種文社及文會，
康熙四年，萬氏四兄弟（加上斯選），鄭梁、王之坪、張士塤、張士培等人與
澹園社的陳夔獻、陳錫鍛、陳自舜、董允蹈、董允磷，心社的范光陽等人，共
同組成策論之會。在萬氏兄弟影響下，康熙六年會中人紛紛求教於黃宗羲，
策論會改名為講經會。康熙七年，黃宗羲親至甬上，以證人名之，亦講經會，
至康熙十四年因會中人星散而終止。〔註78〕

黃宗羲自述：

> 丁未、戊申間，甬上陳夔獻創為講經會，搜故家經學之書，與
> 同志討論得失，一義未安，迭互鋒起，賈、馬、盧、鄭，非無純疵，
> 必使倍害自和而後已，思至心破，往往有荒途為先儒之所未廓者。
> 數年之間，僅畢《詩》、《易》、三《禮》，諸子亦散而之四方，然皆
> 有以自見。萬季野之史學；萬充宗、陳同亮之窮經；躬行則張旦復、
> 蔣宏憲；名理則萬公擇、王文三；文章則鄭禹梅清工，李果堂緯澤；

〔註75〕邵廷采：《思復堂文集》，第 178 頁。
〔註76〕邵廷采：《思復堂文集》，第 310 頁。
〔註77〕黃宗羲著：《黃宗羲全集》第 10 冊，第 655 頁。
〔註78〕王汎森：《清初的講經會》，《中央研究院歷史語言研究所集刊》第六十八本，
第三分；吳海蘭：《甬上講經會與黃宗羲重經思想的傳播》，《中國文化研究》
2006 年秋之卷；肖永明、張天傑：《從越中到甬上——證人書院講會與明清
學術轉型》，《中國史研究》2013 年第 4 期。

董巽子、董在中函雅；而萬貞一、仇滄柱、陳非園、陳介眉、范國雯，準的當時，筆削舊章，余子亦復賢有其文。嗚呼，盛矣！〔註79〕

吾友陳夔獻，汲古窮經，聚同志為經會，夔獻常為都講。每講一經，必盡搜群藏書之家，先儒注說數十種，參伍而觀，以自然的當、不可易者為主，而又積思自悟，發先儒之未發者，嘗有十之二三矣。〔註80〕

李鄴嗣云：

先從黃先生所授說經諸書，各研其義，然後集講。黃先生時至甬上，則從執經而問焉。大《易》已畢業，方及《禮》經。諸賢所講，大略合之以三《禮》，廣之以注疏，參之以黃東發、吳草廬、郝京山諸先生書，而裁以己意，必使義通。中有漢儒語雜見經文，則毅然斷之，務合於聖人之道。至專經治舉業家聞之，率其生平誦解所不及，茫然不知所說為何經也。諸賢各詰難俱在言論，而充宗獨盡載之筆疏。凡諸家所說，各有所長，則分記之，吾黨所說，有足補諸家所不足，則附記之。細書卷中，一札每十餘行，行數十字。〔註81〕

自十年以來，吾甬上諸君子，盡執義梨洲黃先生門。先生嘗歎末世經學不明，以致人心日晦，從此文章事業俱不能一歸於正。於是裏中諸賢倡為講五經之會，一月再集。先期於某家，是日晨而往，摳衣登堂，各執經以次造席。先取所講復誦畢，司講者抗首而論，坐上各取諸家同異相辨折，務擇所安。日午進食羹二器，不設酒，飯畢續講所乙處，盡日乃罷。諸家弟子自十歲以上，俱得侍聽，揖讓雍容，觀者太息。即衰病若余，亦得冒廁其間，與諸賢一通彼此之懷。〔註82〕

全祖望稱：

先生當日講學，頗多疑議之者，雖平湖陸清獻公尚不免。不知自明中葉以後，講學之風已為極敝，高談性命，直入禪障，束書不觀，其稍平者，則為學究，皆無根之徒耳。先生始謂學必原本於經

〔註79〕黃宗羲：《黃宗羲全集》第 10 冊，第 439～440 頁。
〔註80〕黃宗羲：《黃宗羲全集》第 10 冊，第 28 頁。
〔註81〕李鄴嗣：《杲堂詩文集》，杭州：浙江古籍出版社 1998 年版，第 440 頁。
〔註82〕李鄴嗣：《杲堂詩文集》，第 445 頁。

術，而後不為蹈虛，必證明於史籍，而後足以應務。元元本本，可

據可依，前此講堂錮疾，為之一變。〔註83〕

康熙十五年黃宗羲應許三禮之邀赴海昌講學，按許三禮，字典三，號西山，安陽人。順治十八年，康熙十三年任海寧知縣，康熙十五年邀黃宗羲講學，黃宗羲每歲來海寧數月，講學與海寧之北寺。黃宗羲海昌講學參與者，除許三禮、張曾祚、陳訑之外，尚有黃百家以及部分甬上門人如仇兆鰲、董允瑤、萬斯大等人，時與講會。其主體則為「十五門人」〔註84〕，講學形式為黃宗羲「每拈四書或五經作講義，令司講宣讀，讀畢，辯難蜂起。」康熙二十年因許三禮去職及門人星散而終止。

在黃宗羲看來，「明人講學，襲語錄之糟粕，不以六經為根柢，束書而從事於遊談，故受業者必先窮經。經術所以經世，方不為迂儒之學，故兼令讀史。」〔註85〕「學必源本於經術，而後不為蹈虛；必證明於史籍，而後足以應務。」〔註86〕因此之故，其講學大不同於晚明講學高談性命、束書不觀之風氣，其講學內容以經學典籍為主，其形式則為「先從黃先生所授說經諸書，各研其義，然後集講」，諸生搜羅先儒經注，各取諸家同異相辨折。其學術重心已經由「義理」轉向考據〔註87〕，所重在於「經術所以經世」。

四、姚江書院之講學

餘姚姚江書院創始人為沈國模，同志為管宗聖、史孝咸、史孝復等，四人合稱姚江書院「四先生」。崇禎四年，劉宗周等於越中舉證人之會，諸人皆參與焉。證人之會創設第九年，諸人念及餘姚為陽明所生地，而王陽明之書院及祠僅有龍山一處，且久不聚，於是謀在餘姚創設之。得劉宗周及證人諸君子相助，眾共捐資，購得半霖沈氏宅，創設為半霖義學，「整葺既竣，爰於

〔註83〕全祖望：《甬上證人書院記》，《全祖望集匯校集注》，上海：上海古籍出版社 2000 年版，第 1059 頁。

〔註84〕注：即查慎行（夏重）、查嗣璉（德尹）、陳訏（宋齋）、陳謙（廷益）、陳勳（梅溪）、陳翼（敬之）、陳奕培（子厚）、陳奕昌（子榮）、楊中訥（岩木）、楊中哲（孝直）、陳奕禧（子文）、楊中默（陸駒）、朱爾邁（人遠）、陳燾（允大）、陳熹（允文），見李聖華：《黃宗羲與海昌講學——清初梨洲之學在浙西播傳的典例分析》，《浙江學刊》2015 年第 3 期。

〔註85〕全祖望：《梨洲先生神道碑文》，《全祖望集匯校集注》，第 219 頁。

〔註86〕全祖望：《甬上證人書院記》，《全祖望集匯校集注》，第 1059 頁。

〔註87〕肖永明、張天傑：《從越中到甬上——證人書院講會與明清學術轉型》，《中國史研究》2013 年第 4 期。

辛巳歲，延拙修先生闡良知遺緒，求如先生則月一至焉。更延吾之俞長民司文席，使人知藝中有道。既而，月會彌盛。」〔註88〕大抵而言，從崇禎十二年至十七年間，諸人皆理院事，而以沈國模總其成，其中管宗聖卒於崇禎十四年。至甲申國變後，「眾志成灰，沈師隱橫溪，史師返宅，及門亦漸星散」，藏書器具亦散失〔註89〕，史孝復則卒於順治二年。順治六年，「會中諸君子日月之易邁，慮德業之就荒，於是奮然糾同志，定規約，每月一會，以交相砥礪，甚盛舉也」，而主其事者為史孝咸〔註90〕，「會時，惟以謹言慎行相勉。」〔註91〕順治九年史孝咸訂《書院會則》十條，規定：「言論各須虛懷下氣，不得譁然並舉，接耳私談，毋及朝廷時事、里中俗語及世態寒溫，亦不得塞默無言，矜傲自是。犯從中罰，久則請辭。」〔註92〕

　　順治十五年史孝咸逝世後，書院乏人主事，「院事虛十年」，「繼之者韓氏孔當、邵氏元長、俞氏長民、史氏標，韓氏弟子徐君景范。」〔註93〕韓孔當為沈國模弟子，康熙六年，隨著越中證人書院重開，浙東講學之風漸漸復興，韓孔當亦開始講學，「丁未、戊申，始有城隅之會，初集同志三四人。至乙酉乃大盛，邑中英彥，翕然咸來問學，至六七十人。」〔註94〕於是康熙八年院中諸人請主院事，韓孔當「每月朔至院，而望日至城隅。」韓孔當「持論較師說亦頗闊，恪遵濂洛，兼綜群儒，以名教經世，指勖學者」〔註95〕，認為「學者工夫，要踏實地，非可懸空揣」，「橫渠張子講求經界法制，粲然畢具，謂如有用我，舉而措之……陽明夫子在當時稱為有用之學，學者宜時

〔註88〕趙貞謹：《姚江書院緣起》，《姚江書院志略》，轉引自錢茂偉：《姚江書院派研究》，北京：中國社會科學出版社2005年版，第254頁。

〔註89〕趙貞謹：《姚江書院緣起》，《姚江書院志略》，轉引自錢茂偉：《姚江書院派研究》，第254頁。

〔註90〕史孝咸：《重訂會約題記》，《姚江書院志略》，轉引自錢茂偉：《姚江書院派研究》，第252頁。

〔註91〕《史隱君、文學兄弟傳》，《姚江書院志略》，轉引自錢茂偉：《姚江書院派研究》，第292頁。

〔註92〕史孝咸：《書院會則》，《姚江書院志略》，轉引自錢茂偉：《姚江書院派研究》，第272頁。

〔註93〕邵廷采：《姚江書院記》，《姚江書院志略》，轉引自錢茂偉：《姚江書院派研究》，第261頁。

〔註94〕邵廷采：《讀六子傳誌感》，《姚江書院志略》，轉引自錢茂偉：《姚江書院派研究》，第261頁。

〔註95〕邵廷采：《姚江書院傳》，《姚江書院志略》，轉引自錢茂偉：《姚江書院派研究》，第312頁。

時以擔當世道為念。」〔註96〕

康熙十年，韓孔當逝世後，主院事者為俞長民，按俞長民於書院創設之初，即主書院文課，其主書院時，月會「以文章號召，門士多歸之」，「長民家居半霖可十里，年八十餘，每朔望赴講，即暑雨冰雪，必扶筇者履而往。」〔註97〕康熙二十一、二年間，俞長民逝世，書院諸生「合同志連名奏箋」，延請沈國模史標主院事，史標講學宗旨「大闡文成之教」，主院期間，書院講學短暫興復，康熙二十八年元旦，黃宗羲至姚江書院會講一次。康熙二十九年，時任餘姚縣令親到書院講學，康熙三十二年史標卒。繼之者為徐景范，字文亦，亦為韓孔當弟子，「有學識，純潛和正，光采動人。康熙丙午舉於鄉，都門士大夫爭欲屈致與交，輒謝弗往。文亦既沒，姚江人士風靡，雖先賢餘教尤存，興起者絕少。」〔註98〕

康熙三十三年餘姚知縣韋鍾藻延請邵廷采主書院，邵廷采致書知縣，詳細說明了其辦學之宗旨，稱：「學以講重，宜復季會、月會之期；性待少成，兼循小學、大學之日。總之師惟希聖，何紛紛朱、陸之異同；道在證人，詎僅僅文章之工拙？經、史、子、集，淹貫惟今；喪祭冠婚，典型由古。凡士習民風之大，並人心天理之惟。要歸平事之施行，寧止書生之空論？」〔註99〕邵廷采恢復書院講學，然所謂講學者不過禮儀祭祀與講書而已，如朱筠所記：

> 先一日戒眾。厥明，諸弟子畢至。知縣偕教諭、訓導至，弟子
> 迎於門外，揖。至階，先生出涖階，知縣升階，揖，先生揖。教諭、
> 訓導，次及諸弟子，皆揖。入，釋菜於先賢如禮。出，即潛堂揖坐，
> 先生為講《易・艮卦》。知縣顧諸弟子曰：「先生哉，先生哉！」既
> 罷，邑之父老喜曰：「數十年，僅見此也！」〔註100〕

事實上，邵廷采於講學之風亦不愜意，其認為「夫古之所為講學者，有為己之心，講去其非而明其是，以致其瞬有養、息有存之功於己耳。今本無

〔註96〕《韓布衣傳》，《姚江書院志略》，轉引自錢茂偉：《姚江書院派研究》，第307～308頁。

〔註97〕光緒《餘姚縣志》卷二十三《俞長民傳》。

〔註98〕邵廷采：《姚江書院傳》，《姚江書院志略》，轉引自錢茂偉：《姚江書院派研究》，第313頁。

〔註99〕邵廷采：《復韋明府啟》，邵廷采著、祝鴻傑點校：《思復堂文集》，杭州：浙江古籍出版社2010年版，第331頁。

〔註100〕朱筠：《紹念魯先生墓表》，邵廷采著、祝鴻傑點校：《思復堂文集》，第539頁。

是心也，無是功也。」「且先儒有云『天下將治，則人必尚行；將亂，則人必尚言』」「今之講學者，患在喜於語上，而所以由來者疏」。因此其主張「故吾欲以夫子之四教糾而正之。自宋以後語錄諸書，一切且束勿觀，而惟從事於六經、孔、顏、曾、孟之教。行之二十年，則故習漸忘，士風龐厚。」〔註101〕「士息講學而務返其本於孝悌忠信，則人心漸醇，浮言虛譽無所用而流競消，天下方有實行真品，而治化可興，聖道可明矣。」〔註102〕

　　總而論之，清初書院講學已大不同於晚明之講學，首先，清初講學無大規模的士子結社作為社會依託，甚至並不依託書院而進行，官僚士大夫主持及參與書院講學的情況較之明中晚期也明顯減少，「夫書院講學，其事本近於私人之結社，苟非有朝廷之護持，名公卿之提獎，又不能與應舉科第相妥洽，則其事終不可以久持。」第二，講學之規模也明顯縮小，大會同志式的講學逐漸被「三五同志」、「五七同志」式的講學所取代。第三從講學內容來看，由「虛」轉「實」；一方面向講書轉變，重經史之學，另一方面將講學與修身相結合，重道德修養，力戒空談。因此之故，伴隨著科舉制度之滲入及書院官學化程度的不斷提高，以講學為主導性規制而串聯成型的書院制度體系逐漸分崩離析，講學逐漸蛻變為講書、誦書，變為成例而漸趨消亡，而書院考課制度逐漸佔據書院規制之主導性地位。

第三節　清代書院考課制度之成形

　　胡美琦將清代書院之發展變遷分為三個時期，以雍正末年、嘉慶初年為節點。〔註103〕「清初書院主要為遺老講學之所，其講學精神仍在明代理學一脈」，承襲東林講學之遺風，朝廷並不倡導書院，甚至明令禁止立書院。清廷開始正式倡導書院在「雍正十一年，命直省省城設立書院，各賜帑金兩千金為營建之費」，但其意在「補官學之缺弊」、「輔學校所不及」、「為科舉預備」。隨官學愈益衰弊，遂呈現「今之學官乃古之所謂孔子廟，今之書院乃古之所謂學官也」之情形，至嘉慶初年阮元先後創設詁經精舍、學海堂，清代書院進入新的發展階段。而根據書院之發展狀況，鄧洪波則將清代書院

〔註101〕邵廷采：《學校論》（下），見《思復堂文集》，第340～341頁。
〔註102〕邵廷采：《學校論》（上），見《思復堂文集》，第340頁。
〔註103〕胡美琦：《中國教育史》，臺北：三民書局股份有限公司1986年版，第495～507頁。

分為四個階段，順治、康熙年間的恢復發展期，雍正；乾隆年間的全面大發展期；嘉慶、道光、咸豐年間的相對低落期；同治、光緒年間的高速發展、快速變化並最終改制期。〔註104〕總體而言，清初之書院政策經歷了一個由防範到疏導，由抑制到開放的過程。清朝初年，朝廷通過各種手段籠絡士子、爭取人心的同時，以整飭士習之名義，制定各種學規和禁令，嚴密控制士子之言行和思想。〔註105〕在書院政策上，順治九年規定：「各提學官督率教官，務令諸生將平日所習經書義理，善意講求，躬行實踐。不許別創書院，群聚結黨，及號召地方遊食之徒，空談廢業。」〔註106〕至順治十四年，偏沅巡撫請重建衡陽石鼓山書院以「表彰前賢，興起後學」，得清廷批准，此後清廷書院政策漸趨鬆動。在清代前期書院建設中，官居要職的理學名臣、封疆大吏發揮了重要作用。從書院規制的角度來說，康熙年間大抵講學與考課並重，然講學漸退化為講書。至乾隆時期，考課漸佔據書院規制之主導性地位。具體而言，其情形有三類，第一類為有考課制度傳統之書院，其考課制度逐漸完善；第二類為有講學傳統之書院，伴隨著書院官學化程度的提升，其講學逐漸退化為講書，進而講書演變為成例，書院考課制度逐漸佔據書院規制之主導性地位；第三類則為復建或新設之書院則在官方主導下徑直確立考課制度。

一、順治、康熙年間之書院規制

清初，若干有考課制度傳統的書院，考課制度逐漸完善。江西白鹿洞書院於順治年間訂立《白鹿洞洞規》規定：「每年會課，諸生約計六十名，供給六兩，」其中住院生十名，而會文則限於六十名，每月二大會，「每月約刊會文十篇」，設副講一位，主批閱文字。〔註107〕康熙七年廖文英《白鹿洞書院申訂詳減租文並新規》，不再限制課額，規定生徒「必先與副講接見講論，熟察果有學行，能恪遵先儒矩矱者，方可引見主洞……既入書院，一體作養。」「今每月止會文一次，支供餼銀二兩，課卷交副講先生詳加評閱，折別瑜瑕，呈堂鑒定發案，一等賞銀三錢，為廩米、衣布、油燈、鹽菜之資。

〔註104〕鄧洪波：《中國書院史》（修訂版），第484～485頁。
〔註105〕馬鏞：《中國教育通史·清代卷》（中），北京：北京師範大學出版社2013年版，第144～154頁。
〔註106〕《欽定大清會典事例》卷三八五《禮部》。
〔註107〕蔡士英：《白鹿洞洞規》，鄧洪波主編：《中國書院學規集成》，第669頁。

二等賞銀二錢，為米鹽、油菜之資，又二等給米鹽菜油銀一錢五分。三等免賞。或一年已過十二會，其中未列二等者，仍給米二斗。」課藝則改以「每年匯刻一卷。附於天下宗師考卷後，以公海內。」〔註108〕白鷺洲書院情形與此類似，康熙三十年太守羅京定《白鷺洲書院館規》規定：「書院為肄業地。書院即古之黨庠也。今白鹿洞且聚四方之士，況白鷺洲止居本郡之人。在院者固閉戶潛修，即近郡各齋，凡月課之期，俱宜赴會講文，以憑一體校閱。」其課士之制，「每月初二、十六日，本府親臨課會，書二藝，經一藝，間試論、表、策各一篇，務期遵依注理，闡發實學，字畫均需端楷，不得視為故套。」〔註109〕

對於承襲晚明講學遺風之書院來說，因「會友講學求以明道，諸賢退藏者事也，然必藉賢當路護持」〔註110〕，則必然官學化程度不斷加深，講學活動則越來越受到抑制。東林書院順治十一年，無錫縣學生員高陽生、高永厚、高永清、高蓮生、高菖生、高芷生等具呈《請蠲書院基糧呈》，請求蠲免書院基糧，得知府宋普允准。〔註111〕順治十六年施揚曾、顧弘烈、高肇升、華燦、張夏等聯名呈請將道南祠春秋之祭祀改為官祭，蒙批准。〔註112〕康熙二十一年九月《總憲檄文》稱：「此係前賢弦誦之區，如有師儒生徒，銳志聖學，不妨講習其中」〔註113〕，東林書院「因於講會外復聯文會，勤行督課」，逐漸向科舉制靠近。書院從祀事，從順治十六年始，皆具呈大吏，或邑令、儒學；或撫憲、學憲，蒙其批允。如二十二年十一月東林書院釐正祀典，錢素潤、高菖、顧曰驥等具呈憲轅，「蒙批與同學先達碩儒共相討論釐定。」〔註114〕大吏如知府宋普，巡撫湯斌、張伯行參與會講，亦為清廷謀求控制東林書院之形式，此外東林書院數次修葺，皆依賴於官府支持。雖然東林書院官學化程度不斷加深，書院講學及其代表的講學之風依舊為朝廷所忌諱，康熙二十五年江南學政李振裕《整飭書院檄文》，詞頗嚴厲，稱：

〔註108〕廖文英：《白鹿洞書院申訂詳減租文並新規》，鄧洪波主編：《中國書院學規集成》，第671頁。
〔註109〕羅京：《白鷺洲書院館規》，鄧洪波主編：《中國書院學規集成》，第737頁。
〔註110〕《東林書院志》卷十三，第553頁。
〔註111〕《請蠲書院基糧呈》，《東林書院志》第十四卷，第569頁。
〔註112〕《官祭緣起》，《東林書院志》卷十三，第530〜531頁。
〔註113〕《總憲檄文》，《東林書院志》卷十四，第576頁。
〔註114〕《東林書院志》卷十三，第533〜534頁。

現經撫都院親臨展祀，查飭興修，該府縣方在經營整飭，力圖修復舊規，重興講席。本院忝司學政，樂觀厥成，但恐人心不古，畛域多端，未覩菁莪棫樸之風，先逞荊棘蠆凌之習。或競分門戶，或爭長枝流，意見橫生，是非蜂起，陽借聖賢之名色，陰行傾險之肺腸。鑽營則無所不為，排擠則不遺餘力，……名為孔孟之徒，實則市井，……豈不敗壞聖門，貽羞講席，比之當時少正卯，誠為盛世之匪人。講學如斯，不如其已，……俟東林書院修葺告竣之日，務延真誠學道之儒，或任主持，或輪司掌。寧樸毋偽，寧質毋華，一應徇名躐譽之人，伐異黨同之輩，不得逐取虛聲，致滋濫舉，以玷儒風。凡在學徒，咸宜各備實心，掃除客氣，但期真切為己，以求不愧聖賢。靜驗處尋得孔、顏，開口時莫爭朱、陸，入孝出弟，信堯舜人皆可為。主敬致知在洛閩，止此一脈。講菽粟布帛之學，相與有成化異同畛域之懷，惟求自得，方上不負聖明重學之心，下不辜吾黨切磋之力。若其偽儒曲學，簧鼓倀張，假公濟私，口堯心跖，專工指謫於語言文字之間，不顧猖披，恣陷矯誣之術。倘有斯人來遊講斯席，輕則鳴鼓而擯斥，重則按律以究懲。必不令學非言偽之徒，得肆行於大道為公之世，各宜三省，毋蹈叢愆，須至示者。〔註115〕

康熙二十六年，熊賜履作《重修東林書院記》，其認為書院在「晚近以來，往往以講學之故，致干時君時相之怒」，原因在於君子—小人之辨，其認為：「蓋小人之忌害君子也，非必有深怨積恨，誓不可並生於天地之間者也。惟是，平居立身制行，殊途背馳，不啻若薰蕕冰炭之不相入。而所為君子其人者，則又待之甚嚴，絕之太過，致若輩無地以自容。又不幸吾黨之聲譽日隆，文遊日眾，一時標榜附和之子，或未免名實乖違，首尾衡決，遂未足以服若輩之心，而適予以可攻可議之釁，此同文黨錮之獄，小人每悍然為之，而略無所也。」故而君子「亦當有分任其咎者矣」，因此，熊賜履提出，「則顧吾黨有志之士，以默識為真修，以篤行為至教；勿口舌軋擊以矜能，勿意見紛挐以長傲；尊賢容眾，嘉善矜愚，偕遊於大道為公之世，而絕無所為怙己凌人之弊，開當世以雌黃我輩之端，此則國家化民移俗之至意，而亦從古聖賢開物成務之極功也。」〔註116〕

〔註115〕《整飭書院檄文》，《東林書院志》卷十四，第576～578頁。
〔註116〕熊賜履：《重修東林書院記》，《東林書院志》卷十五，第618～620頁。

　　姚江書院，康熙三十三年餘姚知縣韋鍾藻延請邵廷采主書院，則此時書院山長之敦請之權已歸縣令矣。同年邵廷采手訂《姚江書院訓約》十條，中即有「舉業宜醇」一條。〔註117〕康熙四十一年，姚江書院遷至餘姚南城，鄰近餘姚學宮，性質亦漸近於官學矣。黃宗羲之講學之風，門人多承襲之，康熙十七年陳胡嘏於甬上重舉講經會，惜乎為時不暢。康熙三十七年萬斯同借回鄉之機，於甬上重開講經會，為時數月。此外，萬斯同還長期於北京主持講會，參與者多公卿大夫，於清初學風影響深遠〔註118〕，然亦隨人事變遷而消歇。徽州地區書院雖然保持著極強的講學傳統，書院講學維持時間頗長，更有如涇縣水西書院明確宣稱：「水西書院為集會講道之所，並非延師授徒而設。」〔註119〕

　　清初孫奇逢之講學激蕩風氣之作用尤大，「清代學術對書院的影響主要由孫奇逢發端」，其門下士中如湯斌、耿介、竇克勤、李來章、冉覲祖、張沐等在清初書院振興中作用尤大。〔註120〕然諸人參與書院事業，皆不得不將講學與舉業相結合，考課制度也隨著成為重要的書院規制之一。

　　湯斌，字孔伯，又字荊峴，號潛庵，河南睢州人。順治九年進士，授翰林院庶吉士，出為潼關道副使，調江西嶺北道參政，順治十六年以病乞休。康熙十七年，經魏象樞舉薦為博學鴻儒，試為一等，授翰林院試講，歷任日講起居注官、浙江鄉試正考官，轉翰林院侍讀，《明史》總裁官等，康熙二十三年授江寧巡撫，二十五年擢禮部尚書，二十六年改工部尚書，尋卒。康熙五年入孫奇逢門下，康熙八年與同道立志學會，建繪川書院，其手訂《志學會約》稱：

> 一、會以每月初一、十一、二十一中午為期，不用束邀。一揖就坐，世情寒溫，語不必多。各言十日內言行之得失，務要直述無隱。善則同人獎之，過則規正。所講以身心性命、綱常倫理為主，其書以《四書》、《五經》、《孝經》、《小學》、濂、洛、關、閩、金溪、河東、姚江諸大儒語錄及《通鑑綱目》、《大學衍義》等書為主。不許浮泛空談，褻狎戲謔。凡涉時政得失、官長賢否及親友家門私事，

〔註117〕邵廷采：《姚江書院訓約》，鄧洪波主編：《中國書院學規集成》，第436頁。

〔註118〕王汎森：《清初的講經會》，《中央研究院歷史語言研究所集刊》第六十八本，第三分。

〔註119〕嘉慶《涇縣志》卷八《書院》。

〔註120〕王洪瑞：《清代河南書院的分布級差與成因分析》，《殷都學刊》2005年第2期。

與所作過失並詞訟請託等事，一概不許道及。違者註冊記過。

一、會中崇真尚樸，備饌多不過八器圍坐，葷不許過素。若人少，則四器亦可。飯罷酒即止，甚勿杯盤狼藉，飲酒笑謔，以傷風雅。違者註冊記過。

一、會中置一冊子，凡是日講論，有能發明義理，或近日有所心得，即錄冊中。以便商訂。或有疑難，一時不能明白者，亦記冊中，漸次考正。亦「日知其所亡，月無忘其所能」之意。仍將所問答參悟有合乾道者，略為綴記成篇，以存其說。

彼此講論，務要平心易氣。即有不合，亦當再加詳思，虛己商量，不可自以為是，過於激辨。捨己從人，取人為善，聖人心傳，正在於此。否則雖所論極是，亦見涵養功疏，況未必盡是乎？尤西川先生云：「讓古人是無志，不讓眼前人是好勝。」〔註121〕

湯斌巡撫江蘇時，聞有當事登壇講學者，慨然而歎，稱：「學當躬行實踐，不在乎講。講則必有異同，有異同便是門戶爭端。當初孫夏峰先生為一代大儒，未嘗應聘開講，不過於一室中，二三同志從容問答而已。若必登壇，南面聚眾而談，何異禪門家數。」〔註122〕

河南嵩陽書院宋初即為四大書院之一，明末毀。康熙十三年，登封知縣葉封重建嵩陽書院，十六年始由耿介主持之。耿介，字介石，河南登封人。順治九年進士，歷任福建巡海道、江西湖東道、直隸大名道。康熙三年，丁母憂，遂不復出仕，杜門讀書，居家講學。康熙十二年經湯斌引介，拜入孫奇逢門下。康熙二十五年，尚書湯斌疏薦，翌年辭歸，繼續主持嵩陽書院，康熙三十二年卒。嵩陽書院於耿介主持下，書院齋舍、器具及規制均大備，四方學者聞風而至，書院得以復興。耿介認同「理學舉業是一非二」，〔註123〕因此書院對考課及講學皆重視之。康熙十八年，耿介定《輔仁會約》，規定：

一、每月初三日一會嵩陽書院，為文二藝，日長漸加，不用柬邀，晨刻齊集，序揖序坐。須體貌嚴肅，精神收斂，題出沉靜構思，庶使心志專一，文益精妙。

〔註121〕湯斌：《志學會約》，鄧洪波主編：《中國書院學規集成》，第897頁。
〔註122〕湯斌：《湯斌集》（上），鄭州：中州古籍出版社2003年版，第21頁。
〔註123〕耿介：《敬恕堂文集》，鄭州：中州古籍出版社2005年版，第126頁。

一、每月十八日，一會嵩陽書院，將一月來所讀之書，互相考究印證。蓋經書中聖賢言語，無非身心性命之理，綱常倫紀之事。若只在書冊上尋求，縱使探討精深，終與己無干涉。須得朋友大家講論，直教一言一句皆於我身上有著落貼實處，覺得聖賢所說之心就是我之心，聖賢所之理就是我心之理。如此融貫浹洽，庶幾可以坐言起行。〔註124〕

雖然規定有講書之事，然耿介「但自揣固陋，逡巡未遑舉行一日。同學鍾子爾知，自鈞臺以書責之曰：『近聞書院會文不講學，不幾徒有書院之名，終鮮實行乎。宜鼓勵同人，勿以理學舉業視為二事，文行忠信，教本杏壇，何可已也？』余終遜謝未遑。幸遇長洲張父母，仁心愷惻，有萬物一體之懷，興學造士，孜孜不倦。其所學醇正篤實，悉本程朱，其措之政事者，皆躬行心得之餘，由是遠近之士，執經問業，履滿戶外。乃於庚申七月十八詣書院坐麗澤堂，隨意敷訓書義一二章，皆切於人倫日用身心性命之益。諸生有質疑問難，亦隨意開發。」〔註125〕則書院創設之初，講學之事鮮矣。

其後因大吏及學人之扶持，耿介對書院講學越來越重視，書院講學方漸漸興盛。除耿介本人在書院講學外，尚有諸多大吏及學人講學其間。康熙十八年十二月望日書院邀學使吳五崖為諸生闡發《孝經》大義，十九年七月十八日時任知縣張塤如「詣書院坐麗澤堂，隨意敷訓書義一二章，皆切於人倫日用身心性命之益。諸生有質疑問難，亦隨意開發。」八月十八日張塤如邀竇克勤會講於嵩陽書院。此外，如張沐、湯斌、李來章、冉覲祖等都曾講學其中。〔註126〕康熙二十一年耿介訂《書院講書儀注》：

一、逢講期前一日，預定司講二人（生員公服），並定所講書二章。司講案二人（儒童）。司贊二人（生員公服）。

一、逢講期，父師將至，同人齊出書院門迎揖。司贊引至聖殿，行兩叩禮，引至三賢祠行兩叩禮畢。到講堂，同人先揖，父師次揖，學師次揖院長畢，分兩旁坐，同人列坐。稍後茶畢，司贊唱供講案，同人齊起，再唱司講進某章書。司講從容至案前向上揖。宣講務音

〔註124〕耿介：《輔仁會約》，鄧洪波主編：《中國書院學規集成》，第894～895頁。
〔註125〕耿介：《敬恕堂文集》，第265頁。
〔註126〕耿介：《敬恕堂文集》，第244頁；第256～257頁；第267頁。

韻洪亮，字義真切。講畢向上揖退。司贊唱撤講案畢講結，同人皆坐，或父師觸境有所闡發，或同人質問，務辭氣從容，論辨詳審，歸於身體力行，遷善改過。

　　一、講學大意以仁孝為本，以敬字為工夫，以誠字為通貫，以恕字為推曁。〔註127〕

然從耿介主持嵩陽書院之實踐來看，其常規之活動主要為考課，講書則偶然為之，因人因事而異也。康熙二十年，知縣張塤如編訂刊刻《嵩陽書院會業》，耿介作《〈嵩陽書院會業〉序》稱：「塤如張父母雅意作人，興復嵩陽書院，偕多士月一講學一課文，寒暑風雨不少輟。積之既久，取所為會業若干首，手加評次，付之梓」，並重申理學、舉業為一之理，稱讚：「書院今日之文，其可謂不妨功，不奪志，而不至以科舉為累者與。」〔註128〕

康熙二十八年，河南柘城邑紳竇大任、竇克勤父子建朱陽書院，延竇克勤主講席。竇克勤《朱陽書院講學紀事》中載，康熙二十九年「庚午秋七月，講學於朱陽書院，生童至者多人。司講者講弟子入則孝章既畢，邑侯史公平泉發揮『孝』字之義，……書院得聞公孝道之論，甚幸！與孝經之旨，相為發明，因紀其事，並附一言於後，以俟人之深求而自得者，豈徒紀一時之盛跡云爾哉！」書院每月初二、十六講學會友，「每逢三、六、九日，主人至書院考課，諸生齊集赴講堂，疑義相質，身心互證，以畢講習之功。」〔註129〕

李來章，字禮山，河南襄城人。康熙十四年舉人。初就學於孫奇逢，又與李顒論學，後遊魏象樞之門。康熙二十九年與耿介、冉覲祖講學嵩陽書院，三人合稱「中州三先生」。康熙三十年，南陽知府朱璘創設南陽書院，禮聘李來章掌教之。書院創設後，「一時四方來學者多至數百人」。朱璘不僅創辦書院，而且還在公務之餘，「時與諸生講論」，並將徵集來的「制藝程墨」、「歷科小題」、「八大家古文」等方面的書籍發給諸生誦讀。接著又「從事濂溪、康節、明道、伊川、橫渠、魯齋、敬軒諸大儒之書，分章斷句，附以箋注」，以指導學生閱讀。李來章講學，首重《孝經》、《小學》，嗣後則「論理、篇章，以及論語、二十二史、三通、皇朝文獻、《大學衍義》、《理性大全》、《資治通鑒》、《歷代名臣奏議》，文章正宗」等。書院受業弟子徐永芝《南陽書院講學

〔註127〕耿介撰：《敬恕堂文集》，第308頁。
〔註128〕耿介撰：《敬恕堂文集》，第282～283頁。
〔註129〕竇克勤：《朱陽書院儀注》，鄧洪波主編：《中國書院學規集成》，第950頁。

紀事》中記載李來章講學之事：

> 至講堂，命諸生進講，諸生首述禮山夫子《論語》「學而時習之」全章疏義，首云學須從「性」字體勘。公躍然喜曰：「學非誦讀了事，窮理格物所以知性，迪德修行所以復性，開口便道著性字，先生之學，先生之教，真確有根據。」覆命講《西銘》、《太極》二章，諸生復述禮山夫子疏義，公為首肯者久之，一一又為之發明。曰：「學者正須於《西銘》認取仁字，於《太極》認取性字。仁本性中，性具仁體，非是二物。盡性不外盡仁，盡仁實以盡性，二子之說蓋互相發明。」〔註130〕

河南襄城縣紫雲書院，為李來章先祖李敏丁於成化三年創設，明末毀，清初李來章之父李光里重修之，李來章即肄業其中。李來章主南陽書院不久後，即因母老謝歸，重葺書院，講學其中，並手訂《紫雲書院學規》。康熙四十三年，時任連山縣知縣李來章創設連山書院，將康熙三十年所定《紫雲書院學規》移作《連山書院學規》，其中規定：

> 一、逢二、六日講書。值日者設座，畢，鳴鼓五聲，畢，集講堂，向上一揖，各就座。講畢，又向上一揖，而退。諸子於所講之書，須向自己身心一一體貼，一一勘驗，能於觸發處當下入冷水澆背，晨鐘聒耳，方為有得。若徒拘牽章旨，分析字句，將聖人入骨透髓、吃緊為人之語，徒作文字看過，究亦何益？至有所疑，澄心靜氣，涵泳白文，勿攙己意以求強合。人物典制，存乎掌故，或求之注疏，或質之耆宿，博考詳問，期於必得，總不可糊塗了事，空作一場說話過去，方為實曾看過書來。窮理之學，莫切於講究書義，願與諸子，反覆問難，實盡力於斯焉。
>
> 一、每月逢九日會文，先一日傍晚，設座講堂，至日黎明，值日者鳴鐘五聲，諸子各操筆硯，序齒列坐，以二藝為率，短篇者罰。夫國家制義取士，先資拜獻，不能不藉乎此。原其體式合經術、理學、舉業三者為一，以開天下有志之士，其用意深遠，立法精詳，過漢唐諸代遠甚，……夫五經諸史，其根本也；詞華章采，其枝葉也，……〔註131〕

〔註130〕徐永芝：《南陽書院學紀事》，鄧洪波主編：《中國書院學規集成》，第974頁。

〔註131〕李來章：《紫雲書院學規》，鄧洪波主編：《中國書院學規集成》，第903頁。

　　張沐，字仲誠，號起庵，河南上蔡人，順治十五年進士。康熙元年，授直
隸內黃知縣。五年，坐事免。尋拜入孫奇逢門下。康熙十三年受耿介之邀講
學於嵩陽書院。康熙十八年因左都御史魏象樞的推薦，張沐起授為四川資陽
縣知縣。康熙五十一年卒。河南開封游梁書院順治十二年，知府朱之瑤將遊
梁祠移建並更名為游梁書院。康熙二十八年巡撫閻興邦將游梁書院改為名撫
祠，又在開封府文廟北，貢院之東，重新修建了遊梁祠和書院。康熙三十三
年為擴建，聘張沐掌教之，張沐定《游梁書院學規》，除規定正途日程外，規
定會講及考課：

> 　　一、每逢五逢十日，早飯後聽講。聽雲板一次，諸生齊集堂中，
> 安置位置停妥。二次雲板，登堂，諸生各自齊心一會，莊坐聽之。
> 心存自可不倦，毋得怠慢僾說。俟講訖矣，或有獨信，或有獨疑，
> 不妨問辯。問欲其審，辯欲其明，不然不已，乃為快事，決不憚煩
> 厭瑣也。仍有不明，次日再問，要不可以苟得而遂已。

> 　　一、每月逢三日，作時藝兩首，……務竭盡全力，以求至善。
> 寧難毋易，寧遲毋速。寧且不得意，毋苟以塞責，須以剿襲為戒。
> 〔註132〕

　　康熙十二年，河北容城縣知縣趙士麟創設正學書院。趙士麟，字麟伯，
清雲南河陽人。康熙三年進士，授貴州平遠推官，改直隸容城知縣，創正學
書院，與諸生講學，十二年入京供職，遷吏部主事、左副都御史等，二十三年
授浙江巡撫，「復繕城隍，修學校，親涖書院，與諸生講論經史及濂、洛、關
閩之學，士風大振。」二十五年移撫江蘇，尋召兵部督捕侍郎，又調吏部，三
十七年卒。其手訂立《正學書院會約》，稱「容城為前賢劉靜修先生講學地，
厥後椒山公亦以理學名家兼著忠節。當世若孫徵君皆倡道茲土，後先輝耀。
不肖叨值此邦，心切仰止，自恨質庸識陋，於學無窺。然此心耿耿，未能放
下。爰創正學書院，集環邑之士，而月一再會焉。非曰登壇說法也，令民牧且
教化之司也。」〔註133〕則正學書院之創設，遠承先賢劉靜修、楊繼盛，近因
孫奇逢之講學，故而書院以講會為指歸，具體而言：

> 　　每月之會，初二、十六辰刻赴院，一揖就位。趁此日力討個身

〔註132〕張沐：《遊梁書院學規》，鄧洪波主編：《中國書院學規集成》，第 899～900
　　　　頁。

〔註133〕趙士麟：《正學書院會約》，鄧洪波主編：《中國書院學規集成》，第 44 頁。

心性命著落處所。勿浮談，勿戲褻，勿騁能心，勿誇勝見。茶畢，虛心靜坐，默對凝神，然後啟請。或證所得；或質所疑；或徵六經、四子之言，以為折衷；或舉前人嘉言懿行，以為模楷。議論稍有不同，則平心順理以商之，貴以意逆志。爭在躬行，勿爭在字句，勿固執一偏之見以求勝，勿為機鋒之淆以混人。說得來，即須行得去，方與自家身心有益。子弟有願聽教者，不妨攜至，使觀法考鏡，俾知向道，則習心習見可破除也。繼吾後者，當視此為名教樂地，按約舉行，庶幾此會之可永也。〔註134〕

對於更多的新建或者重建之書院來說，考課之制則是其規制中不可缺少之一環。四川樂山九峰書院明末毀於戰火，康熙初年，上川南道張能鱗遷建，改名高幖書院，定《高幖書院條約引》，規定：「逢二、八日作策、論各一篇，日哺交卷，學師匯定一冊，次日呈覽。論先經而後策，先史而後時務，俱各擬題三十道，視易簡也」「策論可傳者為一等，選刻其文以行世。會式者為二等，有賞。平常者為三等，無賞無罰。下此，則有罰。」〔註135〕

山西岢嵐州管涔書院，創始於明嘉靖年間，初名雞鳴書院。天啟六年，時任知州改為岢嵐文場，亦稱管涔書院，即書院、文場合為一處，平日為書院，有試事則為文場。康熙六年岢嵐州學正袁鏘珩訂《岢嵐管涔書院約法》，規定：「會文月兩次，以朔之翼日及既望為期命題，本學先期寄發，至日公同開拆，薄暮領社者收訂緘送。下會發去公所，傳覽既畢，各行散給。」「赴會以咢爽為期，遲至日出則罰錢。拆題後，各據梧靜坐，冥對構思，聚談者、喧嘩者罰錢，一如上數。」日落收捲，不許給燭，不許帶回本家，次日補送。「除二、六會文外，講研經書，背誦文字，亦各訂為期日。」「背文、講書，各立程限，稽延及曠期者，照會課之數罰之。」〔註136〕

湖北潛江之傳經書院為康熙十年知縣王又旦所建，王又旦，字幼華，陝西郃陽人，順治戊戌進士，康熙七年選湖北潛江知縣，十四年遷給事中，丁父憂歸。康熙二十年授吏科給事中，二十三年補戶部給事中，尋充廣東鄉試正考官，康熙二十五年卒以疾卒於官。康熙十年手訂《傳經書院約》規定：

〔註134〕趙士麟：《正學書院會約》，鄧洪波主編：《中國書院學規集成》，第47頁。

〔註135〕張能鱗：《高幖書院條約引》，鄧洪波主編：《中國書院學規集成》，第1528頁。

〔註136〕袁鏘珩：《岢嵐管涔書院約法並序》，鄧洪波主編：《中國書院學規集成》，第88～89頁。

其一，課期約。凡課文用月中甲日，及期，諸生侍門外，俟令至升堂，然後立階下揖，聽名乃進，授卷畢，則趨而入，三伐鼓乃坐，課文二篇畢，一揖退。

其二，講期約。凡講期以四仲月。春秋用上丁日，先期隨令宿於廟，次早盛服行釋奠禮，畢，乃入書院。凡講前十日，擇經明行修者一人為之主，至期中坐，余皆侍，東上為縣令，次廣文，次佐貳，西上為縉紳，以齒序，諸生以次就坐。三伐鼓，檢姓名冊隨意出諸生五人，各講經一章，問難析義，俱聽主者。夏、冬用二至，出諸生五人，各講四書一章，畢，乃退，余如春秋例。〔註137〕

湖北問津書院於康熙六年重建，康熙四十六年鄒江遐定《問津書院會約》，近於文會章程，強調舉業之重要性及其規範和要點，規定：

一、人之好尚不齊，見解自別，而理脈則一也。會文公請前輩到院，鍵門批閱，憑其去取，必有一種識見出人頭地，倘白是不服，妄肆譏談，貌受心非，勢難取益，況怒於言怒於色乎？虛受者當不其然。

一、詩、字兩學雖曰末業，然近日應制以詩命題，有關黜陟。字尤舉業家所謂出馬槍者，筆筆正鋒，字字法帖，小試最易制勝見長，標榜盡能出色成名。江浙八股外以詩字結社，講究宗派，所以登高遣興，隨地揮翰，人物騷雅，才品灑落，晉接閒絕，不露縛手縛腳、遮頭蓋面之態。同會人請以暇豫稍留心焉，亦雅人深致也。

一、會中憂取前列之文，不遍傳共閱，彼此無益，閱卷發案畢，其優等應謄者領卷歸，各目繕寫四本，照原批點裝訂，送至書院匯齊，分上下東西四路，酌期遞傳，以示欣賞。〔註138〕

清朝督撫創設書院，於康熙晚期才漸漸興起，其中以張伯行最為卓著。張伯行，字孝先，號恕齋，晚號敬庵，河南儀封人。康熙二十四年進士，康熙三十一年補授內閣中書、山東濟寧道、江蘇按察使、福建巡撫、江蘇巡撫、順鄉試正考官、倉場侍郎、戶部右侍郎禮部尚書等，雍正三年卒。張伯行為清

〔註137〕王又旦：《傳經書院約》，鄧洪波主編：《中國書院學規集成》，第1021頁。
〔註138〕鄒江遐：《問津書院會約》，鄧洪波主編：《中國書院學規集成》，第 1019～1020頁。

初著名的理學家「所至必興書院，聚秀民，導以學朱子之學，而辨其所以異於姚江者」〔註139〕，對清初書院之建設亦起到了相當的作用。

康熙三十一年，張伯行與冉覲祖同官京師，「一見契合，相聚談道德，幾忘晨夕。」〔註140〕康熙三十三年張伯行丁父憂歸，儀封舊有飲泉書院，康熙十九年時任縣令毀之，人不敢爭。康熙三十七年，張伯行主持書院之復建，「乃於請見亭之傍買地二十畝為基，前建大門，中立講堂，後架高閣，東西建兩廂房」，「閣中聚書數千卷，招同志共肄業焉」，並得到時任縣令之支持。康熙三十八年，張伯行禮聘當冉覲祖掌教書院，時值冉覲祖告假回家，時任登封縣令禮聘其掌教嵩陽書院，因與張伯行相契且有約在先，因此來儀封掌教之。而登封令力請冉覲祖回嵩陽書院不得，乃兩就之。冉覲祖「好以太極、西銘指示後學，一時儀之士皆知向學，不專以帖括為事。」〔註141〕張伯行稱「時及門受業者百有餘人。先生勤於講貫，指授要歸，一時學者多所感興。余亦不失所親，為之勉勉而不能已。」〔註142〕

康熙四十一年張伯行補山東濟寧道，四十三年建清源書院於臨清，「請本地鄉先生主教，命士子讀書其中，資其供給。公餘輒至書院與諸生講道論文，造就甚重。」建夏鎮書院。四十四年復建濟陽書院。四十五年升任江蘇按察使，十一月謁道南祠。四十六年三月升福建巡撫，六月抵任，冬十月即於九仙山之麓創設鰲峰書院〔註143〕，意在「講明濂洛閩關之學，以羽翼經傳」，「前建正誼堂，中祠周、二程、張、朱五夫子，後為藏書樓，置經、史、子、集若干廚，樓東有園亭、池塘、花卉、竹木之勝，計書舍一百二十間」〔註144〕，「一時有志之士慕道偕來，幾數百人。公餘之暇，輒為學者指道統之源流，示入聖之門路。」「又出先儒語類文集諸書，命分任編輯，親為校正論定，付之剞劂」，即為《正誼堂全書》，張伯行為《正誼堂全書》的總策劃。鰲峰書院生徒是《正誼堂全書》編刻工作的主要參

〔註139〕張廷玉：《張清恪公墓誌銘》，見錢儀吉：《碑傳集》，北京：中華書局1983年版，第502頁。
〔註140〕張師栻、張師載撰：《張清恪公年譜》卷上，康熙三十一年。
〔註141〕張師栻、張師載撰：《張清恪公年譜》卷上，康熙三十七年、康熙三十八年。
〔註142〕張伯行：《祭冉永光文》，《正誼堂文集》卷十二。
〔註143〕王衛平：《張伯行書院教育實踐及其理學思想的傳播——以蘇州紫陽書院為中心》，《學習與探索》2008年第5期。
〔註144〕張伯行：《正誼堂文集附續集》，北京：中華書局1985年版，第111～112頁。

與者和具體實施者，「命書生課業之暇，日纂錄古聖賢嘉言、善行，予總其成，簡擇裁汰之。」〔註145〕《正誼堂全書》編刻確立了鼇峰書院尊崇程朱理學的基本趨向，實質上也成為書院之教學法。「又有共學書院，令有志於道而未能忘情舉業者居之。」〔註146〕「會城有兩書院，一為共學，一為鼇峰。共學者，課文之書院也。鼇峰者，講學修書之書院也。」〔註147〕張伯行還編輯《學規類編》作為士子課程之參照，博採先儒為學格言，以朱子《白鹿洞學規》首列。書院建立之後，受到朝廷重視，康熙帝特為頒賜匾額「三山養秀」及相關書籍進行表彰。康熙五十五年蔡世遠訂《鼇峰書院學約》，規定：「每遇單日，會萃於鑒亭，講《性理精義》，諸友有疑，務相質論。經書、《大學衍義》、《朱子綱目》以次而及。」「每月課文三期，合聚於鑒亭，不得歸私室。首期課本輪閱，至次期本日方散。」〔註148〕《大中丞覺羅滿公保學約》「課文」條規定：「制舉文字，非徒獵取功名而已，曉暢經義。發明心得，胥於是見之。試觀先正名文，至今不朽者，惟其理明而辭確也，故行文切忌雷同剿襲，其或捨正大之途，而鑽穴幽險小巧以求工者，亦所不取。一月中，三、八日各攜筆硯至中堂拈題會課，至日昃必完兩藝，序年次，秉筆第其甲乙，列堂壁。其尚與童子試者，當隨先生後，有受教而無秉筆，例也。或以聽政餘間，親臨書院，相與講義課文，且以稽其勤惰。其延訪入院者，寧嚴毋濫，薙蕭稂正以衛嘉穀，想共喻此意爾。」〔註149〕

康熙四十九年伯行移撫江蘇，三月至東林書院講學，「首葺東林書院，躬詣講學，剖論朱陸異同，娓娓不倦」〔註150〕，並招「耆儒高愈、錢仲選、顧培、顧鑾等講學其中，闔邑人士多所興起」，「公躬詣講學，與諸生反覆討論朱陸異同，言厲而色和，學者有典型復見之歎。」〔註151〕康熙五十二

〔註145〕張伯行：《正誼堂文集附續集》，第 98 頁。
〔註146〕游光繹：《鼇峰書院志》，趙所生、薛正興：《中國歷代書院志》（第十冊），南京：江蘇教育出版社 1995 年版，第 375 頁。
〔註147〕王勝軍：《〈正誼堂全書〉編刻與鼇峰書院關係考論》，《江西教育學院學報》（社會科學）2013 年第 2 期。
〔註148〕蔡世遠《鼇峰書院學約》，鄧洪波主編：《中國書院學規集成》，第 530 頁。
〔註149〕《大中丞覺羅滿公保學約》，鄧洪波主編：《中國書院學規集成》，第 532 頁。
〔註150〕華希閔：《張孝先先生傳》，《東林書院志》卷十二，第 511 頁。
〔註151〕楊鏡如：《紫陽書院志》（1713～1904），蘇州：蘇州大學出版社 2006 年版，第 44 頁。

年十一月，因「蘇州向無書院，時來學者眾，公命於滄浪亭讀書。地窄不能容，乃於府學東建紫陽書院，拆吳江淫僧水北庵材木以供用，又藉其田三百餘畝以為諸生膏火資。」五十三年三月書院落成。「前堂設朱子神位，中建講堂，後建大樓，兩旁建書舍。」「浙江、福建、江西、山東多有負笈來者。」「其規模製度及講貫課試之法，大略與閩同。」書院建成後，張伯行「擇所屬高材諸生肄業其中」，聘「崇明縣教諭郭正宗、吳江縣教諭夏生董其事」，「三吳文學之士皆傾心誠服於先生，而四方之聞風來學者亦日眾」。康熙五十三年，張伯行作《紫陽書院示諸生》稱：「凡三、八日作時藝兩篇，講義一篇」，時藝「採其尤者，刊刻流佈，以樹風聲」，並要求肄業生作札記，「錄就呈閱」。

張伯行於講學之事甚為看重，其認為「近日士尚浮華，人鮮實學，朝夕揣摩，不過為獵取科名計，於身心性命家國天下，茫乎概未有得，豈士風之不古歟，抑所以教導者之不得其方也？」〔註152〕康熙五十年張伯行主持刊刻《諸儒講義》，稱：「講義與集注相表裏，集注主於闡發聖言，講義主於勸誘學者，立說雖微有不同，其理本無二致，舉業盛而講義廢，所以人不知有為己之學，乃匯宋元及今諸儒講義而刻之。」

湖南嶽麓書院於順治九年重建，康熙二十六年欽賜「學性達天」匾額及圖書。康熙五十六年李文炤出任山長，李文炤，字元朗，號恒齋。清代善化人，出於康熙十一年，卒於雍正十三年。先後從教於善化熊班若、邵陽車補衲、王惺齋，寧鄉張石玫等先生，康熙五十二年中舉，五十三年會試不第，授湖北穀城教諭，以疾辭，從此決意科舉仕進之途。康熙五十六年應湖南大憲之禮聘，為嶽麓書院山長，「學以朱子為歸，教士以聖經賢傳之旨為修己治人之方」。〔註153〕同年，其手訂《嶽麓書院學規》，規定：

> 一、每日於講堂講經書一通。夫既對聖賢之言，則不敢褻慢，務宜各項冠束帶，端坐辨難。有不明處，反覆推詳。或炤所不曉者，即煩札記，以待四方高明者共相質證，不可蓄疑於胸中也。

> 一、每月各作三會。學內者，書二篇，經一篇，有餘力作性理論一篇。學外者，書兩篇，有餘力作小學論一篇。炤止憑臆見丹黃，

〔註152〕張伯行：《紫陽書院示諸生》，鄧洪波主編：《中國書院學規集成》，第252頁。
〔註153〕《清儒學案》卷五十四《恒齋學案》。

倘或未當，即攜原卷相商，以求至是，更不等第其高下。〔註154〕

　　總體而言，順治、康熙年間，書院大抵仍沿襲著講學之風，然受到愈益嚴格的抑制，講學趨於程式化，儀式化，而考課之制則逐漸在書院制度體系中佔據越來越重要的地位。

二、雍正、乾隆年間之書院規制

　　雍正初年，地方大吏於書院事業愈益熱心。雍正二年，兩江總督查弼納於江寧奏設鍾山書院，雍正皇帝御賜「敦崇實學」匾額，書院定規，諸生須住院肄業，並有考課制度，「每月應月課兩次，壹等生員獎賞銀若干，二等生員獎賞銀若干。」「每月月課，掌教閱定，分別等第，開單同卷送本部院查閱，閱過發江寧府，按照名次給與獎賞，併發還原卷。」〔註155〕此外，又定官課之制度，「江、安兩撫院到省時應請赴院考課，本部院亦隨時考課，江、安藩臬各道，每年應各考課一次，以示興崇文教之意。所有應給獎賞銀兩，各聽酌給，不定多寡。」〔註156〕雍正三年規定會講及考課制度，「今定朔、望飯後為會講之定期，諸生聽擊雲版響聲，即齊集講堂一揖，侍坐敬聽，毋得參差喧撓。所定初六、十二為會課之定期，是日三粥，比平常更早，黎明即響雲版，以便諸生齊集領題，令作者舒徐思索，得以盡一日之長。」〔註157〕「會課有獎賞，藉以資筆墨而裏日給之費也，永為定例矣。」雍正五年改為「每月兩課，特等賞銀五錢，壹等賞銀四錢，貳等□名前賞銀三錢。」〔註158〕會課命題較寬，包括時文、經解、史論等等，其中規定「每月會課既有經題，須作經藝。即當日不能完篇，續送亦可。即以一經為一束，另於正案之外各分等第，聽掌教逕自揭示院中。」書院山長「專主講明五倫之道，四書五經之理，史鑒中之治亂得失，及每月兩課，批閱文字高下」〔註159〕，即負責講學和閱文。其首任山長宋衡留存講義兩章，名為《孝悌講義》、《忠恕講義》。〔註160〕

〔註154〕李文炤：《嶽麓書院學規》，鄧洪波主編：《中國書院學規集成》，第1035頁。

〔註155〕《司詳議定鍾山書院事宜》，鄧洪波主編：《中國書院學規集成》，第186頁。

〔註156〕查弼納：《飭議書院各項應行事宜檄》，鄧洪波主編：《中國書院學規集成》，第184～185頁。

〔註157〕查弼納：《書院長久規模告示》，鄧洪波主編：《中國書院學規集成》，第189頁。

〔註158〕《鍾山書院養士》，鄧洪波主編：《中國書院學規集成》，第191頁。

〔註159〕《鍾山書院延師》，鄧洪波主編：《中國書院學規集成》，第190頁。

〔註160〕湯椿年撰：《鍾山書院志》卷之十一，趙所生、薛正興主編：《中國歷代書院志》（第七冊），第548～550頁。

　　廣西桂林宣成書院始於宋景定年間，康熙二十一年教授高熊徵請於巡撫郝浴移建於譙樓右將軍錢國安園址，督學王如辰改名「華堂」，雍正二年巡撫李紱復題原名，手訂《宣成書院條約》，規定：「會文月三，恐妨於讀也。文不拘於一律，要必自己出為佳，剗說雷同。」「月朔，課前月所肄，諸生肅謁主講，主講按日曆刺舉經籍章句，試其誠誦與否。有錯誤遺忘者札記，以俟再課。後月亦如之。季終，通核所誦生熟，並文會等第高下，總注日曆後幅，移送本部院，以憑查核，面加勸勉。」〔註161〕觀其會文及會講之規，則所謂會講不過背書而已。

　　雍正四年，江西巡撫裴律度奏請為白鹿洞書院選取掌教，部議不准。雍正皇帝為此發布上諭，「深嘉部議」，稱：

> 朕臨御以來，時時以教育人材為念，但期實有益於學校，不肯虛務課士之美名。蓋欲使士習端方，文風振起，必賴大臣督率所司，躬行實踐，倡導於先。勸學興文，孜孜不倦，俾士子觀感奮勵，立品勤學，爭自濯磨，此乃為政之本。至於設立書院，擇一人為師，如肄業少，則教澤所及不廣；如肄業者多，其中賢否混淆、智愚雜處，而流弊將至於藏垢納污。若以一人教授，即能化導多人俱為端人正士，則此一人之才德即可以膺輔弼之任、受封疆之寄而有餘。此等之人，豈可易得？當時孔子至聖，門弟子三千餘人，而史稱身通六藝者僅七十有二，其餘不必皆賢。況後世之以章句教人者乎？是以朕深嘉部議，不肯草率從裴律度之請也。其奏請頒發未備之典籍，亦不知未備者是何等書，不便頒發。至於奏請特賜匾額，常年既經聖祖仁皇帝賜以御書，朕亦不必再賜。〔註162〕

　　由此可見，清廷對書院依舊採取著嚴格限制之態度。然地方大吏興修書院之事不絕如縷，雍正九年，時任雲貴總督鄂爾泰修葺昆明五華書院，「購置經史子集萬餘卷，選士課讀」〔註163〕。此種趨勢刺激清廷清廷的書院政策發生轉變，雍正十一年清廷上諭稱：「朕臨御以來，時時以教育人材為念，但稔聞書院之設，實有裨益者少，慕虛名者多，是以未嘗敕令各省通行，蓋欲徐徐有待而後頒降諭旨也。近見各省大吏，漸知崇尚實政，不事沽名邀譽之為，

〔註161〕李紱：《宣成書院條約》，鄧洪波主編：《中國書院學規集成》，第 1390 頁。
〔註162〕陳谷嘉、鄧洪波主編：《中國書院史資料》，第 856 頁。
〔註163〕民國《新纂雲南通志》卷一百三十四《學制考》。

而讀書應舉者，亦頗能屏去浮囂奔競之習。則建立書院，擇一省文行兼優之士讀書其中，使之朝夕講誦，整躬勵行，有所成就，俾遠近士子觀感奮發，亦興賢育才之一道也。」並規定「書院師長由督撫、畢臣以禮相延，不分本省鄰省及已仕未仕，必擇經明行修足為多士模範者，其丁憂在籍人員理應杜門守制，該督撫亦不得違銖聘請。」「書院生徒由駐省道員專司稽查，各州縣秉公擇選，布政使司會同該道再加考驗。果係材堪造就者方准留院肄業，其佻達不稱之士不得濫行保送。」〔註164〕於是各地督撫先後改建或創設了各自直接主政的二十三所省級書院，〔註165〕各級官員對書院事宜更加看重，如雍正十二年，陳宏謀任雲南布政使，「購備經史，分貯各學及書院中，檄取各屬有道之士人入院肄業，詳定館課，不得專用書藝，兼試古學表策論疏，以廣造就，滇中士子自是蒸蒸向學」〔註166〕。

然書院制度之劇烈變革，亦以此為重要的時間節點，盛郎西即認為，「雍正中直省皆建書院，以屏去浮囂，杜絕流弊為宗旨，故主之者不復講學，第以考試帖括，頒布膏火而已。」〔註167〕以東林書院而論，雖康熙二十一年有文會之設，然其時應未成制度。華希閔所撰《重修東林書院記》載雍正十三年，時任縣令「於依庸堂左建齋四楹，彥曰『時雨齋』；右一楹，曰『尋樂處』，用以課士肄業。」〔註168〕鄒鳴鶴《重興東林書院記》亦稱「雍正末年設課會文」。〔註169〕郭熊飛《重興東林書院記》亦稱「其曰東林書前賢講學地，其以舉業課士始於雍正末年。」〔註170〕則東林書院考課制度之成形在雍正十三年確定無疑。

至乾隆初年，清廷之書院政策逐漸穩定，乾隆元年上諭明確了書院之定位，具體而言：

> 書院之制，所以導避人材，廣學校所不及。我世宗憲皇帝命設
> 之省會，發帑金以資膏火，恩意至渥也。古者鄉學之秀，始陞於國，

〔註164〕陳谷嘉、鄧洪波主編：《中國書院史資料》，第854～855頁。
〔註165〕鄧洪波：《中國書院史》（增訂本），第510頁。
〔註166〕陳鍾珂編：《先文恭公（陳宏謀）年譜》卷二，清同治二年刻本。
〔註167〕盛郎西：《中國書院制度》，《民國叢書》第3編45，上海：上海書店1991年版，第155頁。
〔註168〕華希閔：《重修東林書院記》，《東林書院志》附錄（二），第928頁。
〔註169〕鄒鳴鶴：《重興東林書院記》，《東林書院志》附錄（二），第940頁。
〔註170〕郭熊飛：《重興東林書院記》，《東林書院志》附錄（二），第942頁。

然其時諸侯之國皆有學。今府、州、縣學並建，而無遞陞之法，國子監雖設於京師，而道里遼遠，四方之士不能胥會，則書院即古侯國之學也。居講席者，固宜老成宿望，而從遊之士，亦必立品勤學，爭自濯磨，俾相觀而善。庶人材成就，足備朝廷任使，不負教育之意。若僅攻舉業，已為儒者末務，況藉為聲氣之資，游揚之具，內無益於身心，外無補於民物，即降而求文章成名，是希古之立言者，亦不多得，寧養士之初旨耶？該部即行文各省督撫學政，凡書院之長，必選經明行修、足為多士模範者，以禮聘請；負笈生徒，必擇鄉里秀異、沉潛學問者，肄業其中。其恃才放誕、佻達不羈之士，不得濫入書院中。酌仿朱子《白鹿洞規條》，立之儀節，以檢束其身心；仿《分年讀書法》，予之程課，使貫通乎經史。有不率教者，則擯斥勿留。學臣三年任滿，諮訪考核，如果教術可觀，人材興起，各加獎勵。六年之後，著有成效，奏請酌量議敘。諸生中材器尤異者，準令薦舉一二，以示鼓勵。〔註171〕

乾隆九年清廷嚴格規範了書院規制，具體而言：

　　嗣後書院肄業士子，令院長擇其資稟優異者，將經學、史學、治術諸書留心講貫，以其餘力兼及對偶聲律之學。其資質強者，且令先工八股，窮究專經，然後徐及餘經，以及史學、治術、對偶聲律。至每月課試，仍以八股為主，或論、或策、或表、或判，聽酌量兼試，能兼長者酌賞，以示鼓勵。再各省學宮陸續頒到聖祖仁皇帝欽定《易》、《書》、《詩》、《春秋傳說匯纂》及《性理精義》、《通鑑綱目》、《御纂三禮》諸書，各書院院長自可恭請講解。至《三通》等書，未經備辦者，飭督撫行令司道各員，於公用內酌量置辦，以資諸生誦讀。〔註172〕

安徽廣德復初書院，創設於明嘉靖四年，乾隆四年，知州石應璋遷建縣學西，仍名復初書院。乾隆十年時任知州復建，周廣業手訂《復初書院條約》稱：「院內向無住宿，肄業之人，師生相見甚疏」，遂定規：「逢上半月，每期書文一篇，經文一篇，詩一首。下半月，每期書文一篇，詩一首，默經三百許字。清晨集講堂領題，日人繳卷，勿許燈鈔及隨卷出院。」「榜發次日，近城

〔註171〕陳谷嘉、鄧洪波主編：《中國書院史資料》，第857頁。
〔註172〕《欽定大清會典事例》卷三九五《禮部‧學校‧各省書院》。

即宜親自領卷，彼此參看。無論名第高下，各有得失，互相觀摩，皆能獲益，道遠者以五日為限。有佳文當另繕者照籤，自備格眼淨紙，好寫繳存院中，為日後選刻之計。」〔註173〕

乾隆十五年白鷺洲書院山長符乘龍手訂《白鷺洲書院課規》十則，除最末三則戒生徒勤學及循規蹈矩外，其餘皆為考課之規範，具體而言：

> 一、課日扃門，杜往來也。清旦衣冠，齊至道心堂拆題，即次序列坐，各自為文，非風風雨雨突如其來，不得遁入房舍，以亂舊規。

> 一、勦襲雷同，學人大弊。祖瑩云：「文章另出機杼，何能與人同討生活。」況抄錄刊文，欺己欺人，昔人比諸穿窬之盜，有志者當不忍為此態。或有藉是塞責，斷不檢人。

> 一、刻燭分題，迅筆疾書，是行文樂事，古人日試萬言，倚馬可待，豈日課兩藝束手無措乎？諺云想鈍思遲，終非大成之器。倘本日不交試卷，亦不檢人。

> 一、千羊之皮，不如一狐之腋，凡遇課日，須簡練揣摩，戞戞乎陳言之務去，所謂以少許勝人多多許。若尋東掩西，於題無當，雖多篇亦奚以為。

> 一、「三豕渡河」，解人知為「己亥」；「根車蹲芋」，昧者誤為「銀羊」。行文魚魯滿紙，皆為考核不真。如既經辨訛，復率意錯寫者，文雖佳，降一等。

> 一、取捨高下，行文自有定評，居殿者果能自怨自艾，正可奮激以成其材。從前榜出，將尾名破碎，是不知紅勒三場，劉幾由是進業也。繼此不得效尤。其分別文之優劣以定筆資之有無，亦如射法中取觶立飲之義，聊以示勸懲耳，若以阿堵為重，更非造就人材本意。

> 一、樂群敬業，賞奇晰疑，斯云良友。互看會文，肯摘謬批疵，足覘人之誠實。若面諛背非，致口角以傷大雅，即正館規。〔註174〕

則遲至此時，書院考課已經成為白鹿洞書院之主導性規制，而各地講學之書院規制亦向考課轉變。劉宗周之證人講會之址，康熙五十五年知府俞大

〔註173〕周廣業：《復初書院條約》，鄧洪波主編：《中國書院學規集成》，第493頁。
〔註174〕符乘龍：《白鷺洲書院課規》，鄧洪波主編：《中國書院學規集成》，第738頁。

猷捐俸五十金購之，隨修葺舊宇為後堂，增造前堂外軒兩廡，共屋十四楹，創修為書院，延師聚徒講學，特闢五楹南向堂屋，重題額曰：「劉念臺先生講堂」，後更名為「蕺山書院」。〔註175〕乾隆十三年九月，全祖望應紹興知府之邀，出任蕺山書院山長，「初課諸生以經義，繼以策問、詩、古文，條約既嚴，甲乙無少貸。越人始而大嘩，繼而帖然。一月之後，從者雲集，學舍至不能容」。次年，「蕭、上、諸、余之士，爭先入學舍者幾滿，合之山、會，共得五百餘人，旅食以待。」〔註176〕乾隆十四年十一月，因大吏失禮，全祖望辭席。秋間，書院諸生前往鄞縣探望全祖望，「諸生以舊秋所課請改定，留越三月，得文百篇課之」，是為《採蕺齋課藝》。〔註177〕全祖望作《〈採蕺齋課藝〉序》，惜文不存矣，則所謂掌教書院者，亦主要為主持考課而已。

　　乾隆五十年地處歙縣之古紫陽書院復建於縣學後，「太守領之，六縣生童肄業其中」，書院實行「會藝」制度，「會藝以月之初五、二十為大課。大課之外，又於初六日考試詩古，為小課。命題、評定甲乙悉由院長。監院、歙縣教諭諸鈐印，皆由之。山長由邑人公議延請，官吏不為經理，……肄業正額生監八十名，童生四十人，膏火正額月銀二兩，生監超特等，童生上取次取俱有獎賞。凡肄業者由學政於六縣生童中挑選，有餘缺以文高試名在前者補。」〔註178〕水西書院之講學亦衰矣，嘉慶四年趙紹祖《〈水西會條〉跋》稱：「今雖春秋二祀，尚具饋羊之意，而庸流雜逐，言不及義，有志者所不屑與也。往訓猶在而盛事莫追，是可慨夫！」〔註179〕

　　乾隆時期書院考課制度的最終成形及普遍推廣則有賴於地方大吏之實踐，其中尤以陳宏謀為典型及關鍵。陳宏謀，字汝諮，號榕門，桂林市臨桂縣橫山村人，生於清康熙三十五年，卒於乾隆三十六，官至東閣大學士，「歷行省十有二，歷任二十有一」，「所到之處，如江西有鹿洞書院，在秦有關中書院、皋蘭書院，在楚有江漢書院、嶽麓書院，在吳有紫陽書院，皆延名師主講」，「歷任所至，每課書院諸生，輒言學問進修之道，娓娓不倦。」〔註180〕

〔註175〕嘉慶《山陰縣志》卷十《學校》。

〔註176〕董秉純編、何夢蛟校：《全謝山先生年譜》，清同治十一年刻本，第14頁。

〔註177〕董秉純編、何夢蛟校：《全謝山先生年譜》，第14頁。

〔註178〕道光《徽州府志》卷三之一《營建志·學校》。

〔註179〕趙紹祖：《水西會條跋》，鄧洪波主編：《中國書院學規集成》，第495～496頁。

〔註180〕陳鍾珂編：《先文恭公（陳宏謀）年譜》卷二，清同治二年刻本。

　　前已言之，雍正年間陳宏謀已有頒書書院，「詳定館課」之政。乾隆七年陳宏謀巡撫江西，即「飭查鹿洞、鵝湖兩書院田租並舊存書籍」。不久，又輯《豫章書院學約十則》，刊成刷印各屬。乾隆十年，陳宏謀訂《豫章書院節儀十條》，已無講學之規定，其考課之規定具體為：「每月三次，以初八、十八、念八日為期每月先生一課，本部院、藩司、臬司、糧道、鹽道輪流出題課試，周而復始。凡各衙門課期，課卷先生披閱，第其甲乙，分為三等，一二等分別獎賞，各衙門捐俸，不動公項。每月三課之外，各生尚有自課，隨時送先生閱定。」「會課題目，四書文一篇，經解一道，此外或策，或論，或表，或奏議。其策問不拘時務、史事，論題不拘何書。若剿襲雷同，一次置末，二次罰跪，三次則須擯斥矣。凡謄繕課卷，務須端楷清真，不得潦草。課卷發下，仍寫榜帖示，將課卷發諸生輪流同看。」其場規，「每值課期，清晨擊雲板三聲，出堂作文，務須肅靜嚴密。盡一日之長，課卷未完，不許退歸私舍，粥飯各送至課位會食。夜不給燭，教官收捲，即送先生處。凡遇各衙門課日，教官先一日請題，次早發下，並請封條一張，題目一到，即將講堂大門封鎖，如未完卷，不許擅開。違者，教官難辭其責。」另外，「從前考取諸生內有授徒在外不能入院肄業者，仍許於會期附課，附課各生不給膏火，凡與課一次，給銀一錢，以為課日飯食之費，統於膏火內開銷。」〔註181〕

　　乾隆十七年七月於福建巡撫任上，陳宏謀頒《季課鼇峰書院檄》，稱：

　　　　本部院初涖閩中，夏季考課，其中力學能文者，固不乏人，而
　　　　庸淺膚俗者，正不自少，因思閩中素稱海濱鄒魯，為人文淵藪，在
　　　　首郡領袖東南，英俊較多，而上達以及下南諸君，山嶺水涯，當亦
　　　　不乏奇英，不廣為搜採，何由拔其秀萃？本部院業就本科三場遺卷
　　　　加意搜羅，窺其底蘊，遴拔真才，得士若干人，除另案分檄，征赴
　　　　書院肄業外。茲值秋季甄別之期，循例課試，合示書院肄業諸生各
　　　　備試卷，於七月二十八日黎明齊集，赴轅聽候本部院點名考試。其
　　　　餘各府州縣有願入書院肄業之貢監生員，無論遠近，俱準赴福州府
　　　　學報名備卷，聽候一體校錄，毋違。〔註182〕

〔註181〕陳宏謀：《豫章書院節儀十條》，鄧洪波主編：《中國書院學規集成》，第 621 頁。
〔註182〕陳宏謀：《季課鼇峰書院檄》，《培遠堂偶存稿》，《清代詩文集彙編》(二八一)，
　　　　　上海：上海古籍出版社 2010 年版，第 51 頁。

因鼇峰書院肄業諸生中，「率皆附近省會，其餘各郡諸生甚少，未足以盡一省之才，而遠行掉考，難於跋涉，發題考送，難得真才」。因此陳宏謀派員「就本科全場墨卷逐一搜閱，擇其三場文字可觀者，計得五十人」，調撥入院肄業。〔註183〕十九年三月，飭發書籍於鼇峰書院。〔註184〕四月，飭發書籍於閩中各書院。〔註185〕此後，乾隆年間所定《鼇峰書院原定章程》中亦無講學之制，於考課則規定：「每月三次考課，生童初六、十六兩期係掌院館課，二十六一期係各衙門輪課，自督撫兩院、藩臬兩司、糧鹽兩道並福州府，以次輪流，周而復始」，形成完善的官師課之制。生童投考書院者，定限於每年五月之前投考，「如果文字較優，詳送肄業，至五月以後一概不准收考」，生徒則分內、外、附三等。〔註186〕

陳宏謀於江蘇巡撫任上，整頓紫陽書院，其認為：「紫陽書院延請名師宿儒，分期考課，朝夕講貫，原定有日給之資，有獎勵之則，視他省不啻倍之，朝廷之待諸生亦隆矣，……向來陋習，諸生止圖考取入院，掛名肄業，其實日逐閒遊，仍然月支膏火。以作養英才之地，只為資給遊淡、贍養貧士之舉，使者竊以為不然。」〔註187〕乾隆二十四年正月陳宏謀定《書院規條示》，規定：

> 一、在院諸生以六十名為率，舉人以十名為率，附課諸生以四十名為率，足額之後，如有續取續送之生，缺出再補。已經取准入院，或在外處館，或在家讀書，均準附課，不必再列外課名目。附課諸生有願入院者，缺出即補。

> 一、書院原係教育成材，非同郡縣義學可比，……童生各回肄業，俟入學後再考選入院。

> 一、在院諸生每月膏火二兩四錢，米三斗。附課者每月給銀一兩，止附一課者給銀五錢，全不附課者不給，課期飯食照舊供給。

> 一、每月兩課。官課一次，掌教課一次。官課中，巡撫、兩司逐月輪課，周而後始，巡道在省，亦準輪課一次。官課之卷，或各

〔註183〕陳宏謀：《選取書院肄業諸生檄》，《培遠堂偶存稿》，第 52 頁。
〔註184〕陳宏謀：《飭發書籍檄》，《培遠堂偶存稿》，第 101 頁。
〔註185〕陳宏謀：《飭發書籍檄》，《培遠堂偶存稿》，第 110 頁。
〔註186〕《鼇峰書院原定章程》，鄧洪波主編：《中國書院學規集成》，第 533 頁。
〔註187〕陳宏謀：《紫陽書院諸生約言》，鄧洪波主編：《中國書院學規集成》，第 253 頁。

衙門評閱，或請掌教秤定，送各衙門閱發，悉聽其便。掌教課卷，評定次第，出榜之後，仍送本院一閱，一體給賞。

一、每課命題四書文一篇，此外或經文、或策、或古論今論一篇，再詩一首。缺一者不得前列，缺二者一次殿後，再一次，報明扶出。錄舊雷同者，蓋不得前列。

一、課卷以一二三等為次序，一等首名給賞一兩五錢，餘名一兩。二等者六錢。無論生監舉人，在院附課皆同。每課取一等十名，二等二十五名。院署考試者不拘。

一、每月課文兩次，講書六次。或四書、或經、或史，不拘長短。質疑問難，隨事引證，總以發明書旨義理，不必如初學之逐字破解也。

一、每會課，請掌教先將題之道理節旨字句虛實，一一發明。何為切實，何為浮泛，一一剖析指示，並作為題解以示諸生，俾於題之真詮實蹄一一明白，將來觸類旁通，自然識見透徹，看書有眼，不至有文無題，於諸生實學有益。題解之外，再就各課文總批細批，隨處指點。

一、凡課期，無論在院、附課，齊集堂上，安棹列坐，將大門封鎖，不許一人出入。諸生即於試棹喫飯，不許退歸書室。凡未交卷，均不准退歸書室。

一、諸生交卷以起更為止，不許遲至更深，凡次日所交之卷不送不閱，仍行報明。

一、課期毋論在院附課，務於清晨齊集，封門後方請題目。封門以後，不許出入，監院教官是日在堂監看，不得擅離。〔註188〕

陳宏謀與諸生約，「仍遵前定條規，嚴定考課，禁止出入，填明課簿，行無愧之事，讀有用之書，日就月將，親師取友，絕紛馳之心，惟寸陰是惜。」〔註189〕紫陽書院為蘇省書院制度之完善提供了典範，如南匯縣之惠南書院創設於乾隆二十九年，至乾隆四十九年，時任知縣張大器「仿照紫陽書院例，

〔註188〕陳宏謀：《書院規條示》，《培遠堂偶存稿》，第329～330頁。

〔註189〕陳宏謀：《紫陽書院諸生約言》，鄧洪波主編：《中國書院學規集成》，第253～254頁。

參酌規條，延請掌院，按期課士。」〔註190〕

　　乾隆二十八年陳宏謀為嶽麓書院定《申明書院條規以勵實學示》，收入《培遠堂偶存稿》中，其文為《湖南省例成案》中《嶽麓、城南二書院條規》的謄抄本，並作了一些文字上的刪減處理和改動〔註191〕，其中考課已經成為書院之基礎性規制。舊例「因嶽麓書院隔江稍遠，移延城南，繼以嶽麓勝蹟不宜廢置，仍移舊地，其城南書院專課童生。旋以諸生中有不能遠赴嶽麓者，分額於城南書院，一體肄業」，此次也有所改動。具體而言：

　　　　一、嶽麓書院定額正課五十名，附課二十名。候本部院行各屬保送，或由學院考取移送。其零星赴轅求取者一概不准。鄉試之年，增正課二十名，附課十名。城南書院定額正課生員二十名，童生二十名，鄉試之年不增。

　　　　一、每月官課一次，掌教館課一次。初三日官課，十八日館課。凡官課，前一日教官赴衙門請題，課之次日即將課卷封送較閱評定。凡館課，均歸掌教出題評閱。正月入館，自二月為始。每年嶽麓官課，首院，次藩司，次臬司，次糧道，次鹽道。學院在省請示考課，各道在省聽其隨時考課。城南書院官課，一府兩縣以次輪課。本部院於十二月將兩書院生童傳齊匯考一次，覈其有無精進，以定次年去留。城南書院生員中有佳者，送入嶽麓書院。

　　　　一、每課四書文一篇，或經文、或策、或論一篇，詩一首。策則古事、時務，論則論列史事古人，或《小學》、《性理》、《孝經》，總不仍出擬題。間於四書文一首之外，出經解一首，或長章幾節，或經中疑義，每首約三百字以上。

　　　　一、每月初三、十八日課文，初二、十六日上堂講書。不拘四書、五經、諸史，諸生有獨得心解者，錄出送掌教就正；有疑者，不時登堂質問。

　　　　一、每值課期，教官黎明擊點。諸生出堂，向掌教三揖，教官三揖，就座。教官將大門封鎖，並將各生書室關鎖，然後命題。將

〔註190〕乾隆《南匯縣新志》卷之六《學校志》。
〔註191〕王曉天：《新發現〈嶽麓、城南二書院條規〉及其價值》，《湘潭大學學報》（哲學社會科學版）2016年第3期。

晚投卷，不給燭。是日，各將茶飯送至堂上，不許私入書室。有私入書室者，其卷不必送閱。不完卷者不閱，雷同者不錄，兩次不完卷者扶出。正課已給膏火，附課亦半給膏火，課期飯食，聽其自備

一、每次課卷發下，教官以次訂為一本，令諸生轉相閱看。看畢，然後各自領歸。名次列後者，閱前列之佳卷批點，即以廣自己之識解，不可生忌刻之心而以為不欲看也。前列者亦應閱落後之卷，以知此題文原易有此疵病，此孔子擇善而從，擇不善而改，無往非師之道，三人行且然，況同學至數十人，其師資不更廣乎！

一、不拘何衙門及館師課卷，出榜給賞之後，即封送本部院閱看，再發諸生輪看、分領。仍將某衙門及館師某月日考課，先列題目，次列一二三等，備造一冊，送本部院以備查閱。

嶽麓書院膏火及獎賞：

一、正課生員定額六十名，除度歲給假一月外，每名每月給銀一兩，不扣小建，以到館日起支。遇鄉試之年，增額生員二十名，膏火與正課一體支給。無論原額、增額，各生鄉試每名給卷賁銀一錢二分。

一、附課生員定額十五名，每月課期二次，給紙筆銀五錢。應一課者減半，不赴課者不給。

一、每月初三日官課，獎賞各自捐給。院課：一等首名獎銀八錢，餘名五錢；二等四錢。兩司、兩道課：一等首名獎銀五錢，餘名三錢；二等二錢。十八日館課，獎賞之數與司道同，由教官動支經費。冊論正課、附課，凡考前列，一體獎賞。一等不過五六名，二等倍之。

一、正課生員六十名，除度歲給假一月外，每名每月食米三斗。遇鄉試之年，增額生員一體給發，均不扣小建。附課者不給食米。

城南書院膏火及獎賞：

一、正課生員二十名，除度歲一月外，每名每月給膏火銀八錢。童生二十名，除度歲一月外，每名每月給膏火銀六錢。各齋火夫三名，門、堂夫二名，每年共需工食銀三十六兩。

一、每月初三、十八日會課獎賞，一等首名銀五錢，餘名三錢；

二等每名二錢。一等一二名，二等倍之。童生第一名賞銀二錢。府
縣課期，各自捐給。館師課期，動支經費。

　　一、城南書院生員二十名，童生二十名，除度歲給假一月外，
每名月給食米三斗，不扣小建。

通觀陳宏謀所定豫章、紫陽、嶽麓諸書院章程，講學之制被摒棄，考課
制度極其完善，且形成了以考課為中心的書院制度體系。陳宏謀秉持「知行
合一」、「文道合一」、「仕學一貫」、「政教一體」之主張，認為：「近來功利詞
章之習，流而不反；讀書者所在不乏，顧書自書而我自我。每見讀書之人，與
未讀書者無異；讀書之後，與未讀書時無以異。竟似人不為科第，則無取乎
讀書；讀書已得科第，則此書可以無用矣。」〔註192〕故而其非常重視考課制
度，其稱：

　　士子作文，凡論學題目，皆以知行分柱，此即為學之工夫也。
果能以學為明善復初之事，以知行為為學之工夫，則就我本心之天
良，潛玩聖賢之義理，更即聖賢之義理，擴充吾心之天良。知必真
知，行必真行，知得一字便行得一字，知得一句便行得一句。隨處
隨時，反觀對照詩書所載，有善者吾勉之，有不善者吾改之。推之
而日用倫常之地，出入舉止之間，所存所發，常與詩書相質證，恍
與聖賢相切磋。一時不肯錯過，一字不肯放過；身心由此修治，家
國由此推暨。坐而能言，起而能行；處則有守，出則有為。措之於
詞，為名世之文章；行之於事，為經世之事業。明體者此也，達用
者此也。此種工夫，隨處可用；此種道理，觸處可通。貴賤皆可遵
行，智愚皆可共守。此豈非無地非學，無時非學，無人不可以言學
耶？以云立志，所志在此；以云為己，莫切於此。此眼前一大眼目
也。〔註193〕

陳宏謀所著《課士直解》彙集其多年家課和書院課士之命題內容、旨趣、
範例及評議，為清代書院考課制度定型之重要例證。其緣起在於，「先生或閱
諸生文，有不能盡得題理者，必為反覆推明，作為直解，就正山長。山長皆宿

〔註192〕陳宏謀：《寄朱陵書》，《培遠堂手札節要》卷中，見《陳榕門先生遺書》，民
　　　　國三十二年廣西省鄉賢遺著編印委員會編印。
〔註193〕陳宏謀：《課士直解》卷六，《陳榕門先生遺書》第八冊，民國三十二年廣西
　　　　鄉賢遺著編印委員會編印。

學名彥，深於理窟者，亦各出意見，共相質證，以求悉當。大約以程朱為宗，間有先儒所未發，而闡明必根於理要。或有舊說同異，而條辨必析於至中，使書義虛神實理，諦當不易，旁推交通，纖毫無憾而後已。」〔註194〕沈德潛自述其為紫陽書院山長時，「每當課士，輒與公接。公命題，必為講義，剖析聖賢精蘊，毫髮不爽，潛亦受公教益。」〔註195〕賀長齡即稱「前刻陳文恭公《課士直解》一書，晰義極精，書院考課照此出題，令多士熟玩，尚可因文見道。雖先儒嗤為倒做，而於人心可資警省，不為無補。」〔註196〕

乾隆中後期間，書院考課制度漸成為全國各地書院之主導性規制。廣東端溪書院，康熙四十七年時任兩廣總督趙宏燦復建，名之「天章」，為總督課士之地，選兩廣士子肄業其中。雍正十一年改名「端溪」，為省會書院。乾隆十七年院長全祖望力圖改變書院僅有考課且僅課帖括之弊，定規：「自今以始，願諸生分曹定課，日有章程，其有疑義，拈箋以問。每人各置一考課冊，填寫所業於其中，掌教五日一升堂，或墨、或復講，其必能啟發神智，薈萃古今，從此更上一層。讀盡諸書，不僅以帖括之士終，而亦必不為尋常庸劣之帖括也。掌教其待大叩小叩之至而應之。」「向例院中二課，止及帖括。今掌教添古學一試，各具策問、詩賦、表論諸題，諸生能者各報名赴課，不必求備，亦不強人以所不能也。掌教當自捐筆資，以為獎勵之助。」〔註197〕

乾隆二十二年廣東饒平琴峰書院由縣令宮文雅定規，「課分等第，原以鼓勵讀書之志。每月定期三次，其課卷先由掌教細加評定，分立甲乙，送縣覆為詳覈。」分別予以獎勵。〔註198〕乾隆三十一年時任廣東南雄知府宋淇源將舊有之天峰、陵江兩書院合併，於天峰書院舊址拓展增修，取名道南書院。同年宋淇源手訂《道南書院經費支給規條》中附《書院考試規條》，為清代較早的書院考試制度單獨之規條，具體而言：

> 一、肄業生童額設伍拾名，其餘附課不拘定額，出案各分前後。

〔註194〕葛正筍：《課士直解·序》，《陳榕門先生遺書》第八冊，民國三十二年廣西鄉賢遺著編印委員會編印。

〔註195〕唐鑒：《臨桂陳先生宏謀》，《國朝學案小識》卷五，見《唐鑒集》，長沙：嶽麓書社 2010 年版，第 407 頁。

〔註196〕賀長齡：《與黃悝齋年兄書》，《賀長齡集·賀熙齡集》，長沙：嶽麓書社 2010 年版，第 566 頁。

〔註197〕全祖望：《端溪書院講堂條約》，鄧洪波主編：《中國書院學規集成》，第 1356 頁。

〔註198〕宮文雅：《設置饒平縣縣城書院經費、學規碑》，鄧洪波主編：《中國書院學規集成》，第 1332 頁。

有考附課案首多次者，候肄業有缺，稟請頂補。如未取肄業者，不得擅入，致生弊竇。

一、生童每年甄別一次，開印時，監院官稟請本府衙門烏試取定，送入書院。

一、每月朔課，本府及保、始二縣輪課，周而復始。如應始興課期，該教官札致始興，請封送題目考試，其課卷亦封送始興閱看，倘始興無暇課試，稟請本府或致保邑課試。至每月望課，歸院長命題閱卷，由本府衙門出案。此外，院長自課不拘次數，亦自為出案。

一、獎賞筆資，生員超等首名一錢，二名八分，三名六分；童生首名八分，餘二名俱給紙筆。生童俱以三名為定。其特等、中卷俱無獎賞，俟將來經費充足，再行酌增。

一、課期一文一詩，長夏加一經文。遇鄉試之年，生員長夏改加策問一道。

一、肄業生童三次考列三等末者，扣除膏火，將附課屢次超等者頂補。有告假過三日外者，按日扣除膏火。

一、值年司事，必同僉舉品行端方者方許經理，不得籍首事之名，妄行干預，致有侵漁弊竇。

乾隆三十一年十二月，長洲宋淇源率同屬吏並紳士等集議酌定。〔註199〕

江西友教書院，南宋時創建，清康熙二十八年，改立理學名賢祠。五十六年，巡撫白潢重建書院，招生肄業其中，並於五十八年請到康熙皇帝御書「章水文淵」匾懸了講堂。雍正十一年，定為省城書院。乾隆五十四年王昶訂《友教書院規條》，定規：「書院內、外課皆為正課，內課以三十名為率，生監二十名，童生十名。外課以二十名為率，皆生監無童生。至附課生童，俱無定額，生監正課缺出，則以外課屢考在前者補之。童生正課缺出，亦予附課內照例補之。」每年除封印、開印外，十一月，「每月三課，初八日四書文一篇，經文二篇。十八日課四書文一篇，經文一篇，詩一首。二十八日，課四書文一篇，經文一篇，策一道……至每月初八課期，本司親至點名給卷，其十八、廿八兩期

〔註199〕宋淇源：《道南書院經費支給規條》，鄧洪波主編：《中國書院學規集成》，第1342頁。

監院代點。」「每課點名後，派首領一員在院稽查生童，毋許攜卷出院，自三月至八月日長，不行給燭，自九月至二月給燭，盡一更不再給，二更仍未完卷者黜之。」「課期發案後，監院將超等前三名文字收起，俟年終呈送本司，擇其尤者刊刻。」課卷由監院製備，「每課獎賞超等第一名八錢，餘六錢。特等三錢，一等前三名二錢。童生上取者亦兩錢。監院按月造冊，詳司請給。」超等以五名為率、特等以十名為率。「每逢課日，給予茶飯，每席坐六人，菜四盤，連飯給銀三錢。每課設十桌。又總設茶爐。」另有關於講學規定：

> 今書院中定於一、六日清。晨，監院先至講堂，仿大昕鼓徵之法，擊鼓三通，諸生齊集堂上，院長出而升座，監院率諸生三揖，以次列坐。院長或講經一章，或講史一則，或《家禮》、或《小學》、《近思錄》，或《大學衍義》，摘條演解，總於存心養性，立身行己，居官、經世之理，曲邕旁推，報深致遠，務期諸生，豁然貫通，憬然領悟。講畢，監院令能文者將所講之語錄為講章，每月終匯錄申送，俾本司閱之，亦得資麗澤他山之益。〔註200〕

乾隆二十五年江西新淦縣令朱一深創設凝秀書院，定《凝秀書院條約》，無講學之規，嚴課程：「今酌定課期，每旬日一次，試以書藝一、經藝一、五言排律六韻，限酉刻交卷。每月正課外，必親試一次。」禁代作，「其有故犯者，一經訪聞，定行逐出。」生徒「每月每人給膏火銀六錢，每課案首賞銀三錢，其餘一等賞銀二錢，二等三名內賞錢一錢。課卷先日著門役赴縣給領，不須諸生自辦。」〔註201〕

乾隆十八年，時任山西陵川縣知縣陳封舜擬定《望洛書院條規》，按望洛書院於康熙十四年時任知縣孫必振創設，乾隆十四年陳封舜捐資重建，所定書院條規頗為精詳，規定生員定額，定內肄業生員二十五名，外肄業生員二十名，以住院者為內肄業生，不住院者為外肄業生，「惟遇課文講書之期，必傳令一體考校。」未列入名冊之生童，亦可參加書院課文講書，遇肄業生出現空缺，以「考列卷首多次者頂補」。內肄業生童每名每日給銀三分，考課生童列入優等、上卷者，各給紙筆獎勵之。書院每年二月開館、十一月散館，共

〔註200〕王昶：《友教書院規條》，鄧洪波主編：《中國書院學規集成》，第 623～626 頁。

〔註201〕朱一深：《凝秀書院條約》，鄧洪波主編：《中國書院學規集成》，第 747～748 頁。

十月。書院「每月朔望館師課文二次，逢九開講三次。」館課為四書文、經文。〔註202〕

　　湖南寧鄉縣之玉潭書院，原名玉山書院。明嘉靖二年知縣胡明善建，乾隆十九年邑紳鄧竹林等捐資重建，乾隆三十二年改名玉潭書院，所定《玉潭書院規條》規定：

　　　　一、凡講書，於擊梆後，諸生衣冠執書升堂序立，俟掌教者出，朝上三揖，就位聽講。講罷，各歸齋舍細看。有疑義處，用紙條錄出，持詣上房質問。

　　　　一、講書除初講外，掌教者先擲籤問書，回書不清者有戒飭。

　　　　一、講文無期，諸生各執所業，詣上房就質。

　　　　一、課文每月三次，以初八、十八、廿八為期。每值課期，諸生清晨齊集講堂作文，務須肅靜嚴密，盡一日之長，飲食送至課位，課卷未完，不許退歸私舍。其交卷照府縣考例，不許太遲。

　　　　一、凡發課卷之期，諸生聞擊梆，齊集講堂，聽指示優劣將課卷輪流同看。

　　　　一、凡謄寫課卷，務須端楷清真，不得潦草……

　　湖南湘潭縣昭潭書院，清康熙五十九年知縣方伯建，後歷有修葺，乾隆八年建考棚以為歲科縣試童生之所。聶燾於乾隆十一年及二十一年先後掌教，其掌教書院情形：

　　　　春初人院，冬杪解席。《四書集注》逐字講授，歲必一周；《五經》、《綱鑒》、《性理》、《近思錄》，以次講解，尤肫肫於《小學》一書，夜授古文，時藝手自批點，一堂歌誦，常至夜分。月定五課，俱在講堂。雞鳴即起，日昃繳卷，《四書》文二，經解一，詩一。寒暑晝夜批改不倦，所取不拘一律，惟以理法為宗。發卷序齒為先後，標其優者，用資觀摩。於英年多方引誘。尤加意貧士，不受贄儀，且分金以助之。朱、張、胡、真四賢祠近在院右，時率諸生入謁，以振其志氣。邑中先正之以德業、文學著者，時時舉誦，以獎屬後進。出必告，反必面，有告歸省親者，無不欣允。至事涉公庭，絕

〔註202〕陳封舜：《望洛書院條規》，鄧洪波主編：《中國書院學規集成》，第 83～87頁。

不齒反，恒以非功不至為諸生勖。〔註203〕

乾隆三十六年潘世曉訂《昭潭書院學約八條》，規定：「凡欲人書院肄業者，必先稟請縣尊考試取錄，方准送院」。「課文定以逢五，每月三課，四書經文各一篇，詩一首，生員間試以策論。每課清晨齊集講堂，院師面課，照依卷號坐次，專靜揣摩，課卷未完，不許退歸私舍。會食課位，薄暮交卷，夜不給燭。次日，院師筆削既定，次其甲乙，分為三等，榜列院前，前列者酌給獎金。每月首課，稟請縣尊主試，有已經考取在外肄業者，仍許於會期附課。一月三課必須親到，不到者不收捲。至文尚清真雅正，院師自必恪遵功令為去取，無庸贅說。」〔註204〕乾隆三十四年，湖南永州群玉書院知縣陳三恪手訂《群玉書院經營條例》，規定：「每年考取入院生童，酌定額取三十二名」、「生童月課，一等酌定額取八、九名，每名旌獎銀二錢。二等酌定額取十二三名，每名旌獎銀一錢；三等無獎。」〔註205〕

河南伊陽縣紫邏書院，乾隆十三年知縣鄧國蕃重建於城內東北隅，易名「紫邏」。乾隆二十八年李章培訂《紫邏書院規條》：

> 勤講解：爾諸生平日各將四書五經以及宋儒性理諸書，四子、《近思錄》，悉心玩味折衷，於御纂欽定諸經，其有疑義未徹，隨手錄記。遇朔望或課期公集，各出所知，互相辯難，勿執故見，勿蓄己疑，庶不負教學相長之意。

> 嚴課程：茲與爾諸生約：朔望齊集講堂，命題校試，余其聽候院長。秉筆務期各出心裁，交相砥礪。如有連三次不到及文理荒謬者，傳至講堂，面加訓飭，其中學業勤謹，屢列前茅者，亦必量加獎賞，用昭鼓勵。

河南商城縣文峰書院，乾隆三十三年知縣林斌建，林斌手訂《書院膏火條規》規定：

> 一、肄業生員常年以二十名為率，內設齋長一名，每名每月支膏火銀九錢，除正臘兩月假館外，以十個月扣算，每年共計一百八十兩。

〔註203〕 朱廷模：《昭潭書院學約記》，鄧洪波主編：《中國書院學規集成》，第 1166 頁。

〔註204〕 潘世曉：《昭潭書院學約八條》，鄧洪波主編：《中國書院學規集成》，第 358 ～359 頁。

〔註205〕 陳三恪：《群玉書院經營條例》，鄧洪波主編：《中國書院學規集成》，第 1219 頁。

一、肄業童生及願附課生均無膏火。

一、肄業生童選品行端方者送入書院。

一、書院每月初二日縣課一次，備生童席桌，發榜後考居一等首名給紙筆銀三錢，餘皆給錢二錢。考居二等每名給銀一錢。童生考居首名給紙筆銀二錢，每月獎賞約計銀二兩，每年銀二十兩。

一、每月初八及二十三日兩次院長齋課，生童不另備饌，亦無獎賞。

一、書院應撥禮房書辦一名，經營課試、出榜、獎賞事宜。〔註206〕

浙江平陽縣龍湖書院，清乾隆三十一年知縣何子祥創建，何子祥手訂《龍湖書院章程》，規定：「肄業額數，每年本縣開印後出示，考試合邑生童，擇文理明晰者，取內肄業三十名，送入書院。仍於冬月季考甄別一次，其文理荒謬者遣歸，便於來春考補，以示勸懲。或臨考不到另行送入者，止准肄業，前定入館紙筆銀不給。如不到館值日者，季考賞亦不給」。肄業生「每年酌給紙筆銀五錢」，「內肄業會課，每月三次，課卷俱山長批閱，前列生童三名俱不填名次，送縣親定，生童分填兩榜，不給賞。」「季考，每三月、五月、七月、九月十五日凡四課，諸生先一日填名送卷，臨期，黎明赴縣，點入內署考試。縣用公資，每人備面二碗，計三十人，需六百文，四課共需錢二千四百文。呈縣親閱、出榜，賞生員首名、童生首名紙筆資五錢，第二名生員、童生三錢，第三四名、第五名生員、童生各二錢。每課需銀二兩八錢，四課需銀十一兩二錢。如課卷少，或止給賞二名、三名。」〔註207〕

浙江東明書院為浙江浦江鄭氏家族於元末創辦，明末毀於兵火，清乾隆二十七年族人重建。乾隆四十八年，「傅竹溪山長創立鄉場課，內外肄業諸生，課於廳上，用書藝三篇、八韻排律一首。每逢鄉試年分，則課數次，管理人供給山長並會課人茶飯。恩科照式。」〔註208〕浙江平湖縣當湖書院，乾隆十五年，知縣閻銑遷崇文書院改置，監生張嶸捐資建，後廢。五十年，知縣王恒重修，乾隆五十四年王恒訂《當湖書院規條》：「每年正月知縣甄別一次，取定

〔註206〕林斌：《書院膏火條規》，鄧洪波主編：《中國書院學規集成》，第956頁。

〔註207〕何子祥：《龍湖書院章程》，鄧洪波主編：《中國書院學規集成》，第358～359頁。

〔註208〕《東明書院章程》，鄧洪波主編：《中國書院學規集成》，第417頁。

正課生童，按月分給膏火，自二月起至十一月止。又取附課生童一百人，不給膏火。正課三次不到，於附課挨名頂補。」「課期以月之初二、十六日為期，知縣親至院中，與山長命題局試，並延請學師監之。」〔註209〕

山東濟寧州任城書院，乾隆三十年總河姚立德建，三十八年道臺陸耀手訂《任城書院訓約》，規定：

> 一、書院介在城市，易致喧嘩，然生童在內，課讀閉門，即是深山。即已入院肄業，即應常親書卷，不得去來作輟，致荒程課。其有就館在外、不必住院者，聽攜筆墨，按期就試。無故三次不到，及出入無恒者，均即扣除膏火，令附課內屢次前列之人頂補。

> 一、奉河院考取、准入內課生童，除月給膏火之外，如每次前列，仍各量加獎賞。如工夫或有間斷，出筆不免生疏，工拙之間，升降斯在。如連三次不在一等，亦即扣除膏火，別行頂補。

> 一、膏火銀兩，應自乾隆三十八年正月起，定期於每月十六日，按名給發。其課期每月官課一次，院長自課二次，考列前茅應給獎賞者，總於下次赴考時親領。

> 一、試卷，每月三次，俱係官為預備。嚮用竹紙刷印紅格，每頁十八行，行二十五字。乾隆二十六年，經山東學院韋奏准，嗣後試卷俱用白篆紙。每頁十二行，行二十字在案。今應查照新例。仍由監院官鈐蓋印。以昭慎重。其書寫榜示，分別張掛之處，仍照舊例辦理。〔註210〕

河北文蔚書院，乾隆四十年時任河北蔚州知州靳榮藩於蔚縣創設，並訂立《文蔚書院學規》，規定「今於書院中定為膏火二十分……本州每月親考一次，內肄業之前二十名領給膏火，其考在內肄之二十名以外住領，仍俟下月考後再定下月之准領與否。至外課諸生，於應考之日各給一日膏火之用。」此外，書院強調生徒住院肄業，規定「仍設立告假簿，有要事回家，及事畢就塾，各於簿內登明，以便稽核，其告假在五日以內者不必扣除，在五日以外者，即於下月領膏火時扣回，以充書院公用。」「凡有拜望書院師生者，先著門管通名，……即在院肄業諸生，亦不得聽其頻頻外出，荒學業而滋物議，

〔註209〕 王恒：《當湖書院規條》，鄧洪波主編：《中國書院學規集成》，第373～374頁。
〔註210〕 陸耀：《任城書院訓約》，鄧洪波主編：《中國書院學規集成》，第805～806頁。

違者門管稟明山長施行。」〔註211〕

　　河北清漳書院，乾隆十年知縣饒昌緒創建於學宮西側，乾隆四十六年章學誠主講河北清漳書院，訂立《清漳書院條約》，規定「書院課期一月三舉，……日程月計，不疾不徐。諸生以旬日讀書，逢期集試，非第較量一日短長，亦思古人以文會友，切磋砥礪，共勉於成，乃所望也。」考課內容有時文、時義及策問等，規定「如但有詩文、不作對義者，詩文雖佳，生員不取超等，童生不取上卷，勿謂閱卷之苛刻也。」其策問「四書」對義，則規定「先期發問，諸生抄錄回家，十日以後，錄入下次課卷，則窗下盡有餘閒，可以翻閱經書，從容置對。下課發問，又復如是。」〔註212〕則清漳書院亦以考課為基礎性建制。

　　四川草堂書院，乾隆十五年知府費元龍創建於府城東草堂祠左，四十一年，知府沈清任重修，易名草堂，並手訂《草堂書院遵循規格》，規定書院以一文一詩考課，但「乃諸生每逢書院官課，輒至漏聲數下，尚在握筆沉吟，或筆性迂遲，或藉端弊混，均未可定。」於是規定「今後黃昏為斷，過期者監院概不許解卷。」諸生膏火月發一次，按內外肄業分別給發，「三次文優以漸而升，三次文劣以漸而絀」，「每官課後，監院即向府中請領，按名給與。」〔註213〕沈清任所定《草堂書院禁飭條約》另有講學之規定「諸生聽講後，必須回講，或令另講一章，……若三次講不合理者，對眾飭辱；明通者，記賞。」〔註214〕

　　以上書院之中，僅極少數書院如端溪書院，江西友教書院，湖南寧鄉縣之玉潭書院，湖南湘潭縣昭潭書院，河南伊陽縣紫邏書院，四川草堂書院等有講學之規定，且講學以經典詮釋為形式，宣揚正統意識形態，非復自由辯難之形式，並且有士子回講之制，名曰回講，實則背書而已，此種形式，自然難期長久。且有如友教書院，定講學之規為：「講畢，監院令能文者將所講之語錄為講章，每月終匯錄申送，俾本司閱之，亦得資麗澤他山之益」〔註215〕，如此行事，

〔註211〕靳榮藩：《文蔚書院學規》，鄧洪波主編：《中國書院學規集成》，第53～54頁。
〔註212〕章學誠：《清漳書院條約》（一）、（二），鄧洪波主編：《中國書院學規集成》，第23～24頁。
〔註213〕沈清任：《草堂書院遵循規格》，鄧洪波主編：《中國書院學規集成》，第1519～1520頁。
〔註214〕沈清任：《草堂書院禁飭條約》，鄧洪波主編：《中國書院學規集成》，第1520頁。
〔註215〕王昶：《友教書院規條》，鄧洪波主編：《中國書院學規集成》，第623～626頁。

則書院如何講學？另則有官紳大吏借書院講學而宣教化、博聲名者，如乾隆五年愛新覺羅‧德沛於杭州敷文書院（時稱萬松書院）講學：

> 庚申冬十月，宗室濟齋夫子以天潢貴冑，讀書三十年，得道大宗，持節浙閩，來蒞武林，遂講學於斯。其大旨則洗滌物慾，自求本心‧不以小體害大體，不以人爵加天爵。直舉孟子之學問，貫穿六經。而其平日體驗‧則有《實踐錄》與《大易圖解》諸編，得先聖之心傳。發群儒所□□。會講之日，諸生雖肅承聽，或執經問難，隨叩隨應，妙義環生。自辰迄申。亹亹不倦。士之口承指授者，靡弗踊躍激奮，爭蹕屣擔簦，冀□□□之木，抑何盛歟！〔註216〕

至乾隆中後期，書院考課逐漸成為書院之主導性建制，講書之制漸而變為成例，名存實亡。盧文弨乾隆三十三年返鄉里居後，先後掌教江寧鍾山書院、杭州崇文書院、杭州紫陽書院、常州龍城書院等。時人勸其棄「舉業」而返諸「講學」，他則稱：

> 然愚意則以為講學之名不可居，而要其實，則惟視吾力之所至而有以自盡。即今之課舉業者，亦不可不謂之講學也。以之博一己之富貴，則不可；以之求顯揚、謀祿養、行義利物，舍舉業何以哉！……若置舉業不講，而號於人曰吾講學，吾講學，其不嘩且笑者幾何也。故與其駭之，莫若馴之。」〔註217〕

晚清時人稱：「國初，孫徵君講學蘇門，號為北學。餘姚黃梨洲先生宗羲，教授其鄉，數往來明越間，開塾講肄，為南學。關中之士，則群奉西安李二曲先生容（顒），為人倫楷模，世稱關學。二百餘年來，講堂茂草，弦誦闋如，詞章簡陋之夫，挾科舉速化之術，儼然坐皋比，稱大師矣。」〔註218〕「昔之書院為名賢講學之地，非徒設科舉制舉之業也，誘掖後進務為有用之學，以期出而濟世，故偉人間出，自相磨礪，風節懍如，事功亦著，足以補學校之闕也。今也不然，不問品學，但以處京秩之居憂及甲科之歸林者，每月一課，一文一詩，批校竣事，即索修脯，未嘗進一士與之講貫，考其誦習何書，討論何事，孰狂可以裁成，孰狷可以節取，儲材毓秀，以為朝廷他

〔註216〕王同：《杭州三書院記略》，《中國歷代書院志》第九冊，第17頁。

〔註217〕盧文弨：《抱經堂文集》卷十九，四部叢刊本，第171頁。

〔註218〕陳康祺撰：《郎潛紀聞初筆二筆三筆》，北京：中華書局1984年版，第169頁。

日之用也。其主講之得名者，大抵揣摩風氣，決取科名已耳。」〔註219〕書院講學之事絕少，亦可由清代書院講學專書絕少為證，劉聲木稱：

> 一院之中，生徒無慮千百人。從遊者執經問難，師為之剖析疑義，自十三經以逮子史集書，爬羅剔抉，旁推互證，豁然貫通，宜有專書以資啟迪而垂久遠。以予所見只有嘉興沈向齋可培掌教濼源書院輯《濼源答問》十二卷，嘉慶乙亥雪浪齋刊本；李申耆明府兆洛掌教暨陽書院，門人蔣彤輯《暨陽答問》四卷，道光廿二年洗心玩易之室排印本；李大理聯琇掌教鍾山書院，門人劉壽曾輯《臨川答問》一卷，《好雲樓全集》附刊本；朱侍御一新掌教□□書院，輯《無邪堂答問》五卷，光緒自刊本，又廣雅書局本；姚仲實永樸掌教起鳳書院，輯《起鳳書院答問》五卷，光緒壬寅山東自刊本。有此五書，尚可窺見當時師徒誼篤，研究學術，實事求是，不尚浮華，非同浮設一席，形同冷官者可比。〔註220〕

以講學聞名天下之東林書院，嘉慶十七年秦震鈞《重修東林書院記》稱：「然所謂肄業者，不過習科舉之業。商邱之《書院記》曰：『學者務為記誦，佔畢稗販以馳騖於利祿得失之途，蓋去前人創設書院之旨遠矣』。」〔註221〕

道光二十六年《詳定東林書院規條》中大抵皆為書院考課之規定，包括課期、課額、膏火花紅等等，具體而言：〔註222〕

> 一、每年三月中請本府尊封題加課，請學憲於夏間回轅時封題加課，俱由監院具文申請。課期或初三或十八，以題到日為定。

> 一、書院原設課額，除不支膏火附課不計，生童各七十五名。今增內課生童各十名，外課生童各二十五名。原額各酌增膏火，每屆課期備辦飯食，師課添設獎賞，以資鼓勵。

> 一、甄別示期後，生童即到書院報名。先一日截數，齊備冊卷，由監院用印彌封，刻座號。甄別日，該生童衣冠聽點，應名領卷坐號，不准給燭，浮票自行揭去。

〔註219〕湯成烈：《學校篇》，璩鑫圭編：《中國近代教育教育史資料彙編·鴉片戰爭時期教育》，上海：上海教育出版社1990年版，第157頁。

〔註220〕劉聲木：《書院掌教專撰一書》，見《萇楚齋隨筆續筆三筆四筆五筆》，北京：中華書局1998年版，第200頁。

〔註221〕秦震鈞：《重修東林書院記》，《東林書院志》附錄（二），第933頁。

〔註222〕《詳定東林書院規條》，《東林書院志》附錄（二），第935～939頁。

一、甄別取定肄業生童名數，造具清冊兩本，一送監院，一送院董，以便查對。

一、每月課卷亦由監院用印刻坐號，課日生童衣冠聽點，應名領卷。生坐道南祠各號，童坐課舍各號，不准攜卷出門。

一、升降之法遵照紫陽書院，兩官課一師課連考超等，外課升內課，附課升外課。不論正額廣額，有缺即補。如無三課之優者，以四課三優升補。三課後十名，降不支膏火附課。遇有缺出，如無三優應升者，內外課挨次升補。

一、肄業生童或有事故不能到院，曠一課免扣膏火。兩課不到扣膏火一月，三課內曠兩課亦扣膏火一月，三課接連不到除名。丁艱者報明給假三月，假內不扣膏火。身故者出缺。

一、每月添設小課一次，生經文三篇，或論賦各一篇，或八韻試帖二首，或古今體詩數首。每月師課命題於交卷時發小課卷，不願領者聽。限三日交齊，過期不錄。

一、抄襲雷同，最為惡習。如有抄襲陳文者罰膏火一月，雷同者各罰膏火一月，全篇抄襲陳文者除名。

一、甄別內課卷並每課超等卷，俱訂存書院，至下次課期給該生同閱後收存，以備山長選刻。

至同光年間，陸續有書院取消考課制度或者改變考課制度的主導性地位，於書院教學法中加之以稽查課程、日記等，陳寶箴稱：「黃君彭年條議《天津精舍規例》以稽課代考，此意甚美。湖南校經堂則於日記中第其高下，優給獎賚。」光緒八年時任河北道陳寶箴於河南武陟縣創設致用精舍亦仿其意，「不定考試，惟稽查課程，有褒貶無等第。」〔註223〕雖為時不久，即改課時文矣，然書院規制轉變之風已經形成並且影響越來越大。

〔註223〕陳寶箴：《致用精舍學規》，鄧洪波主編：《中國書院學規集成》，第920頁。

第二章　清代書院考課制度之類型及規程

　　前已言及，從書院規制的角度來說，康熙年間大抵講學與考課並重，然講學漸退化為講書，至乾隆中後期，考課漸佔據書院規制之主導性地位，並在實踐中逐漸形成了其主流類型，然而由於書院在清代政制中的特殊定位，其考課之制並未受到朝廷功令之嚴格規範，故而在實踐之中因地制宜，因人因事而異的情形較為普遍，本章即結合書院制度及實踐詳細梳理書院考課制度之類型及規程等內容。

第一節　清代書院考課制度之類型

一、甄別、送院

　　甄別者，考核鑒別以分別去取也。書院甄別課，即書院主政官於年終或年初主持之考課以取錄生童、區分生徒之等第並決定書院膏火等之歸屬，亦指書院檢驗肄業生徒學習成傚之考試。書院年初甄別者，則甄別亦可稱為開課。年終甄別者，則次年首次官課即稱開課，亦稱開館、啟館等，首次師課亦可稱為開課。按例書院主政大吏須送通過甄別課之生徒入院肄業，稱送院，有相應之禮節儀程。

（一）甄別之制及實踐

　　清初生徒入書院肄業，途徑較多。雍正初年，金陵鍾山書院肄業諸生「係

合觀風、優取同學使歲科前茅，暨查本年科場薦取遺卷之人，按名檄取，與該學保送前來者遞呈准入者，面取考入者，並江寧三學願隨課期入院作文者」〔註1〕，即除「面取考入者」之外，通過總督觀風、考優，學政歲科試以及科場遺卷之人等按名檄取，另則有江寧府學、上元縣學、江寧縣學願意入院肄業者以及其他地方各學選送者。雍正二年，總督行文各地稱：「為此，仰府、州官吏，立即轉行該學，將後開諸生，徑行具文申送赴省，以憑發入書院肄業。該地方官，量資路費，俾即起行。宏獎斯文，諒有同心，切毋玩視。倘單開諸生，或因教授生徒，硯田自給；或因高堂侍養，未便遠遊。該學亦即據實具報，毋得勉強，反致滋擾。書院掌教即日到院，諸生務於六月二十日到省，入院肄業，毋得稽延。」〔註2〕此後，隨著書院制度日趨健全，則除個別書院或個別情形之外，一般皆以甄別確定肄業資格。

書院甄別之定期，集中於年終及年初數月之間，其中以十一月、二月為多，此外逢鄉會試之年，因生徒赴試之故，按例皆會改期。書院肄業基本上都是以一年為期，故而每年皆須甄別。清初，各地書院普遍形成一年甄別之制，按明代書院以講學為主，並無所謂肄業期限之說。清初，陸續有書院規定肄業期限，越華書院「舊制三年一甄別者，大抵在於科舉之後一年」，其後「即不科年亦甄別」，漸而演變為一年甄別，最晚於嘉慶初年即形成。馮敏昌認為一年甄別之制的形成源於相關利益群體之驅動，並對一年甄別之制提出了嚴厲的批評，稱：

> 書院之弊，莫大於每年甄別一次。大憲留心校閱取錄，今年之所取，明年棄之，望其成就，不如即現所甄別者，無問其良楛真偽，而教之三年，然後甄別之為愈也。一年之後，漸次化其鄙俚之情，而歸於文雅，其如又以一甄別格之哉？蓋凡衙門買卷、監院分潤、掌教贄見，甄別之便，便於此三種而已。……今二月開館後，二月中旬甄別，三月出榜。新者四月搬入，留者亦至四月，然後用功，十二月初又復散館，每年只有五六個月而已。人才之成就豈可言？〔註3〕

〔註1〕湯椿年撰：《鍾山書院志》卷十六，趙所生、薛正興主編：《中國歷代書院志》（第七冊），第609頁。

〔註2〕湯椿年撰：《鍾山書院志》卷六，趙所生、薛正興主編：《中國歷代書院志》（第七冊），第535～536頁。

〔註3〕馮敏昌：《書院事宜札》，鄧洪波主編：《中國書院學規集成》，第1246～1247頁。

　　至晚清陸續有書院取消一年甄別之制度，強調諸生住院肄業並恢復肄業期限之制。湖南桂陽州龍潭書院創設於光緒十年，定規「肄業生由州尊甄別，錄取送院，三年再行甄別」，「屆三年甄別之期，則董事稟請州尊於仲冬初十日發題局試，預期出示曉諭，諸生赴試者先至監院報名備卷，卷面須填明某里某團，以便按額錄送。」書院重經史之學，兼小學、性理、詞章、時務等，除考課外，還規定課程及日記之法。〔註4〕廣雅書院於光緒十五年定規「三年學成甄別，以定去留，學不進益者開除。」其後又續增學規，定以九年為斷，學成出院。〔註5〕

　　書院一年甄別之制，有其相應之程序。湖南益陽縣箴言書院咸豐十年定規，「歲十一月上旬，願入院肄業者，各具姓名年貌、三代、籍貫、居地，告於監院。監院黜其素不安分者，而繕其餘於冊，以告於縣尊，請示期接連龍洲書院甄別課期，考試生童，以定去取。取正課生監十五名，正課童生十五名。附課生童各十名，由書吏張其榜於考棚。納其卷於監院而藏之司書，以俟稽察。」〔註6〕江西義寧州梯雲書院於光緒十八年定規每年十月十五日甄別來年肄業生童，由州憲主持，於考棚局試。「每年十月十四日，生童至院，領給三單，親填三代捐名，查清蓋戳，方准自行買備試卷」，「取錄生監正課貳拾肆名，其餘俱置附課。童生正課貳拾四，附課四十名。」〔註7〕從制度及實踐來看，書院甄別之制大抵有兩種情形，一為有甄別之名，而無甄別之實者；一為甄別之名實俱存者。

　　有甄別之名，而無甄別之實者，即書院雖有甄別之制，但允許隨課投考，即使不參與甄別者，凡符合資格每次考課均可應考，故而甄別之實則廢矣。以甘肅蘭山書院為例，「蘭山書院自改流水課（注：即隨課投考）後，每月只就官課取列者給予膏火，不獨甄別之名竟成虛設，肄業諸生因膏火可以幸邀，或隨□抄襲，或倩槍替，實於士風大有關係」。因此道光三十年定規，「擬請

〔註4〕《龍潭書院學約》，鄧洪波主編：《中國書院學規集成》，第1212～1213頁；《龍潭書院章程》，鄧洪波主編：《中國書院學規集成》，第1213～1214頁。

〔註5〕張之洞：《廣雅書院學規》，鄧洪波主編：《中國書院學規集成》，第1311頁；張之洞：《廣雅書院續增學規十條》，鄧洪波主編：《中國書院學規集成》，第1312頁。

〔註6〕胡林翼：《箴言書院選士》，鄧洪波主編：《中國書院學規集成》，第1231頁。

〔註7〕《梯雲書院院規》，鄧洪波主編：《中國書院學規集成》，第682頁；魏萌萌：《〈梯雲書院志〉的整理與研究》，江西師範大學碩士學位論文，2016年，第226頁。

每年由憲臺示期甄別，仍照舊額拔取正課二十名，副課四十名。……此外酌取若干名作為外課，不給膏火。其餘不取者俱准按課附考。甄別以後，無論官課、堂課，通同查校，正課連列劣等三次者，降為副課。副課連列劣等三次者降為外課。外課連列優等三次者，升為副課。副課連列優等三次者升為正課。註冊記名，遇有缺額，即刻頂補。其優等以超等前十名為限，劣等以一等後十名為限。」〔註8〕其實質即以甄別確定生徒之等第，即正、副、附考，再以確定升降之法，從而抑制生徒在考課中的短期行為，扭轉士風。同樣的情形也發生於廣東粵秀、越華、端溪等書院，諸書院於嘉慶年間允許隨課投考，粵秀書院每次甄別，「放榜後竟補至七八次，幾至三百餘人，而越華竟多至七百餘人，正課在外。端溪略少，然亦不下二百餘人」，因此不得不為削減。〔註9〕嘉慶十四年，粵秀書院定規：「外府縣生童路遠或有事故不能應考甄別者，准其具呈，隨課補考，展至四月初三日本部院課期，截止以後，不得再行續稟」〔註10〕，即不再允許無限次的隨課補考。

　　書院甄別名實俱存者，或以甄別為斷，定一年之膏火等級。此制在書院考課成為書院主導性建制，諸生住院肄業者絕少的情況下，弊端較大。光緒初年揚州梅花書院，「考書院者率皆草草完卷，不甚經意」，其原因在於「此間書院，惟在甄別一期，甄別理置高等，則終年膏獎皆準乎此，惟不作者則扣除焉，否則只消隨意寫成一篇繳之，無不給膏獎之例，而文章則不計其工拙。」〔註11〕故而甄別課往往參與人數眾多，揚州梅花、安定書院甄別課，光緒五年二月十二日由兩淮鹽運使甄別，閉門局試，「與考者約共三千人」。由於一年膏火等第「以甄別為斷」的制度弊端甚大，故而出現救弊之策，俞樾稱：

> 　　向來書院章程，每月膏火之資以內、外課為差等，而所謂內、外課者，以春初甄別為定，則是終歲所得，取決於甄別之一日也。後人知其法之未善，於是有改，而以每月官課為定者，視舊章稍密矣。然一取決於官課，則士子於師課必至於敷衍成文、苟且完卷而

〔註8〕　《詳定蘭山書院條規》，鄧洪波主編：《中國書院學規集成》，第1716頁。

〔註9〕　馮敏昌：《書院事宜札》，鄧洪波主編：《中國書院學規集成》，第1246～1247頁。

〔註10〕　衛齡：《粵秀書院條規十八則》，鄧洪波主編：《中國書院學規集成》，第1249頁。

〔註11〕　《論書院弊藪》，《申報》1878年8月19日，第1版。

後已，何者？利所不在也。是故中興以來，江浙興復書院，率皆隨課升降，官師一律，譬如每月膏火銀三兩，則官課、師課各得一兩五錢。如此，則盡一日之長，必獲一日之利，而鹵莽滅裂以從事者寡矣。聞直隸蓮池書院，亦以官課為定，其師課不到者扣除之，故師課人數不下於官課。而文則黃茅白葦，無一可觀，山長徒費目力，不見佳文，勞而且厭，恣意塗抹，甚或付子弟句讀之，若曰「吾課非所重也」。〔註12〕

即書院考課於同光年間由書院考課由「以甄別為斷」向「隨課升降」轉變，而「隨課升降」又由「每月官課為定」向「官師一律」轉變。此種轉變較為普及，如河南靈寶縣荊山書院原本以甄別為斷，定一年之膏火，光緒二年方經知縣程國棠重訂章程，改以隨課升降。〔註13〕湖北孝感縣西湖書院光緒八年重定規程「書院向於開印後甄別一次，取定甲乙，即長年給予膏火，未足以資鼓勵。因改以每月課試等第，分別正、附課給以膏火。」〔註14〕

甄別之「實」的另一種形式即以甄別為斷，確定肄業資格，並不允許隨課投考。浙江敷文書院於道光十六年創設孝廉課，定規「甄別定於正月舉行，由監院稟請憲臺懸牌示期，於杭州府屬之在籍舉人報名投考」，「甄別照額取五十六名，其未經錄取者，不准具呈請考。」此後「課期定於每月初八日，每年二月起十一月止，共十課，以二、三、四、六、七、八、十、十一月。」「遇會試之年，甄別改於七月舉行」〔註15〕湖南臨湘縣蓴湖書院於同治十一年定規，「書院定額正課生員四名，附課生員六名，正課童生十名，附課童生二十名，候本縣考取送院肄業。其未經赴考及已赴考而不錄者，不准零星求取。」〔註16〕河北灤州海陽書院於光緒年間定規「每年於二月初六日甄別生童」，「甄別不錄者，不得與考大課、齋課。」〔註17〕河北灤州海陽書院於光緒年間定

〔註12〕俞樾著；張海嬰整理：《俞樾函札輯證》，南京：鳳凰出版社 2014 年版，第 406～407 頁。

〔註13〕程國棠：《重修荊山書院章程》，鄧洪波主編：《中國書院學規集成》，第 930 頁。

〔註14〕《西湖書院詳定續捐書院事宜》，鄧洪波主編：《中國書院學規集成》，第 999 頁。

〔註15〕《敷文書院增設孝廉月課章程》，鄧洪波主編：《中國書院學規集成》，第 307～308 頁。

〔註16〕《蓴湖書院條規》，鄧洪波主編：《中國書院學規集成》，第 1200 頁。

〔註17〕《海陽書院考課章程》、《海陽書院加課獎賞章程》、《海陽書院經費出入章程》，鄧洪波主編：《中國書院學規集成》，第 58～59 頁。

規「每年於二月初六日甄別生童，錄取生超、特、一等共三十名，備補二十名。（舉貢生監共列不分。）錄取童上、中、次取共三十名，備補二十名。此後月給膏火，一年凡八次，生童俱隨課升降。甄別不錄者，不得與考大課、齋課。」〔註18〕湖北孝感縣西湖書院光緒八年定規甄別「生監取準七十名，童生取準一百四十名，無名者不得應課，甄別用彌縫考試。」〔註19〕浙江龍游縣鳳梧書院於光緒二十二年定規「定期每歲二月初二朔課為甄別，預期赴禮房報名造冊，聽候屆期局試。考取有名者，以後朔望課方准與考。未經考取者，概不准更名呈請補考，以示限制，而杜弊混。」〔註20〕

有些書院雖然在甄別後允許隨課投考，但有若干限制，並且以升降之法定投考生徒之待遇。福建鼇峰書院乾隆年間定規，「各屬生童具呈求入書院者，每年定於三、捌兩月示期匯考，將試卷分別擬定內、外、附課，詳送憲臺批示，飭遵註冊。」「惟念省會書院，原以造就通省人才，每逢科場年分，外府生員求考者多，似未便以三、捌兩月為期，但其中有臨場求考，冀幸錄送遺才，亦非遴選人才之意。應請定限在五月以前投考，如果文字較優，詳送肄業，至五月以後一概不准收考。」〔註21〕然「甄別榜示定額後，每逢官課，向有生童紛紛投考，手本一扣，簽名數十。該生童於課日數百成群擁入書院索卷，其未經投稟者亦乘機擁擠，混接課卷，援例強進，殊非體制。」故而於嘉慶七年重定章程，不再允許隨課投考。〔註22〕

廣東粵秀書院嘉慶十四年定規，「肄業諸生，向例每年仲春月前考課一次，以作甄別，本部堂、部院預先示期，令諸生童自赴監院報名投卷候考，俟榜發取錄有名者，方許入院居住，此一年大甄別也。」「外府縣生童路遠或有事故不能應考甄別者，准其具呈，隨課補考，展至四月初三日本部院課期截止以後，不得再行續稟。」「各生童隨課補考，將試卷送本部院評閱，如果文理優長，分別錄取，准其候補正課、外課。」〔註23〕

福建同安縣舫山書院於同治年間定規，「書院每年以二月朔日第一次官課作為甄別，值年董事先期請官牌示曉諭，所有合廳生童送名應試者，無

〔註18〕 《海陽書院考課章程》、鄧洪波主編：《中國書院學規集成》，第58～59頁。
〔註19〕 《蔡憲新定西湖書院章程》，鄧洪波主編：《中國書院學規集成》，第1000頁。
〔註20〕 《鳳梧書院章程》，鄧洪波主編：《中國書院學規集成》，第424～425頁。
〔註21〕 《鼇峰書院原定章程》，鄧洪波主編：《中國書院學規集成》，第533頁。
〔註22〕 《嘉慶七年詳定章程》，鄧洪波主編：《中國書院學規集成》，第535頁。
〔註23〕 《粵秀書院條規十八條》，鄧洪波主編：《中國書院學規集成》，第1249頁。

論多寡，須到禮房報名造冊，屆期齊到書院，聽官點名，入院考試，憑文取錄，名曰『在課』。若初次甄別不蒙取錄，此後不准與考。至初次甄別，如有生童或因事故未到，或因路遠不及，以後各課准予附考。苟能考列超等、上取者，方許補入在課，一律取給膏火，但不得領取附課第一次考列膏火耳。」〔註24〕河北遵化州燕山書院光緒十一年定規：「每歲二月，諏定吉期，由州劄行示諭，開課甄別。如有路遠臨期未能趕到者，准於甄別後三兩課內續考甄別，俟榜發取列超特等、上中取內，方准補開膏火，藉防濫竽。過三課後，不准再補甄別。」〔註25〕寧波鄞縣鄮山書院光緒十三年定規，「每屆二月，由縣在察院局門考試，甄別錄取送院。」「甄別未到生童，准在甄別後第壹課補考，以後不准請補」，並通過名冊及鈐印之制度，保證無他者與課，「甄別錄取名數，抄冊三套，一送縣，一送監院，一存院中。每課繳卷時，核冊內無名者扣除。」「每課由縣飭令禮房照甄別所取名數，備卷填名，匯送蓋印，並於卷面加蓋某年、某月官課並院課小戳，無印之卷，概不收閱。」〔註26〕

山東寧津縣臨津書院於光緒年間定規，「每年二月初二日，甄別生童一次。取定肄業生五十名，童八十名，以後按課升降。生超等六名，特等八名，膏獎有差，一等三十六名，只前十二名給膏火，以外不給。童上取六名，中取八名，膏獎亦各有差，餘歸次取，亦只十二名有膏火。院長望課膏獎與正課同。其有事故甄別未到願附課者，准其歸入附課，俟有剿襲舊文及雷同、不完卷與文理悖謬、並無故三課不到，又三次均在一等次取二十名以後者扣除，以附課之屢試前列者補人，以示勸懲。」〔註27〕

書院或准許隨課投考，但以甄別確定其他待遇者，其中以等第及住院資格為多。道光年間，江蘇寶應縣畫川書院每年二月甄別，「生員正課六十名，童生正課八十名」，「有甄別不取而遇課時生童願隨課肄業者，俱作隨課，另榜錄取，無優獎，卷面預分正課、隨課戳記。」書院月課生員超等、特等者有獎賞，一等及隨課者皆無獎賞。童生正取、次取者有獎賞，附取及隨課者無獎賞。〔註28〕河北唐縣煥文書院於道光二十一年定規，正月「由縣懸牌府試

〔註24〕《舫山書院條規》，鄧洪波主編：《中國書院學規集成》，第576～577頁。
〔註25〕繆彝：《燕山書院條規》，鄧洪波主編：《中國書院學規集成》，第55～56頁。
〔註26〕《鄮山書院條規》，鄧洪波主編：《中國書院學規集成》，第355～357頁。
〔註27〕《臨津書院章程》，鄧洪波主編：《中國書院學規集成》，第815頁。
〔註28〕《畫川書院章程》，鄧洪波主編：《中國書院學規集成》，第220頁。

甄別」，「正月間甄別未到，及未經取錄生童，以後均准收考，並許在院居住。」常課則「每年自二月起，至十一月止」。「正月間甄別考取二十名者，以在院肄業論，其二十名外，並未經取錄及未到諸生，以不在院肄業論，」待遇略有差等，如「遇有科場之年，鄉試諸生在院肄業者，每名發給二個月膏火，作為盤費，不在院肄業者，……均照在院肄業之生員每名所得之數減半給予。」〔註29〕

　　江西信州象山書院於同治年間定規：「評量文藝，應論其優劣，隨課升降。惟挑取住院士子，宜以每年甄別為準，超等十名，特等二十名，上取十名，中取二十名，均當住院。其列壹等，以及次取者，名曰『在院』，只可預課，不得住院。如遇超、特、上、中內生童因他故不得住院者，必先稟明院長，然後將遞遺號舍，於壹等、次取中挨次挑入，不得過六十名之額，以示限制。倘在住院之列，不先稟明，三月不到者即予扣除。今年住院生童，明年甄別不在住院名次者，一概不准住院。」〔註30〕廣東應元書院，「每月二月望前，由監院官稟請督撫兩院親臨甄別」，取列內課三十名、外課二十名、附課五十名，送入書院肄業，甄別單獨給一月之膏火，此後每月膏火則由每月初二日官課為定。「未及預考或考而未錄者，准其隨月官課投考，監院官封送，卷面標明『投考』字樣，發榜時另錄一榜。俟錄送入院，下月即同內、外、附課一律考試。」〔註31〕湖南瀏陽縣洞溪書院「每年十一月，總理首事稟請邑尊示期甄別，著禮科辦卷彌封，取錄生監正課五名，副課五名，童生正課十名，副課二十名，一體送院肄業。」「未經甄別來院肄業者，亦不必另備束脩、贄儀。但無膏火。倘有逢三三課疊取前三名者，除獎賞外，升作正課，照發膏火，以後作為正課。惟學內住齋人數較少，須示限制。如住齋不滿十人．額外者若三課疊取前二名，方升正課，不滿六名，必須三課疊取第一名，方升正課。其降課亦依此例計算。」〔註32〕

　　另有一類書院，甄別後有覆試之制，如四川錦江書院，因「向有甄別之時，諸生或尋覓槍倩，或鈔錄舊文，冀逞一時之伎倆，以博終歲之膏火，殊失慎重遴才之意。」遂於道光十二年定章，「嗣後甄別，先取正課六十名，附課

〔註29〕饒翠：《煥文書院條規》，鄧洪波主編：《中國書院學規集成》，第48～49頁。
〔註30〕《象山書院章程》，鄧洪波主編：《中國書院學規集成》，第695頁。
〔註31〕《應元書院章程》，鄧洪波主編：《中國書院學規集成》，第1306～1308頁。
〔註32〕《洞溪書院章程》，鄧洪波主編：《中國書院學規集成》，第1146～1147頁。

六十名，張掛草榜，酌派地方，扃門覆試。如文理不符，即行扣除，懸缺以待將來歷次考列超等者頂補。」〔註33〕廣東韶州府相江書院於同治元年定規，「每年十二月間，監院稟請本府預期出示六縣，考取甄別，總以次年正月開印後齊集示期，生童分兩日扃門考試，須復試一二次，以拔真才而昭公允。」〔註34〕

　　然而並非所有書院皆有甄別之制，無甄別制度之書院或為純粹的考課式書院，除考課外，並無其他活動。上海求志書院、格致書院，寧波辨志書院等皆無膏火及住院等制，故而亦皆無甄別之制。〔註35〕或肄業生徒為調撥，乾隆二十八年陳宏謀定嶽麓書院條規，「嶽麓書院定額正課五十名‧附課二十名。候本部院行各屬保送，或由學院考取移送。其零星赴轅求取者，一概不准。」「本部院於十二月將兩書院生童傳齊匯考一次，覈其有無精進，以定次年去留。城南書院生員中有佳者，送入嶽麓書院。」〔註36〕湖南校經書院「書院課額四十四名，內有商籍六名。均三年更換，由學院歲科兩試，考取經義、治事及未經與考而訪查得實品優學富者。於交卸之前，牌行各學調取」，三年期滿，視學業之進退而黜徙之。〔註37〕山西令德書院「肄業高材生額五十名，以上由學院於各學內調取，如有空額，由監院官稟請冀寧道商調充補。」〔註38〕河南明道書院光緒二十年改為學政主持，「凡肄業舉貢生員，均由學政採訪學行，酌量調取，寧缺毋濫。功課頒給冊子，由學政按季考核。」〔註39〕河南豫南書院為光緒十七年由時任南汝光淅兵備道朱壽鏞創設於信陽，書院定額六十名，其中正課二十名、副課二十名、隨課二十名。「先諮請學政將南、汝、光三郡考列一等生員選送六十名前來肄業，其有不到。另由本道提取申陽書院舉貢生監，以足其數。正、副、隨仍按每月初二日月課名次升降。」「如住院者日去日少，再請學政諮送。」「至逢課期願來投考者，另為酌取，

〔註33〕《錦江書院章程》，鄧洪波主編：《中國書院學規集成》，第1449頁。

〔註34〕史樸：《相江書院規條》，鄧洪波主編：《中國書院學規集成》，第1337頁。

〔註35〕《書院季課章程八條》，《申報》1876年3月15日，第6版；《格致書院擬以藝文考試章程》，《申報》1886年2月13日，第10版。

〔註36〕陳宏謀：《申明書院條規以勵實學示》，鄧洪波主編：《中國書院學規集成》，第1044～1045頁。

〔註37〕張亨嘉：《校經書院章程》，鄧洪波主編：《中國書院學規集成》，第1080頁。

〔註38〕《令德書院章程》，鄧洪波主編：《中國書院學規集成》，第74～76頁。

〔註39〕邵松年：《續定明道書院章程二十條》，鄧洪波主編：《中國書院學規集成》，第846頁。

均為額外附課。先由監院登簿記名，遇有缺額，限予挨次拔補。」〔註40〕

　　此類肄業諸生為調撥之書院，亦有於調撥者中再進行甄別之制者，或且有向甄別之制發展之趨勢。湖北兩湖書院光緒十六年由時任湖廣總督張之洞創設，其生額二百名，兩省各一百名，由兩省學政調撥。此後書院籌措資金時，得商界支持，遂增商籍肄業生額四十名。光緒十六年四月三日甄別，「湖廣總督張香帥親臨貢院，局試兩湖書院肄業之舉貢生員，是日到者計共二千餘名」，「至初十日發榜南北各取百名，住院肄業，月給薪水三兩膏火，花紅則以月課之等分為多寡云。」〔註41〕江西經訓書院為時任江西按察使劉體重於清道光二十年創建，「向為臬憲課士之所」，「專課經解、古文、詩賦」，然後亦漸為科舉所化，「向來按試者均以經解、策論命題，旁及詩賦。自近年來又兼課以五經文藝及古今雜體詩之類。茲因係大比之年，投考生童以其非揣摩時尚之學，並恐有妨舉業工夫，特聯名具稟當道，請暫行改用四書文題，聞現在已奉批准，暫照所請矣。」〔註42〕按例江西豫章書院於二月二十一日開考甄，此後則友教、經訓書院甄別，經訓書院甄別一般為三月初，如光緒二年之甄別豫章於二月二十一日，友教於三月初三日，經訓於三月十七日。〔註43〕光緒八年時任江西學政洪鈞主持書院改章，將其改為學政主管，「不用甄別，擬歸歲科兩試諮送以四百名為額內，設正副課膏火各四十名，而童生不與。由五大憲輪流課試，專考經古文詞雜藝，以徵實學，無論官師課卷統歸山長鑒閱」。〔註44〕「非住院者，不准應課，庶不至徒有應課之名，而無肄業之實。」〔註45〕然此後各處調送漸多，如「豫章、友教二書院甄別前五名亦行調送」，「友教課列超等三次者，亦復調送」〔註46〕，因額數有限，且為檢驗生徒肄業之成效，光緒十五年龍芝生於江西學政任上復甄別之制，並牌示之：

〔註40〕朱壽鏞：《豫南書院章程十條》，鄧洪波主編：《中國書院學規集成》，第 959 頁。

〔註41〕《械樸作人》，《申報》1891 年 5 月 22 日，第 2 版。

〔註42〕《經訓書院甄別日期》，《申報》1876 年 4 月 18 日，第 3 版。

〔註43〕《書院考期》，《申報》1876 年 3 月 15 日，第 2 版；《友教書院甄別》，《申報》1876 年 4 月 3 日，第 2 版；《經訓書院甄別日期》，《申報》1876 年 4 月 18 日，第 3 版。

〔註44〕《書院開課》，《申報》1882 年 6 月 7 日，第 2 版。

〔註45〕《經訓書院改章原奏》，《經訓書院文集》，光緒癸未孟春江西書局開雕。

〔註46〕《院示照登》，《申報》1896 年 5 月 27 日，第 3 版。

　　本院於七月初三日甄別經訓書院，仰監院教官傳知在院肄業諸生，於冊卷內注明何年月住院。此次應試專者某經、四書，凡試皆發題。孝經經文□少，注兼習不注專習。一經之外或說文、史學、掌故、輿地、古文、駢文、算學、時賦，各兼一門，均於冊卷注明。取準住院之後，各依所習經題應課。俟一經著有成效，再行注明轉習他經。其說文、史學各門有兼長者，聽其並作。諸生如自揣不能說經，准其改試制藝，亦於冊卷內注明，取準者轉送豫章、友教書院肄業。試日均准攜帶蠟燭，以期各盡所長。所有冊卷限於試前二日呈核，至於現在告假及未經到院者，均於到院呈請補考。特示！

　　諭經訓書院肄業諸生知悉。查經訓書院之設，原依古人分年治經之例，期於通經致用。凡課發題以說經為主，旁及史學、詞章，與豫章、友教專課制藝試律者□別，求之古為安定經義、治事之遺，準之今為浙江詁經精舍、廣東學海堂之比，意至美也。其所以必須甄別者，《學記》云「比年入學，中年考校，一年視離經辨志」，蓋稽其勵惰而進退之，使相奮勉，然後由小成以至大成，知類通達，強立不反，為力較易。諸生群萃既久，自當博學多通，有以自見。至於甫經調送，從事尚新，遽望說經鏗鏗，未免程功大驟，然必令注某經有當今日辨志之初，豫為將察考校之地，是以前經牌示概令於冊卷內注明到院月日，以便分別規覽……甄別之後取準住院者，本院當詳立課程，使有循守。其因事告假，或調送未到者，均於□試後數日示期侷門補考，如不補考，概行開除。特示！〔註47〕

此次甄別，「正考補考共正取五十四名，作為實缺，給發膏火。次取二十七名，作為候補，俟補缺後始給膏火。又次取八名送豫章友教肄業。」〔註48〕此後，則江西學政於試事竣回省後，按例甄別經訓書院調撥生徒。

書院甄別有其固有之程序。以杭州諸書院為例，從課期來說，杭州敷文、崇文、紫陽三書院按例於二月初二日同日甄別，撫、藩、臬三大憲親臨局試，按例二月初六日甄別巡撫詁經精舍，二月初八日巡撫甄別孝廉堂〔註49〕，東

〔註47〕《增訂院章》，《申報》1889 年 8 月 12 日，第 3 版。

〔註48〕《豫章瑣記》，《申報》1889 年 10 月 20 日，第 2～3 版。

〔註49〕《甄別改期》，《申報》1879 年 3 月 6 日，第 3 版；《匯錄甄別題目》，《申報》1879 年 3 月 12 日，第 3 版。

城講舍則二月初九日由杭州知府甄別〔註50〕，而因祭祀、鄉會試等，諸書院甄別改期亦有成例。光緒五年「今歲因初二夜適值丁祭，三大憲既各有主祭、分祭之職，即諸生等亦大半皆有職事，是以中丞改定初四日甄別云。」光緒六年東城講舍「因初九日適值丁祭之期，而是夜又為春分社祭，故龔幼安太守改期於十一日甄別，與考者聞共係六百有云。」〔註51〕光緒九年，「西湖之詁經精舍向例於二月初六日歸撫憲甄別，茲有護撫憲德方伯牌示以初六日適值丁祭之期，各生有執事者居其大半，是以改期於初八日考試，是日憲駕親到，各生均須衣冠齊集恭候點名散卷。」〔註52〕光緒九年「今春因諸孝廉北上未回故上半年暫停月課，現值下第者均已返畢，因於七月間開課例請中丞甄別，茲於七月初八日劉仲帥於辰刻出轅親詣西湖之學海堂點名給卷，各孝廉皆衣冠齊集……聞繳卷者共有百六七十名。」〔註53〕東城甄別向例於二月初九日，「今年以新任林太尊甫經接篆，因改遲至十二日開課。」〔註54〕光緒十二年因二月二日「適逢丁卯為文廟丁祭之期，各憲均須詣學行禮，而諸生亦大半皆有職事，是以改期於初四日甄別，三書院一律遵照。」〔註55〕光緒二十二年杭州「三書院甄別因二月初二日適逢丁祭之期，擬請改為正月二十六日。初八日各監院同詣撫轅，請示廖中丞，定期正月二十八日局試。」〔註56〕

生徒參與甄別，須預先報名，甄別之舉行，亦有程序。以光緒年間杭州書院為例，報名時「生員由學起文，貢監童生由縣起文，開具年貌三代籍貫，移諮各監院造冊，以憑點名給卷」，移文有限期。〔註57〕光緒元年時任浙江巡撫楊昌濬改革敷文、崇文、紫陽三書院甄別成例，「定在學憲考棚同日局門，面試點名之法，擬立鄉試舊章，分中左右三路按名點入」〔註58〕，然不久即廢弛矣。光緒八年《申報》載文稱：「杭垣三大書院每年於二月朔開課，由三大憲親臨局試，甄別錄取。然後於望課送入書院肄業，使諸生參謁山長行師

〔註50〕 《匯錄甄別題目》，《申報》1879 年 3 月 12 日，第 3 版。
〔註51〕 《杭省甄別》，《申報》1880 年 3 月 27 日，第 2 版。
〔註52〕 《詁經甄別》，《申報》1883 年 3 月 20 日，第 2 版。
〔註53〕 《孝廉甄別》，《申報》1883 年 8 月 24 日，第 2 版。
〔註54〕 《東城甄別》，《申報》1883 年 4 月 1 日，第 2 版。
〔註55〕 《甄別改期》，《申報》1886 年 3 月 17 日，第 2 版。
〔註56〕 《西湖佳話》，《申報》1896 年 2 月 28 日，第 3 版。
〔註57〕 《甄別定期》，《申報》1895 年 2 月 16 日，第 3 版。
〔註58〕 《杭城書院甄別改章》，《申報》1875 年 1 月 8 日，第 3 版。

弟之禮。近年來各大憲以春□事忙，不遑親至，諸生童亦偷安成習，皆任各院夫代接代送，只須在家安坐。」〔註59〕光緒十三年，時任浙江巡撫衛榮光杭州書院改章，其甄別情形為：

> 江寧、蘇州等處書院甄別，向在考棚扃試，蓋以人既眾多，非考棚不足以容也。杭州紫陽、崇文、敷文三書院，從前章程本甚嚴密，甄別之期亦在考棚扃試。近數年來，日就廢弛，每年甄別往往散卷，殊不足以昭鄭重。衛靜師曾任浙藩，稔知其弊，下車後即思整頓，……今屆甄別，遂援蘇州章程，借學憲衙門定於二月初一日扃試。監院以為時太促，一切備辦不及，請改試期。靜帥遂改於初六日黎明點名，扃門後出題、蓋戳，酉刻繳卷。是日三大憲鳴騶列仗，到院點名，至八點鐘始到齊。撫憲考敷文居中，藩憲考崇文居左，臬憲考紫陽居右，分三路用序進牌，在二門下按次點名。接卷之時，以前一日所分卷票為憑，如無卷票，不□接卷，……撫憲點畢後即將餘卷並崇文餘卷隨身帶去，臬憲亦遂動身，許方伯帶三委員並三監院在內監場，迨封門出題時已午正矣。方伯體念備至，準改至亥刻繳卷，繳時按卷給飯食票錢七十文。此款即院中向有之飯食也。〔註60〕

光緒十六年正月「二十四日甄別三書院」〔註61〕，「是日與考者約有二千餘人，崧振帥曉諭諸生，非本人親到，概不給卷，且一一親對年貌，故考生莫不按部就班，循序而進。崇文書院諸生由東左門進，藩憲許方伯點名。點至將半，因進牌者先後倒置，頓使聽點者擁擠一處，將大門捱倒，幸為院夫等棒住，而試卷已紛然落地，一時人多擁擠，遂臻踏損。方伯赫然震怒，隨同崧振帥詣學署，面見□文宗良久，復懸牌曉示云，巡撫部院為曉諭事，照得，本部院考試甄別，各士子並不安靜聽點，擁擠喧嘩，殊屬不成事體，本日應行停考，各該士子均□散歸，各遵照毋違特示。」〔註62〕三月十四日甄別，「各監院稟請各憲及杭州府李太守婉轉乞恩，方允補試，定於本月十四日仍借貢院甄別，先期傳示考生，各具衣冠隨牌序進。是役也，各監院東奔西走，極意調停，而中丞尚悻悻然，現於詞色云。」〔註63〕

〔註59〕《甄別瑣錄》，《申報》1882年4月2日，第2版。
〔註60〕《甄別認真》，《申報》1887年3月7日，第2版。
〔註61〕《西泠近事》，《申報》1890年2月18日，第3版。
〔註62〕《暫停甄別》，《申報》1890年2月19日，第2版。
〔註63〕《湖上餞春》，《申報》1890年5月6日，第2版。

光緒十九年正月二十日甄別敷文、崇實、紫陽三書院肄業生〔註64〕，由撫憲崧振帥改於廿四日黎明，仍在學院封門局試，各童生則由各書院領卷，循舊章也。〔註65〕「黎明時浙撫崧振帥、藩司劉方臬司黃廉訪呼殿至學院考柵，略坐片時，忽聞鳴砲三聲，隆然震地。各憲次第升座儀門正中，由振帥進點敷文各生，杭州府陳太守先在頭門外按次點齊隨牌序，進至振帥前，再行唱名給卷。每牌二十人共六十一牌，計一千二百十六人。崇文各生由劉方伯在左個門進點，仁和縣伍大令在頭門左邊排名序次，魚貫而入，共四十九牌計九百七十四人。紫陽各生由黃廉訪在右個門進點，錢塘縣朱大令按牌先點，不由頭門右邊，繞由墻外提調官□便門而進，共四十五牌計八百八十四人。是日天氣晴明，考生皆散立甬道，並無□□之虞，約辰刻□齊封門。」〔註66〕然局試之法不久亦廢弛矣，其原因從客觀上來說，學院考棚局試，「地狹人多，頗形擁擠。每當陰雨之時，與考生童不免拖泥帶水，困苦難堪。」光緒二十年，因甄別之期適降大雪，不得不改為散卷，光緒二十一年，則沿襲散卷之法，「辰刻各派委員到院給卷，限戌刻繳卷」〔註67〕，此容後詳述。

（二）開課、送院之制

書院開課送院之禮源於官學，官員、山長及諸生參與之，以示尊師重教之意。金陵鍾山書院雍正二年開館，發布告示：

開館日期告示

總督江南江西部院查，為作養人才，仰副聖化事。照得本部院前經通行各屬，檄取諸生赴省，令人書院肄業。已據各屬，陸續申送前來。除行令江寧府，按日散給薪水、銀米，送入書院居住外，今本部院敦請盧江縣原任侍讀學士宋，在院掌教，已經抵省。選擇本月十五日吉辰開館，合即出示曉諭。為此，仰在院諸生知悉，屆期，爾諸生聽候江寧府率領，各循序一體參謁。務令講貫考課，潛心肄業，毋事虛名，有辜教育至意。特示。

雍正二年口月十五日示〔註68〕

〔註64〕《蘇堤春曉》，《申報》1893 年 3 月 3 日，第 3 版。
〔註65〕《甄別改期》，《申報》1893 年 3 月 6 日，第 2 版。
〔註66〕《甄別記事》，《申報》1893 年 3 月 18 日，第 1 版。
〔註67〕《杭省甄別題》，《申報》1895 年 3 月 3 日，第 3 版。
〔註68〕湯椿年撰：《鍾山書院志》卷之六，趙所生、薛正興主編：《中國歷代書院志》（第七冊），第 536 頁。

道光十三年，安徽涇縣之涇川書院每年甄別後第一次課期有送院之禮，即將開課和送院合一而舉行，具體而言：

　　一、每年第一次課期，黎明，生童衣冠畢集，縣主偕兩學老師率領諸生童祀七賢。禮畢，再率諸生童謁見山長。禮畢，點名散卷。

　　一、祀七賢行釋菜禮，祭品四籩、四豆、鉶一、羹一、爵三，行二跪六叩首禮。主祭官詣神位前上香，奠帛，獻爵，讀祝，復位再行二跪六叩首禮，退，焚帛。

　　一、邑尊及學師率生童謁見山長，山長西向，邑尊、學師並東向，對拜，揖，跪，叩首、叩首、叩首、叩首，興，揖，畢。生童向上行禮，揖，跪，叩首、叩首、叩首、叩首，興，揖，畢。〔註69〕

廣東越華書院每年於甄別發榜後定啟館之期，「總以二月中旬為率」。「監院官預日先謁督院請示，恒轉令赴撫院，請定親臨與否，以便歸於畫一。俟監院官再詣，以所語覆，乃定行止。」或督撫不親至，委司道代之，則越華必委運使。「屆啟館前一日，除由監院官飭院吏繕備啟館儀注呈院長外，仍別繕三分，分詣兩院面呈，請監院行劄，並報明運使衙門。」道光二十一年，定《越秀書院啟館儀注》，其中啟館日具體儀注為：

　　啟館日黎明，監院官差人持手版請督院生童咸集講堂，禮生二人，請院長率領生童詣先賢祠，行一跪三叩首禮。畢。生童頭門外侯接督院臨院，排班打躬。院長迎入大廳敘坐，茶三次。禮生稟請行禮。禮生唱，督院與院長行交拜禮。四拜，興。復唱，院長與督院答行交拜禮，四拜，興。復唱，生童向院長前行四拜禮，受兩拜，免兩拜，打三躬。復唱，生童向督院前行四拜禮，受兩拜，免兩拜，打三躬。生童揖退，督院與院長分坐，敘茶作別。院長送至大堂，升輿回署。生童大門外侯送，打三躬，送畢，隨院長入院。〔註70〕

廣雅書院啟館儀注與之類似：

　　先由監院官預詣督撫的兩院以期請，隨請定督院孟春開課。屆啟館前一日，除由監院官飭院書（即書記）繕具啟館儀注呈院長外，仍別繕三份，分詣督撫兩院面呈。啟館日黎明，監院官差人持

〔註69〕《涇川書院規條》，鄧洪波主編：《中國書院學規集成》，第506頁。
〔註70〕梁廷枏：《越秀書院啟館儀注》，鄧洪波主編：《中國書院學規集成》，第1270～1271頁。

手版請督院，生童齊集講堂，禮生；人請院長率領生童詣濂溪祠、嶺學祠行一跪三叩首禮。禮畢，生童集頭門外，候接督院臨院，排班打躬。院長迎人大廳（即冠冕樓下）敘坐。茶三次後，禮生察請行禮。札生唱督院與院長行交拜禮，四拜興；復唱生員向院長行四拜禮，受兩拜，免兩拜，打三躬；復唱生童向督院前行四拜札，受兩拜，免兩拜，打三躬。生童揖退。督院與院長分坐敘茶別，院長送至大堂，督院升輿回府。生童大門外候送，打三躬。送畢，隨院長入院。是日供設茶點、酒食、飯茶及鼓樂鋪張，均由監院官預期備辦。〔註71〕

江西義寧州鳳巘書院於光緒年間定啟館節儀，具體而言：

一、每年啟館送學日，先時陳設香爐、茶酒，請州尊教官躬詣書院送諸生入學。教官先入，州尊後入，諸生迎門外，首事迎門內。州尊、教官入院升堂，至山長所，與山長行賓主禮，序坐點茶。各憲先謁文昌帝君位前，行四拜禮。畢，各憲分班觀禮。禮生請山長謁文昌帝君，位前立，禮生贊，諸生序班，班齊，山長就位，諸生就位，跪。山長暨諸生俱行四拜禮。禮畢，禮生贊、拜。

一、山長行送學禮。山長東立、各憲西立，各憲以次與山長行四拜禮。各憲與山長東立，諸生、首事西立，諸生拜山長，山長受四拜。諸生拜各憲，各憲俱受四拜。首事與山長、各憲對行二拜禮。諸生分班對拜，班齊，對行四拜。畢，諸生暫退，州尊請山長、教官就席，陪飲、序話。畢，州尊辭別，教官辭別，諸生各居精舍肄業。〔註72〕

湖南桂陽州龍潭書院創設於光緒十年，定送院儀注：

仁憲公服，用全執事開導，至書院下轎。首士迎至講堂大花廳序坐。茶畢，起樂。首士請館師、仁憲恭謁至聖殿前，館師左，仁憲右，同班行三跪九叩禮，諸生序齒隨班行禮。興，侍立兩旁。仁憲拜謁館師，行對拜禮。館師拜請仁憲，行對拜禮。仁憲命諸生拜見館師，行師生禮。館師命諸生拜謝仁憲，行一跪二叩首禮。首士

〔註71〕周漢光：《張之洞與廣雅書院》，臺北：中國文化大學出版部 1983 年版，第 350 頁。

〔註72〕《鳳巘書院啟館節儀》，鄧洪波主編：《中國書院學規集成》，第 693 頁。

向館師道喜，三揖。首士向仁憲道喜，三揖。禮畢。〔註73〕

浙江東陽縣東白書院光緒年間規定：

> 每年二月初一日開課送院，由監院、院董傳知肄業諸生，俱穿公
> 服，於辰刻齊集，再請縣主到院。由縣主遣請山長，縣主率同監院、
> 院董、諸生迎接山長於大廳簷前，進內廳，茶敘畢。監院、院董率諸
> 生於遊廊左按榜照名次序立，伺縣主陪山長詣文昌帝君香案前，禮生
> 喝禮，行三跪九叩首禮。諸生隨班分三排，每排六人，挨照榜取名，
> 不得錯亂。禮畢，山長退，左立，縣主率諸生向山長行禮，一跪三叩
> 首。禮畢，再率諸生向監院一叩首，向院董三叩畢。山長、監院、院
> 董回縣主、諸生禮。諸生復縣主一跪三叩首。禮畢。〔註74〕

東白書院設十八名肄業生額，故而送院之參與者僅為書院肄業生，此外，
禮節畢後，書院尚設肄業生酒席兩桌，洋四元。〔註75〕

大體而言，各書院皆有開課送院之儀程，且基本類似，然而在實踐之中
卻有很大的差異，因時因事而已。如江西豫章書院，光緒七年豫章書院於三
月「初七日開課，是日五大憲俱親臨書院，與山長胡研生侍御行賓主禮，諸
生童之肄業者，例由書辦央請二人穿衣帽以從事」〔註76〕，諸生大抵並不參
與。光緒八年三月「初七日江西李大中丞親臨豫章書院，送孝廉及生童等入
院肄業，其孝廉廿餘輩皆衣冠楚楚，揖讓雍容。中丞顧之，面有喜色。禮畢次
臨生童講堂，則人數較多，而禮節亦如初，是日因兩處行禮遂，遲至午後始
得題紙云」〔註77〕，顯然，舉人的參與熱情遠遠高於生監。「杭垣三大書院每
年於二月朔開課，由三大憲親臨局試，甄別錄取。然後於望課送入書院肄業，
使諸生參謁山長行師弟之禮」〔註78〕，然大抵已成具文。如光緒二十一年，
杭州三書院開課、送院之情形：

> 杭州敷文、崇文、紫陽三書院於二月二十三日考試望課。向例
> 山長開課之期，由三大憲親自到院，送肄業生童進院。本年崇文翁

〔註73〕《龍潭書院送學儀注》，鄧洪波主編：《中國書院學規集成》，第 1214 頁。
〔註74〕《東陽書院送院禮節》，鄧洪波主編：《中國書院學規集成》，第 445 頁。
〔註75〕《東白書院章程》、《東白書院每年用款》，鄧洪波主編：《中國書院學規集成》，
　　　　第 442～445 頁。
〔註76〕《課士類志》，《申報》1881 年 4 月 16 日，第 2 版。
〔註77〕《書院開課》，《申報》1882 年 5 月 8 日，第 2 版。
〔註78〕《甄別瑣錄》，《申報》1882 年 4 月 2 日，第 2 版。

山長，紫陽王山長均先□傳諭各監院，辭謝送院之禮。惟敷文則撫
憲親臨講廬，即由監院請撫憲拜帖加具手版，飭人送至吉祥巷吳左
泉山長家，山長即命駕前來。先謁至聖先師，然後與中丞行禮，山
長居左，中丞居右，展拜四下起立並揖。兩監院即率同肄業生童十
餘人行師生禮，然後命題開課。〔註79〕

　　揚州書院亦與此類似，光緒三十年「楊郡安定、梅花兩書院向章甄別後
所取各生應行送院之□，茲者江都縣學教諭張廣文奉運憲恩都轉面諭，遵照
舊章舉行。因於本月某日牌示云，照得安梅書院向章甄別後奉取各生例有送
院之禮，停止已十有餘年，殊非尊道重士之意。茲奉運憲面諭，照舊舉行，仰
見培植士林維持禮法。屆時本監院應即率同奉取各生，衣冠詣院，聽候運憲
舉行送院典禮，蓋亦挽回士習之一端也。」〔註80〕

二、官課、師課

　　官課、師課是清代書院考課的兩種基本類型。官課即由各級官員命題、
主持、閱卷及捐廉給獎之考課，師課即有書院山長命題、主持、閱卷之考課，
又稱堂課、館課、院課、齋課等。官課之主持官員大體包括總督、巡撫、臬
司、學政、漕帥、運司、道府州縣大吏以及各級學師等等，書院官課之數量、
級別往往決定於於主政官員之級別以及書院所處地官衙狀況等因素，亦與書
院之歷史淵源有關。湖州歸安縣龍湖書院雖為縣級書院，但例有省級大吏官
課，「省中各大憲課期定於三、九月，監院赴省請題。」〔註81〕按龍湖書院建
於道光二十九年，後因戰亂而廢棄。同治三年，時任浙江布政使蔣益灃駐軍
於菱湖鎮，當地官紳請以興復龍湖書院，得其允准「於絲捐善後項內，每包
扣洋銀壹元，亟將院宇重加葺。」然經費仍有不足，乃請於繼任浙江布政使
楊昌濬，允准續捐復額。遂請時任浙撫馬新貽命題開課，「乃自中丞以至郡邑
尊每歲輪課一次，永著定章，加給花紅以資鼓勵」〔註82〕，俞樾稱龍湖書院
「延山長以課士，省垣大吏，自巡撫藩臬以下，按月行課，與省中三書院等，
其規模之大，雖外府縣書院不及焉。」〔註83〕官課之制又衍生出輪課之名目，

〔註79〕《書院開課》，《申報》1895年3月29日，第2版。
〔註80〕《隋堤迎夏》，《申報》1904年5月9日，第3版。
〔註81〕朱炳熊：《增改龍湖書院章程》，鄧洪波主編：《中國書院學規集成》，第385頁。
〔註82〕《菱鎮龍湖書院碑記》，光緒《菱湖鎮志》卷十六。
〔註83〕俞樾：《〈菱湖鎮志〉序》，見《春在堂雜文》卷六。

即一書院由各官員輪流課試，如杭州敷文、崇文、紫陽三書院「向章先由撫、藩、臬三大憲輪課一周，然後歸運司、巡道糧道以次課試。」〔註84〕「蘇垣平江書院為童生肄業之所，由府憲暨長、元、吳三邑尊按月輪課」〔註85〕

　　書院課士之法源於官學課士之制度，清朝地方官學課士，「教官考校之法，有月課、季考，四書文外，兼試策論。……除丁憂、患病、遊學、有事故外，不應月課三次者戒飭，無故終年不應者黜革。試卷申送學政查覆。訖於嘉慶，月課漸不舉行。御史辛從益以為言，詔令整頓。嗣是教官多闒茸不稱職，有師生之名，無訓誨之實矣。」〔註86〕國子監亦有課士之制，「祭酒、司業月望輪課四書文一、詩一，曰大課。祭酒季考，司業月課，皆用四書、五經文，並詔、誥、表、策論、判。月朔，博士廳課經文、經解及策論。月三日，助教課，十八日，學正、學錄課，各試四書文一、詩一、經文或策一。」〔註87〕《欽定禮部則例》之《教官事例》規定：「季考、月課，除實在丁憂、患病及有事故外，嚴傳各生，面加考試。照例用《四書》文一篇，排律詩一首，或試以策，或試以論，由教官衡定等次。如果訓迪有方，著有成效，該督撫、學政核實保薦。倘因循苟且、不行考課及一季之內缺課一二次者，分別議處。」〔註88〕儘管清廷多次重申官學考課之制，然隨著官學之廢弛，課士之地轉而向書院轉移矣。

　　山西陵川縣望洛書院於乾隆十四年定《望洛書院條規》，稱：「查晉陽書院奉頒規條，每月就課二次，分課二次。但陵邑生童居鄉者多，今應仿照定為二次，每月朔望課文二次，館師主之，餘二次歸於儒學定期校課。」「至儒學月課，文武生員現奉憲行按季造報，仍令肄業與課各生照常就課，聽受約束等因。」〔註89〕官學課及書院課並行之，是為課士地由官學向書院轉移之中間狀態。《清史稿》稱：「訖於嘉慶，月課漸不舉行」，晚清官學之廢弛愈益嚴重，如光緒年間鍾毓龍入仁和學，「至學中拜老師，……但向上一拜。老師命坐送茶。別無他言，但問填冊事」。而填冊又有冊費，冊費多少因人而異，「假使知為紳富之子弟，學老師索取必重；假使知為冒籍，或身家不清之人，則要索尤重；假使歷代農工，三代中無人入泮者，則名之曰荒籍，亦在要索

〔註84〕《書院閒談》，《申報》1887 年 4 月 2 日，第 2 版。

〔註85〕《匯錄甄別題目》，《申報》1879 年 3 月 12 日，第 3 版。

〔註86〕《清史稿》卷一八零六《選舉志一》。

〔註87〕《清史稿》卷一八零六《選舉志一》。

〔註88〕《欽定禮部則例》卷五十八《教官事例》。

〔註89〕陳封舜：《望洛書院條規》，鄧洪波主編：《中國書院學規集成》，第 83～87 頁。

之列。往往有爭持至黎明而尚不許其填冊者。學官老師同於市儈，實屬可鄙，惟賢者能免之。」鍾毓龍以孤寒，通過借貸，送兩名老師各四元，得以填冊，而款項至次年處館始償清。而官學之朔望課廢弛已久，師生之間「不復再通聞問，並兩老師之姓名籍貫亦不之知」〔註90〕。

雍正二年，兩江總督查弼納於江寧創設鍾山書院，定書院官課之制，「江、安兩撫院到省時應請赴院考課，本部院亦隨時考課，江、安藩臬各道，每年應各考課一次，以示興崇文教之意。所有應給獎賞銀兩，各聽酌給，不定多寡。」〔註91〕即鍾山書院官課由兩江總督及江蘇、安徽巡撫、藩司、臬司等主持之，然其時，官課尚無明確之定期，隨時舉行而已。乾隆十年，陳宏謀訂《豫章書院節儀十條》，規定：「每月三次，以初八、十八、念八日為期，每月先生一課，其餘兩課，本部院、藩司、臬司、糧道、鹽道輪流出題課試，周而復始。凡各衙門課期，課卷先生披閱，第其甲乙，分為三等，一、二等分別獎賞，各衙門捐俸，不動公項。」〔註92〕即豫章書院之官課由巡撫、藩司、臬司、糧道、鹽道輪課，課卷由山長批閱，獎賞則各衙門捐廉，此制度因陳宏謀歷任多地而推行於各處。

乾隆二十四年陳宏謀整頓蘇州紫陽書院，規定：「每月兩課。官課一次，掌教課一次。官課中，巡撫、兩司逐月輪課，周而後始，巡道在省，亦准輪課一次。官課之卷，或各衙門評閱，或請掌教枰定，送各衙門閱發，悉聽其便。掌教課卷，評定次第，出榜之後，仍送本院一閱，一體給賞。」〔註93〕乾隆二十八年陳宏謀定嶽麓書院條規，規定：「每月官課一次，掌教館課一次。初三日官課，十八日館課。凡官課前一日，教官赴衙門請題。課之次日，即將課卷封送較閱評定。凡館課，均歸掌教出題評閱。正月入館，自二月為始，每年嶽麓官課，首院、次藩司、次臬司、次糧道、次鹽道。學院在省，請示考課。各道在省，聽其隨時考課。城南書院官課，一府、兩縣以次輪課。本部院於十二月將兩書院生童傳齊匯考一次，覈其有無精進，以定次年去留。」〔註94〕

〔註90〕鍾毓龍：《科場回憶錄》，杭州：浙江古籍出版社1987年版，第32～34頁。
〔註91〕查弼納：《飭議書院各項應行事宜檄》，鄧洪波主編：《中國書院學規集成》，第184～185頁。
〔註92〕陳宏謀：《豫章書院節儀十條》，鄧洪波主編：《中國書院學規集成》，第621頁。
〔註93〕陳宏謀：《書院規條示》，《培遠堂偶存稿》，第329～330頁。
〔註94〕陳宏謀：《申明書院條規以勵實學示》，鄧洪波主編：《中國書院學規集成》，第1044～1045頁。

乾隆年間所定《鼇峰書院原定章程》規定：「每月三次考課，生童初六、十六兩期係掌院館課，二十六一期係各衙門輪課，自督、撫兩院、藩、臬兩司、糧、鹽兩道並福州府，以次輪流，周而復始。」〔註95〕

此後，書院官課之制愈益完善，如廣東粵秀書院於嘉慶十四年定規：「每月課期，初三定為官課，十三、二十三定為館課。兩院於四季孟月輪課，司道仲季兩月輪課，院長每月兩課。」「每課四書文一篇，試帖詩一首。」並且明定了官課課期及獎賞，「督憲正、七月初三日課期。藩憲二、八月初三日課期。糧憲三、九月初三日課期。撫憲四、十月初三日課期。臬憲五、十一月初三日課期。運憲六月初三日課期。」官師課之獎賞「館課生監一等首名俱一律賞給筆資銀一兩，余至二等首名以上俱賞錢五錢。童生首名賞錢五錢，二、三名每名賞錢三錢。」「督、撫憲課，向來生監超等首名給銀五錢，餘皆三錢。特等第一名給銀二錢五分，童生上卷第一名給銀一錢五分。司、道憲課，生監超等首名給銀二錢五分，餘皆一錢五分。特等第一名給銀一錢，童生上卷第一名給銀一錢。」〔註96〕按上述書院皆為省級書院，隨著其官、師課制度漸趨健全，此制逐漸推行於各級書院之中，而官課之制漸佔據書院考課之中心地位，如浙江敷文書院於道光十六年設孝廉月課，「課期定於每月初八日，每年二月起十一月止，共十課，以二、三、四、六、七、八、十、十一月，稟請憲臺暨藩、臬、運、糧、杭道輪課；五、九兩月請山長課試」〔註97〕，十課之中，師課僅占其二矣。

由於書院膏火以甄別為斷，即甄別決定一年膏火歸屬之制度導致書院常課趨於廢弛，故而越來越多的書院採取隨課甄別（亦稱隨課升降）之制，即生徒膏火每月升降，由官課而定，且另有大吏捐廉獎賞。嘉慶二十五年，時任杭嘉湖道的林則徐改革杭州諸書院章程，「肄業諸生於二月甄別取定，嗣後雖課有升降而膏火則一依甄別名次給發。前者怠於文，後者曠於課。公定為隨課升降，士習遂變，至今猶遵其法。」〔註98〕隨課升降，則甄別之制度趨於廢弛，如江蘇海州敦善書院於道光十七年規定取消甄別之制，「今但以每月

〔註95〕 《鼇峰書院原定章程》，鄧洪波主編：《中國書院學規集成》，第533頁。

〔註96〕 衛齡：《粵秀書院須知十四條》，鄧洪波主編：《中國書院學規集成》，第1251頁。

〔註97〕 《敷文書院增設孝廉月課章程》，鄧洪波主編：《中國書院學規集成》，第307～308頁。

〔註98〕 來新夏編著：《林則徐年譜長編》（上卷），上海：上海交通大學出版社2011年版，第88頁。

初八日官課取定名次先後為準，生童各分正課、副課，照案支給膏火，並不於開課之前另期甄別。……如有官課取定之後堂課不到者，即將應支全月膏火扣除一半。如當停課之期，即照前一次取定名次發給。」〔註99〕隨課升降以官課為定，師課成績之優劣無關膏火之得失，最多僅能決定師課之獎賞，且往往師課獎賞少於官課之獎賞，故而師課漸成官課之陪襯，甚至士子不應課之狀況也頗為常見。

山東棲霞縣霞山書院官課之外有齋課，官課局試，齋課散卷，「於官課之日即掛齋課題目」，然久遂齋課成虛文，無一人作者。光緒年間整頓之，「每課點名畢，將生童名冊送學，齋課曾否交卷，各於名下標記。交標硃點，未交空，限下月初十日交卷，原冊送縣，以便俟查。未交齋課之生童已取者，膏火全數扣留。未取者記名，永不錄取。」〔註100〕即通過將是否採用扣除膏火的方法將師課與膏火之得失掛鉤起來，以保證書院生徒參與師課，此為大多數書院通行。江蘇高淳縣學山書院道光八年規定，「每月初二日縣中官課，如縣尊有故，即柬請兩學老師，分別生童，去取內課各十五名，外課各十五名，給以膏火錢文，均於十八日院課之後，赴院領取。其有院課不到者，准該董事將膏火扣除。」〔註101〕河北唐縣之煥文書院，道光二十一年規定一月三課，以官課為准定書院膏火，「如官課取列正課，而齋課一次不到，扣膏火三分之一，兩次不到，扣膏火三分之二。」此外，「每月官課，生監考列正課第一名者，獎賞一千文，二名至五名，獎賞五百文，六名至十二名，獎賞二百文。童生考列第一名，獎賞制錢五百文，二名、三名獎賞三百文。齋課無獎賞。」

此後，漸有書院通過定師課之獎賞以激發士子應課之積極性。山西徐溝縣梗陽書院於同治三年定規：「書院生童膏火，縣主每月初旬內官課定奪名目。生卷超等捌名，首卷膏火銀三兩，貳、三名每名膏火銀二兩五錢，餘五名每名膏火銀二兩；特等十名，每名膏火銀一兩五錢；一等無。童卷上取六名，首卷膏火銀二兩，餘五名每名膏火銀一兩五錢；中取八名，每名膏火銀一兩；次取無。」「山長於每月中旬、下旬內公課兩次，一次無故不到者，無論生、童，扣除膏火一半，二次無故不到者，全行扣除。」「計生童膏火每月額銀五十兩零五錢，其餘銀十兩作山長二次公課獎賞之費，共十月，用銀六百零五

〔註99〕 《敦善書院條規》，鄧洪波主編：《中國書院學規集成》，第 214～215 頁。
〔註100〕 《霞山書院章程》，鄧洪波主編：《中國書院學規集成》，第 795 頁。
〔註101〕 《學山書院規條》，鄧洪波主編：《中國書院學規集成》，第 207～208 頁。

兩。其官課獎賞由縣主捐廉，多寡自備。」〔註 102〕江西義寧州梯雲書院於光緒十八年定規每月初六日，州憲甄別正附課，每月十三日、二十三日，山長命題作文作詩。每月二十八日，聽候山長考試古學。州憲甄別，「定一月膏火，本課賞錢。正課生童每名至次月初二日由學長給發膏火錢壹千文，第一名賞錢三百文，第二名賞錢貳百五十文，第三名賞錢貳百文，第四名賞錢壹百五十文，第五名賞錢壹百文，其餘每名賞錢五十文。附課生童每名亦至次月初二日由學長發膏火錢貳伯文，並無賞錢。」師課則由山長甄別正附課，以定本課賞錢，其賞錢與官課同。〔註 103〕

然此舉僅能保證肄業生徒參與師課，並不能保證其用心力於師課，往往敷衍潦草為之。故而多有書院漸而取消書院膏火由官課為定之制。河南開封府彝山書院於道光二十二年定規通過甄別、復試兩場，取定正課、隨課，「膏火每年定正課四十名，每名一兩，副課六十名，每名四錢。」「每月初二日府課，十六日縣課，初九日、二十四日齋課，四課中三課一文一詩，一課出賦論古今體詩題目。每年請學院課一次。」「官、齋課不到者，扣膏火。每月膏火按四停均分，一次不到，扣四停之一；兩次不到者，扣一半；一連三次不到者，正課降副課，副課降隨課，所扣膏火留作寫經獎勵。」「正、副課初二、十六日官課，初九日、二十四日齋課，相連考後二十名者，正課降副課，副課降隨課。其額以副、隨課連考前列者，按次拔補。」〔註 104〕即書院膏火之規屬及生徒等第之升降，由官師課共同決定，通過此制度保證書院生徒於官、師課皆能用其心力。同治七年冬，時任廣東布政使王凱泰創設應元書院，將所擬章程寄給俞樾，請其斟酌，俞樾回函稱：

> 承示《應元書院章程》，措置周詳，規模宏遠，即此一端，而閣下之嘉惠粵士者無量矣！惟每月膏火以官課為定，則鄙人竊有不能無言者。夫以區區膏火之資，為鼓舞人才之具，其意固已末矣。然今日而設立書院，其勢不得不出於此，是故立法不可以不詳，要使盡一日之長，即獲一日之利，然後操觚之士有所勸誘，而不致鹵莽

〔註 102〕程豫：《詳定書院章程八條》，鄧洪波主編：《中國書院學規集成》，第 79～80 頁。

〔註 103〕《梯雲書院學規》，鄧洪波主編：《中國書院學規集成》，第 680 頁。

〔註 104〕史致昌：《彝山書院重定章程》，鄧洪波主編：《中國書院學規集成》，第 883 頁。

滅裂以從事。向來書院章程，每月膏火之資以內外課為差等，而所謂內外課者，以春初甄別為定，則是終歲所得，取決於甄別之一日也。後人知其法之未善，於是有改，而以每月官課為定者，視舊章稍密矣。然一取決於官課，則士子於師課必至於敷衍成文、苟且完卷而後已，何者？利所不在也。是故中興以來，江浙興復書院，率皆隨課升降，官師一律，譬如每月膏火銀三兩，則官課、師課各得一兩五錢。如此，則盡一日之長，必獲一日之利，而鹵莽滅裂以從事者寡矣。聞直隸蓮池書院，亦以官課為定，其師課不到者扣除之，故師課人數不下於官課。而文則黃茅白葦，無一可觀，山長徒費目力，不見佳文，勞而且厭，恣意塗抹，甚或付子弟句讀之，若曰「吾課非所重也」。夫自校官之職不修，其略存學校遺意者，惟有書院，乃使為弟子者率爾而出之，為師者率爾而應之，豈非立法之未善乎？閣下旌節所至，創設書院必多，故敬陳所見，幸裁察焉。〔註105〕

按俞樾所述，書院膏火之制經歷了以甄別為斷到以每月官課為斷、隨課升降之變遷，此種變遷造成了士子對師課之敷衍情形，為除此流弊，則江浙書院於中興之後趨於採取官師一律之制，即書院膏火分為兩份，官師課各占一份。王凱泰所定應元書院章程，「每月膏火以官課為定」，而無相應師課之獎懲機制，因此俞樾以為當更改之。〔註106〕光緒五年，《申報》載文稱金陵鍾山、尊經書院，「十六日師課因無膏火，而請假者幾不止於一半人數，其應考者又多率意無卷絕無佳文。」，時任總督沈葆禎「久擬重新整頓，又以本年係大比之年，遂籌添一半膏火，為十六日師課所取者發給。」〔註107〕光緒六年松江府諸書院改章：

> 松郡文風向稱佳妙雲間一派久已膾炙人口，前年□學憲科試時曾捐廉作為書院添額之資，士林以為榮，今春□試以諸生文字未有起色，總以平日書院課未能認真之故，因商諸掌教姚太史。太史以為郡城三書院之掌教課，向來視為具文，諸生俱不認真，推原其故，雖考列超等僅得花紅三四百文之譜也。現今不若將官課膏火移一半，作為師課膏火，藉資鼓勵。學憲以為然遂面諭博太守照辦。向

〔註105〕俞樾著；張海嬰整理：《俞樾函札輯證》，第 406～407 頁。
〔註106〕《應元書院章程》，鄧洪波主編：《中國書院學規集成》，第 1308 頁。
〔註107〕《書院改章》，《申報》1879 年 3 月 29 日，第 2 版。

來官課超等每名一千六百文，特等減半，今移一半於師課，並用彌
封以杜情弊，當事者培養士風具見良工心苦。〔註108〕

　　大多數書院都是官、師課並行之，但亦有例外，如僅有官課者，如湖南
芷江縣秀水書院為乾隆五十三年創設，專課芷江一縣生童，因經費有限，未
延請山長，故而無師課之制，道光十七年定規，「課期，本縣辰刻赴院點名試
題，每月初二、十六日兩課。初二試四子書文一、試帖詩一。十六日試經藝、
經解、策賦、論辨、考判、古今詞歌、雜行諸體，定於本日戌刻繳卷，由院匯
齊送署。」〔註109〕江蘇寶應縣畫川書院，嘉慶元年創設，道光年間每年連甄
別課共六課，光緒中葉增為八課，未延師設教。〔註110〕上海格致書院光緒十
二年實行考課制度，「每年春、夏、秋、冬，分為四課。夏課四月，秋課七月，
冬課十月，惟春課則在二月」，先後邀請蘇松太道、寧紹臺道、津海關道、登
萊青道等出題，光緒十九年實行春、秋季特課之制度，春季特課由北洋大臣
命題，秋季特課由南洋大臣命題，故而僅有官課而無師課。〔註111〕僅有師課
者，上海求志書院「每年春、夏、秋、冬四課，夏課四月，秋課七月，冬課十
月，惟春課則在二月。」「課期定在朔日，無論遠近均以散題之日為始繳卷，
限兩月截止。」書院分齋課士，各齋聘請山長為書院考課命題及判卷〔註112〕，
寧波辨志書院與此類似。

　　此外，亦有書院無官課、師課之名目者，其典型者為粵省學海堂，由阮
元創設於道光四年，「為課通省舉貢生監經解詩古之所」，道光六年阮元定章，
「每歲分為四課，由學長出經解文筆，古今詩題，限日截卷，平定甲乙，分別
散給膏火」，並酌派吳蘭修、趙均、林伯桐、曾釗、徐榮、熊景星、馬福安、
吳應逵共八人為學長，規定「永不設山長，亦不允薦山長」，此後一直沿襲。
〔註113〕然漸而督、撫、學三大憲親加考課，然亦「學長等承諭擬題閱卷。」
如光緒十三年十一月，時任粵督張之洞「特諭肄業各生童於初五日齊集堂內，

〔註108〕《書院改章》，《申報》1880 年 8 月 25 日，第 2 版。
〔註109〕胡禮篈：《酌定秀水書院條規》，鄧洪波主編：《中國書院學規集成》，第 1225
　　　　頁。
〔註110〕民國《寶應縣志》卷六《書院》。
〔註111〕劉明：《格致書院考課制度述論》，《都會遺蹤》2015 年第 1 期。
〔註112〕《書院季課章程八條》，《申報》1876 年 3 月 15 日，第 6 版。
〔註113〕阮元：《學海堂章程》，鄧洪波主編：《中國書院學規集成》，第 1289～1290
　　　　頁。

聽侯考試。制軍本擬親臨面試，是日適有要公，遂委分省補用道王觀察代之，各人交卷畢，款以酒食，赴考者計共四十餘人。」〔註114〕

從課試內容上來看，書院官課所課者大抵皆為八股試貼，即使在定規專課經解詩賦書院，官課亦有很強科舉取向，如杭州詁經精舍於崧振青撫浙期間，「每當鄉試之年，則改經解為經文」，如光緒十五年即「以經文命題」〔註115〕。四川尊經書院不課時文，而光緒五年三月藩司官課仍以經文五道為題，引發時任山長王闓運之不滿，王闓運當即告知士子無須應考，士子也紛紛稟請換題，數日後藩司以官課試卷不齊為由責問書院，一時議論紛紛，而王闓運則搜走所有課卷，一概不准士子補作，亦引發監院不滿，而王氏則一意而孤行，甚至萌生退意，最終經丁寶楨之調停而平息。〔註116〕官課佔據書院考課之中心地位以及官課強烈的科舉取向決定了清代書院「科舉之附屬」、「科舉之預備」之性質，絕大多數書院都難概莫能外。相較而言，師課則略少受功令束縛，除八股試貼外，山長能根據自身之學術取向，課試經解、詩賦、論策等等諸種文體，從而激蕩士風，養成士子。

三、月課、季課

書院月課，亦稱月試，即書院每月舉行之考試，同理，季課即書院以季為單位舉行之考課。書院月課、季課之制度亦來源於官學，然較於官學更趨於靈活多變，大抵而言，在康乾之世，官學課士之制尚未廢弛之時，官學課士以朔望日，即農曆每月初一、十五日，書院尚未佔據教育及學術之重心，故而其考課之制須與官學相配合，至少不能相衝突。二在官學未興復之地，書院則直接充當了官學之功能。因此書院採用了官學月課之制，但課期則不同於官學，而依舊按照官學課士之例成為朔望課之制。

書院月課以朔望課之制最為普遍。早在康熙三十年白鷺洲書院即定規「每月初二、十六日，本府親臨課會，書二藝，經一藝，間試論、表、策各一篇，務期遵依注理，闡發實學，字畫均需端楷，不得視為故套。」〔註117〕河南伊陽縣紫邏書院於乾隆二十八年定規「朔、望齊集講堂，命題校試」，其時即沿襲官學課士之制，至道光八年因故則改為「每月逢三齋課，二十八官課」，「官

〔註114〕《嶺南梅信》，《申報》1887年12月31日，第1版。
〔註115〕《詁經開課》，《申報》1890年2月23日，第2版。
〔註116〕魏紅翎：《王闓運與尊經書院》，《國學》2016年第1期。
〔註117〕羅京：《白鷺洲書院館規》，鄧洪波主編：《中國書院學規集成》，第737頁。

課仍集署內局試，以昭慎重。」〔註118〕河北平鄉縣崇正書院於同治十三年規定：「書院以歲二月開課，冬月收課。每月以初捌日官課，拾捌日師課，隨課甄別，取有定額。遇閏一例月課。」此外，逢鄉試之年，於試前數月，官師課皆加堂課一次。〔註119〕河北無極縣聖泉書院光緒年間「每年定於二月開課，十月完課。每月兩課，初二日官課，十七日齋課。」〔註120〕浙江龍游縣鳳梧書院於光緒二十二年定規「每歲二月初二朔課為甄別」，「生童月課除正、六、七、十二四個月停課外，以每歲八個月，朔望一十六課為定。」「以初二、十六為朔望兩課。」〔註121〕）

雖皆行朔望之制，同處一地或者鄰近之書院會更改課期，以便於應課。江蘇海州敦善書院於道光十七年將月課之期「定為每初八日官課，二十三堂課」，因同地之石室書院每月初二日官課，十六日堂課，為使生童可以參加兩書院之考課，因此將課期與石室書院區別開來。〔註122〕鎮江府寶晉書院向例「正月、十二月不課，餘月皆課。」「每月課文二次，以初二、十六為期。凡遇初二課，先期請道、府、縣輪次課試；遇十六課，屆期請山長課試。」至同治七年，因與揚州府安定、梅花書院課期相同，諸生稟請更期，「鎮江府錢准定每月初六日官課，十八日齋課。」〔註123〕

除朔望課之制外，尚有多種月課之制。一月一課者，如浙江敷文書院道光十六年增設孝廉課「甄別定於正月舉行，由監院稟請憲臺懸牌示期，於杭州府屬之在籍舉人報名投考。」「課期定於每月初八日，每年二月起十一月止，共十課，以二、三、四、六、七、八、十、十一月，稟請憲臺暨藩、臬、運、糧、杭道輪課；五、九兩月請山長課試。」「遇會試之年，甄別改於七月舉行」「二、三、四、五、六，五個月停課」，「於前一年十二月內查明在院肄業舉人，已經由憲臺衙門起文會試者共若干人，按名勻給，作為路費，以示優恤。」〔註124〕江寧惜陰書院專課經古，道光十九年定規，每月一課，課期

〔註118〕 李章堉：《紫邏書院規條》，鄧洪波主編：《中國書院學規集成》，第907頁；張道超：《紫邏書院章程》，鄧洪波主編：《中國書院學規集成》，第907頁。

〔註119〕 汪枚：《崇正書院章程》，鄧洪波主編：《中國書院學規集成》，第40～41頁。

〔註120〕 《聖泉書院條規》，鄧洪波主編：《中國書院學規集成》，第19～20頁。

〔註121〕 《鳳梧書院章程》，鄧洪波主編：《中國書院學規集成》，第424～425頁。

〔註122〕 《敦善書院條規》，鄧洪波主編：《中國書院學規集成》，第214～215頁。

〔註123〕 《寶晉書院規條》、《寶晉書院歲需經費各項數目》，鄧洪波主編：《中國書院學規集成》，第223～225頁。

〔註124〕 《敷文書院增設孝廉月課章程》，鄧洪波主編：《中國書院學規集成》，第307～308頁。

與鍾山、尊經書院相間隔，以便諸生應課。〔註125〕福建致用書院同治十二年時任巡撫王凱創設，「專考經史」，無論舉貢生監，均准與考，同治十二年定規「每月只以初八日一課為率，除每年二月初旬，監院官稟請督、撫兩院親監甄別外，其餘月課，均由山長評定甲乙，」連甄別在內，每年十課。〔註126〕浙江寧波之崇實書院為光緒十一年時任寧紹臺道薛福成創設，課經解、史論、時務、算學等，光緒十四年定規「每年八月二十一日為甄別」，「課期八月至十一月、二月至五月，每年八課（六月、七月、十二月停課）。每月二十一為齋課」，「凡遇鄉試之年，五月一課，膏火花紅俱照三課給發，一為鄉闈決科，一為八月豫課，是年甄別即於九月補行。」〔註127〕

　　一月三課者。福建鼇峰書院於乾隆年間定規「每月三次考課，生童初六、十六兩期係掌教館課，二十六一期係各衙門輪課，自督、撫兩院、藩、臬兩司、糧、鹽兩道並福州府，以次輪流，周而復始。」〔註128〕江西豫章書院乾隆七年陳宏謀所定規「課文每月三次，以初八、十八、念八日為期，每月先生一課，其餘兩課，本部院、藩司、臬司、糧道、鹽道輪流出題課試，周而復始。」〔註129〕江西廣信府信江書院嘉慶十五年即定規每月三課〔註130〕，同治年間，新定章程，「每月初三日府課，十三日上饒縣課，廿三日師課，每年以六個月為率。」〔註131〕山東武城縣絃歌書院於道光年間定規「歲首甄別一次」，「會課每月三次，定初二日官課，十二日齋課，二十二日學課」，六月、臘月歇課，共二十七課。〔註132〕山東單縣鳴琴書院於道光三年定規「課期每月三次，知縣一次，山長兩次。下月儒學一次，山長兩次，縣與儒學輪課。」〔註133〕四川新都縣龍門書院於道光十九年定規「每年課

〔註125〕陶澍：《惜陰書舍章程》，鄧洪波主編：《中國書院學規集成》，第 198～199頁。

〔註126〕王凱泰：《致用堂章程》，鄧洪波主編：《中國書院學規集成》，第 550～552頁。

〔註127〕薛福成：《崇實書院章程》，鄧洪波主編：《中國書院學規集成》，第 352～353頁。

〔註128〕《鼇峰書院原定章程》，鄧洪波主編：《中國書院學規集成》，第 533 頁。

〔註129〕陳宏謀：《豫章書院節儀十條》，鄧洪波主編：《中國書院學規集成》，第 621頁。

〔註130〕《酌定信江書院條規》，鄧洪波主編：《中國書院學規集成》，第 698～699 頁。

〔註131〕《信江書院新定考課章程》，鄧洪波主編：《中國書院學規集成》，第 701 頁。

〔註132〕《絃歌書院新定條規》，鄧洪波主編：《中國書院學規集成》，第 820～821 頁。

〔註133〕王朝幹：《鳴琴書院講課條規》，鄧洪波主編：《中國書院學規集成》，第 823 頁。

期自三月起至十月止，共八個月，每月官課一次，堂課二次。官課定於每月初二日，由本縣命題。堂課定於十二、二十二日，由山長命題。」〔註134〕河北煥文書院道光二十一年規定「每月初三日為官課，十三、二十三為掌教齋課，均局門考試，榜示等第。」「每年自二月起，至十一月止，共計官、齋課三十次，如遇閏月，則六月停課，仍歸三十次之數。」〔註135〕山西令德書院光緒十一年定規：「每月初八日官課一次，十八、二十八日堂課各一次。」〔註136〕

　　山西徐溝縣梗陽書院於同治三年定規「縣主每月初旬內官課」，「山長於每月中旬、下旬內公課兩次」，「其官課及公課日期務與晉陽書院相間，以為生童願赴省課之便。每年課期自二月起，至十一月止。」「至每月三課之外私課，由山長自定。」〔註137〕山東昌樂縣營陵書院於光緒二十四年定規「書院每月三課。初三日官課，由縣捐廉給獎，十三日、二十三日師課，只有膏火，不另給獎。官課既有獎賞，書院膏火應減半發給，如師課三次不到者，官課亦不准報名，以杜趨避。每年二月開課，十二月停止，計共十個月三十課，作為定章，永無更改。」〔註138〕

　　揚州安定書院、梅花書院、孝廉堂及廣陵書院，以添設詩賦策論課之故，皆一月三課，「安定、梅花書院、孝廉堂課期，每月初二日官課，十六日山長課，二十日山長試詩賦策論。每年二月甄別，未經錄取者准下屆投考，以三個月為限。凡科歲試，生童俱停課，鄉試但停生課，府縣考但停童課。凡停課之月，仍照上屆取定名次給發膏火。其舉人會試年分停課，照停課上一月名次給發膏火五個月。廣陵書院課期，每月初四日官課，十八日山長課，二十六日試詩賦策論。」〔註139〕江蘇句容縣華陽書院於光緒二十二年定規，「每年除正、臘兩月不課外，每月酌定三課。初三，官課，四書文一、試帖詩一，限當日繳卷。十三日，師課，四書文一、試帖一、律賦一，限次日繳卷。二十

〔註134〕張奉書：《龍門書院章程碑記》，鄧洪波主編：《中國書院學規集成》，第1500頁。

〔註135〕饒翠：《煥文書院條規》，鄧洪波主編：《中國書院學規集成》，第48～49頁。

〔註136〕《令德書院章程》，鄧洪波主編：《中國書院學規集成》，第74～76頁。

〔註137〕程豫：《詳定書院章程八條》，鄧洪波主編：《中國書院學規集成》，第79～80頁。

〔註138〕《營陵書院章程》，鄧洪波主編：《中國書院學規集成》，第789頁。

〔註139〕《安定梅花廣陵三書院章程》，鄧洪波主編：《中國書院學規集成》，第217～218頁。

三日，師課，經解一、史論一、時務一，鄉試之年，或以經藝代經解，亦限次日繳卷。」「每年二月初三甄別」。〔註140〕河南豫南書院為光緒十七年由時任南汝光淅兵備道朱壽鏞創設於信陽，每月初二日首課，一文一詩，局門應試。十二日「課經史詞章、算學、雜學，限五日內交卷，拔取不拘名數。」前列者酌予優獎。二十二日山長師課。〔註141〕

　　一月四課者，如河北欒城縣龍崗書院道光十七年規定，「每年二月初二日開課」，「每月初二日官課一次，十七日館課一次，作為正課，在院局試，專試制藝試貼。初九日、二十四日兩日散課二次，一由本縣出題，一由山長出題，一文外，或論辯經解策賦，不拘一體。」止、臘不課。〔註142〕山西平遙縣超山書院於道光末年規定，「從二月起，至十一月止，每月十八日官課甄別一次」，「至每月課期，倘遇官因公出城及生童應府院試、鄉試，不能按期甄別，必請於官，或豫課、補課、并課，以足一年十課之數。」「山長每月二十日大課一次。初八日、二十八日各課一次，謂之小課。」〔註143〕山西永濟縣之敬敷書院於道光年年規定，「每年除正月、十二月不課外，餘月分官、師兩課，官課定於初三日，由縣命題閱卷，師課定於二十三日，由掌教命題閱卷。」此外「另十三、二十八日增設兩課，名曰小課，均由掌教命題閱卷，不給膏火。」「遇科歲府縣試時，所有官師課期預先改示。」〔註144〕山西霍州之霍山書院咸豐元年規定，「每月定官課一次，聽候牌示。逢初一、十一、二十一日為山長院課。」〔註145〕安徽祁門縣東山書院咸豐二年定規，「每月生童大課，請邑尊親臨考棚點名，局門考試。」「生監訂於每月初二、初三日開課，童生訂於每月十六、十七日開課。惟二月初三日，各鄉生監分祀文昌聖誕，未能齊集，訂於初六、七日開課，童生仍於十六、七日開課。」「在院生童，小課訂定每月初八日、二十四日為期。」〔註146〕

〔註140〕鄧炬：《華陽書院章程》，鄧洪波主編：《中國書院學規集成》，第 226～227 頁。

〔註141〕朱壽鏞：《豫南書院章程十條》，鄧洪波主編：《中國書院學規集成》，第 959 頁。

〔註142〕《龍崗書院章程》，鄧洪波主編：《中國書院學規集成》，第 13～14 頁。

〔註143〕《超山書院章程》，鄧洪波主編：《中國書院學規集成》，第 91 頁。

〔註144〕《敬敷書院章程》，鄧洪波主編：《中國書院學規集成》，第 103 頁。

〔註145〕張映南：《霍山書院新立章程》，鄧洪波主編：《中國書院學規集成》，第 99 頁。

〔註146〕《東山書院新立條規》，鄧洪波主編：《中國書院學規集成》，第 487～488 頁。

浙江台州府正學、東湖、廣文書院於同治七年定規,「肄業生童每月定於初五、十一、十七、廿三等日應課」〔註147〕浙江東陽縣東白書院光緒年間定規,「甄別局試,每年以正月十八日為期」。「書院開課定二月初一日,解館定十一月底」,「六月停課,閏月照常開課。」「每年課數,以九個月為率,每月大、小各二課。朔課定初二日出題,限初六日繳卷。望課定十六日出題,限二十日繳卷。小課定初十日、二十四日出題,限十三日、二十七日繳卷。或經文,或經解,或詩賦,或策論、表疏,不拘一格,交卷概不准逾限,違者不閱。」「每逢鄉試、歲考、科考年分,屆時提前一課。」〔註148〕江西義寧州梯雲書院於光緒十八年定規,「每月初六日,州憲甄別,正附課生童均赴考棚,聽候命題作文作詩。其每月十三日、二十三日,黎明起床,聽候山長命題作文作詩。每月二十八日,聽候山長考試古學。」〔註149〕河南澠池縣韶山書院於嘉慶十三年定規,「每月初一、十五日,本縣親赴書院出題課士。」「院長之課定以三、八。」〔註150〕

甚至有一月四課以上者,如江蘇宿遷鍾吾書院於道光三年定規,「至每月課期,初八日縣主課,十八日廳主課,二十八日山長主課。官課送署閱看,館課山長閱看。逢三小課,一時藝,一試貼詩。」浙江浦江縣東明書院道光年間有窗課、堂課、鄉場課之制度,窗課「內肄業課期,每月以三、八為率,不給賞,不供給。」堂課「每月課期以十八日為率,課內外肄業於廳上。」鄉場課「每逢鄉試年分,則課數次」〔註151〕同樣位於浦江縣之廣學書院於道光年間亦定規,「內肄業每月窗課六次,不給賞,不供膳。堂課每年八課,以初十日為期,內外肄業衣冠必正,齊集講堂聽點給卷。發榜日,生員給賞三名,儒童給賞五名。惟初次堂課及遇節、考試、秋收等日,公議改期,然亦須前數日招帖通知。」〔註152〕

湖南瀏陽縣獅山書院於道光年間定規,每年二月初十日啟館,十月初十日散館。每月十三日堂課,初三、二十三館課,逢八散課,「由院長別設一課,以經解、策論、詩賦各體命題,隨取數多寡照逢三館課發獎。」則每月六課,

〔註147〕 劉璈:《重定正學、東湖、廣文書院規條》,鄧洪波主編:《中國書院學規集成》,第447～449頁。
〔註148〕 《東白書院章程》、《東白書院每年用款》,鄧洪波主編:《中國書院學規集成》,第442～445頁。
〔註149〕 《梯雲書院學規》,鄧洪波主編:《中國書院學規集成》,第680頁。
〔註150〕 甘揚聲:《韶山書院學規》,鄧洪波主編:《中國書院學規集成》,第927頁。
〔註151〕 《東明書院章程》,鄧洪波主編:《中國書院學規集成》,第416～417頁。
〔註152〕 《廣學書院條規》,鄧洪波主編:《中國書院學規集成》,第422頁。

每年八月有課。〔註153〕湖南寧鄉縣玉潭書院，乾隆年間定規，「課文每月三次，以初八、十八、廿八為期。每值課期，諸生清晨齊集講堂作文，務須肅靜嚴密，盡一日日之長，飲食送至課位，課卷未完，不許退歸私舍，其交卷照府縣考例，不許大遲」。〔註154〕嘉慶五年改為「課文每月六次，初三為堂課，十三、廿三為東西齋兩老師課，初八、十八、廿八為本齋課。每逢堂課，必須肅靜嚴密，盡一日之長，飲食送至課位，課卷未完，不許退歸私舍。其交卷照府縣考，不許太遲。」〔註155〕

湖北歸州丹陽書院嘉慶二十二年定規，每月十六日官課一次，州憲主持。每月山長月課六次，以三、八為期，即初三、初八、十三、十八、二十三、二十八日。每年二月開館起，至十月散館止，九個月課試。〔註156〕陝西漢中漢南書院，嘉慶年間定規，「每歲二月初吉開館，十一月散館。每月十三日官課，道、府、縣以次月課，周而復始。初三、念三日山長館課」，「初三日館課，四書文一篇，經解一道，二十三日館課，四書文一篇，史論一篇，均有排律一首。初八日、十八、二十八日小課，四書文一篇，五七言律，五七言古，以次推課。」〔註157〕河北遵化州燕山書院光緒十一年定規，「每歲二月，諏定吉期，由州劄行示諭，開課甄別。」「官課每月定於初二、十六日，屆期點名局試。」「齋課每月定於初七、十二、二十二、二十七等日，凡四課，院長命題閱課。」〔註158〕

此外，還有若干書院規制較為特殊，如安徽涇縣之涇川書院每月課期並不一律，道光十三年定規，「每年二月初旬甄別一次」，「每年除甄別外，議定八課，三月、四月、五月、十月，每逢初二日均係自來書院局試一文一詩，不得領卷出外。三月、四月、五月，每逢十六日及十一月初二日定作散課，於一文一詩外，增論辨、經解、策賦，不拘一體。」〔註159〕四川漢州講道書院於道光二十一年定規，「官課，定於每月十六日，一月一課。每年二月開課，十二月止課，六月、閏月免課。堂課，定於每月三、八日，一月六課。每年二月十八日開課，十一月

〔註153〕《獅山書院條規》，鄧洪波主編：《中國書院學規集成》，第1142～1143頁。
〔註154〕《玉潭書院規條》，鄧洪波主編：《中國書院學規集成》，第1121頁。
〔註155〕張思烔：《玉潭書院條規》，鄧洪波主編：《中國書院學規集成》，第1126頁。
〔註156〕李炘：《丹陽書院條規十二則》，鄧洪波主編：《中國書院學規集成》，第1027頁。
〔註157〕《漢南書院規條》，鄧洪波主編：《中國書院學規集成》，第1704頁。
〔註158〕繆彝：《燕山書院條規》，鄧洪波主編：《中國書院學規集成》，第55～56頁。
〔註159〕《涇川書院規條》，鄧洪波主編：《中國書院學規集成》，第506頁。

十八日止課，六月、閏月亦課。鄉試、院試、府試、州試月分出示，准免官、堂課一月。凡免課月分，正附課免停膏火，備課升補，免其扣算」。〔註160〕

　　書院月課之制中尚有一點需要釐清，按例書院每年會有數月停課，或因天氣、或因時節、或限於書院經費等等，此決定書院每年最終課數。大體而言，書院臘月皆無課，其他則各異。如海門廳獅山書院光緒十二年「定歲官課五，師課五，春以三月開課，秋以九月開課。」〔註161〕有一年八月有課者，如湖南衡陽石鼓書院書院每月兩課，官、師各一，同治年間為二月初旬甄別，每年自三月起，至十月止，則每年八月課士。光緒初改以正月甄別，二月開課，九月畢課，同於每年八月之數。此外，「遇鄉試、歲科、小試之年，生童赴試，停課兩月」，同治年間以十一月、十二月補足兩課，光緒初因十二月生徒歸家度歲，故改以十月、十一月補足兩課。〔註162〕

　　貴州黎平府黎陽書院道光二十二年定規，「議每年二月初二日開課起，至十一月十六日封課。十月之中，除三月為遠近祀墓之時，八月為各鄉村收穫之日，生童各有其事，相沿免課外，其餘共計八個月，準於初二、十六日定行月課。」〔註163〕一年九月有課者，如浙江東陽縣東白書院光緒年間定規「甄別局試，每年以正月十八日為期」。「書院開課定二月初一日，解館定十一月底」，「六月停課，閏月照常開課。」「每年課數，以九個月為率。」〔註164〕一年十月有課者，如湖北宜昌府墨池書院於道光十六年定規，一般「二月初三日送館、初六日開課，十一月二十六日停課」，因限於經費，「遇有閏之年，改於二月十六日開課，十一月初六日散課，一切仍照十個月支發。」〔註165〕福建同安縣舫山書院於同治年間定規，「書院每年議定考課二十次，官師各十課，惟端、臘兩月停課。其餘各月，朔日官課，望日師課，不准愆期紊亂」，「以二月朔日第一次官課作為甄別。」〔註166〕

〔註160〕蔡學海：《講道書院條規》，鄧洪波主編：《中國書院學規集成》，第1510～1511頁。

〔註161〕光緒《海門廳圖志》卷十三《學誌》。

〔註162〕李揚華：《石鼓書院詳定章程》，鄧洪波主編：《中國書院學規集成》，第1181頁。

〔註163〕朱德璇：《改撥育嬰堂田谷示（條規四條）》，鄧洪波主編：《中國書院學規集成》，第1611頁。

〔註164〕《東白書院章程》、《東白書院每年用款》，鄧洪波主編：《中國書院學規集成》，第442～445頁。

〔註165〕程家頤：《墨池書院章程》，鄧洪波主編：《中國書院學規集成》，第995頁。

〔註166〕《舫山書院條規》，鄧洪波主編：《中國書院學規集成》，第576～577頁。

　　季課之制以粵省學海堂最為典型。學海堂由阮元創設於道光四年，「為課通省舉貢生監經解詩古之所」，道光六年阮元定章，「每歲分為四課，由學長出經解文筆，古今詩題，限日截卷，平定甲乙，分別散給膏火」，此後季課之制度一直沿襲。〔註167〕道光十四年，季課之制更加精細，「向例每屆季課，以學長二人承辦，所以均勞逸也。至擬定題目，自應八人公商，以期盡善，向來史筆題，或題跋古書，或考核掌故，仍以經史為主，期為有用之文。賦，或擬古賦，或出新題，俱用漢、魏、六朝、唐人諸體。詩題不用試帖，以場屋之文，士子無不肄習也。均應遵照舊章，以勸古學。此後每季出題，應令學長公集山堂會商。是曰應備飯食，即於公項內支銷。」「課業諸生，每屆季課，俱令各就所長，交出課卷，不許曠闕。」〔註168〕上海求志書院「每年春、夏、秋、冬四課，夏課四月，秋課七月，冬課十月，惟春課則在二月。」「課期定在朔日，無論遠近均以散題之日為始繳卷，限兩月截止。」〔註169〕上海格致書院「仿照上海道憲求志書院章程，每年春、夏、秋、冬，分為四課。夏課四月，秋課七月，冬課十月，惟春課則在二月。均以朔日為定期，散題分課，題目即登申報，以便遐邇皆知。」「自散題日為始，無論路程遠近均以六十日為限交卷，春課以三月杪截止，夏課以五月杪為止，秋課以八月杪為止，冬課以十一月杪為止，逾期一律不收。」〔註170〕另光緒十五年格致書院設春秋季特課，春季特課由北洋大臣命題，秋季特課由南洋大臣命題。

　　學海堂採取季課之制度因其並非考課式書院，考課僅為其書院制度體系之一環而已，且並非中心環節。求志書院與格致書院為純粹的考課式書院，以經古學及西學新學等課士，士子應試不限地域、身份等，故而課期不可能過密。而對於絕大多數採取季課之制的書院，大抵皆因為經費不足，並且有從季課向月課轉變的取向。嘉興府秀水縣振秀書院光緒十五年由時任知縣朱啟風創設，初名「愛日樓小課」，「專試詩文雜作，每年分春夏秋冬四季，命題課士，捐廉給賞」，後「旋築講堂於城東，易名『振秀』」。光緒十八年，時任秀水知縣劉頌年「捐廉並籌鉅款，每年官師二十課，聘名宿主之。肄業之士，

〔註167〕阮元：《學海堂章程》，鄧洪波主編：《中國書院學規集成》，第 1289～1290 頁。

〔註168〕盧坤：《學海堂增設課業諸生事宜》，鄧洪波主編：《中國書院學規集成》，第 1290 頁。

〔註169〕《書院季課章程八條》，《申報》1876 年 3 月 15 日，第 6 版。

〔註170〕《格致書院擬以藝文考試章程》，《申報》1886 年 2 月 13 日，第 10 版。

掇科第者踵相接。」〔註171〕嘉興府嘉興縣陶甄書院光緒二年由知縣羅子森捐廉倡建，因經費有限，「每年只考季課四次」，光緒二十二年時任知縣劉頌年捐廉四百元，增課八期，每年二月初甄別，自三月起，按月考試，至十月截止，「每月示期考試，凡投考生童預先赴禮房報名註冊，至期備帶筆硯赴縣點名給卷，局門命題，並須甄別錄取有名，方准投考。」〔註172〕

此外，尚有書院結合月課與季課之制者，如浙江平陽縣龍湖書院於乾隆三十一年定規，「冬月季考甄別一次，其文理荒謬者遣歸，便於來春考補」，「內肄業會課，每月三次，課卷俱山長批閱」，「季考，每三月、五月、七月、九月十五日凡四課，諸生先一日填名送卷，臨期，黎明赴縣，點人內署考試。」〔註173〕河北灤州之海陽書院於光緒年間訂規，每年「二月初六日甄別」，於三至十月每月初六日舉行大課，即官課。山長齋課，隨大課之月，以十六、二十六日為期，十六日課一文一詩，與官課同。至二十六日，或詩賦、經解，或策論、算學，迭以各體試之。遇科歲試則改以甄別作大課，則六月間停課一次。鄉試之年，八月間停試一次。光緒二十二年，每年分作四季，各加古學及時務學一次，即季課之制。〔註174〕

蕪湖中江書院光緒二十一年改制，「四書義月一課，常年十課。秋賦之年加五經義一首。每季課以古學，不拘論、議、表、判、解、考、序、記、史、漢、騷、選、時務、算學、西學叢書內各出一題，常年四課，以每課六題為率，如經義齋出六題，治事齋亦出六題。願報考何齋者聽，由山長評定甲乙，而有司第其最優、次優、劣等，以差次頒發獎贈刀布焉。入院肄業以四季考課為進退，在院學生三次考劣則斥出。」〔註175〕安徽桐城縣之桐鄉書院於道光年間定規「每歲大課春秋兩次，小課俟當年酌定。春課定期二月十五日，秋課定期九月十五日。」〔註176〕

〔註171〕《瓶山春眺》，《申報》1892 年 4 月 22 日，第 2 版；沈衛：《劉頌年去思碑》，嘉興文化廣電新聞出版局編：《嘉興歷代碑刻集》，北京：群言出版社 2007年版，第 470 頁。
〔註172〕《桑柘春陰》，《申報》1896 年 5 月 10 日，第 2 版。
〔註173〕何子祥：《龍湖書院章程》，鄧洪波主編：《中國書院學規集成》，第 358 頁。
〔註174〕《海陽書院考課章程》、《海陽書院加課獎賞章程》、《海陽書院經費出入章程》，鄧洪波主編：《中國書院學規集成》，第 58～59 頁。
〔註175〕袁昶：《中江講院現設經誼、治事兩齋章程》，鄧洪波主編：《中國書院學規集成》，第 462 頁。
〔註176〕《桐鄉書院章程》，鄧洪波主編：《中國書院學規集成》，第 465～466 頁。

　　湖南校經書院於光緒十七年定規，「每歲春季諸生到齊，撫部親詣書院上學後，由監院稟請示期考課。秋季學政回省，試畢長沙，由監院稟請示期考課。此外，兩月一課，仍照蘇湖成法，以經義、治事分門由院長發題，諸生各作經兩篇、史兩篇為完卷，能多者聽，限十五日繳卷，逾限以缺課論。」〔註177〕光緒二十五年，江標於學政任上，確立季課之制，「春季正月五日散題，夏季、秋季皆以月朔散題。」〔註178〕湖北兩湖書院，每月初一、十五朔望課之外，另有四季官課。此外，「書院以五年為滿」，總督大課一次，「上等諮送總署錄用，中等外省酌給差委，下等呈遣。以後另招新生入院。」〔註179〕湖南臨湘縣蓴湖書院於同治十一年定規，「官課分四季甄別，定以二月、四月、七月、十月初五日，清晨躬親至考棚，點名局試，限申刻交卷。其館課定以每月十三日，歸掌教評閱，仍照官課程序。」〔註180〕湖南桂陽州龍潭書院光緒十年創設，定規「每月三課，逢五日為課期。初五、二十五日課四書文及試帖各一藝，限本日繳卷。望日課經藝及雜體文並古近體詩各一藝，限三日繳卷，不得任意延擱，致曠他功。」「州尊觀風定為春秋二課，春課以二月十八日，秋課以八月十八日，先期由董事稟請州尊命題，一四書文、一試帖詩、一賦、一古近體詩、一策論，限三日交卷，毋得過期。」〔註181〕

　　重慶黔江縣墨香書院光緒十七年定規，「春、夏、秋、冬四季大課，除正臘不課外，春以二月初三，夏以四月功三，秋以七月初三，冬以十月初三為期，一律局門課試。」「餘每月初三、十八，聽遣人赴禮房領題給卷，限三交齊，以示體恤。」每季課額取超等文生八名，每給膏火錢一千二百文；特等文生八名，每給膏火錢八百文。額取上取文童十名，每給膏火錢一千文；中取文童十四名，每給膏火錢六百文。季課獎賞超等第一名六百，第二、三名每五百，第四、五名每四百，第六、七、八名每二百。上取第一名五百，二、三名每四百，四、五名每三百。六、七、八、九、十名每一百。一、每月動三、十八小課，無膏火，額定獎。超等文生十名，第一名獎七百，二、三名每五

〔註177〕張亨嘉：《校經書院章程》，鄧洪波主編：《中國書院學規集成》，第1081頁。
〔註178〕江標：《校經書院加課章程》，鄧洪波主編：《中國書院學規集成》，第1082頁。
〔註179〕張之洞：《新定兩湖書院學規課程》，鄧洪波主編：《中國書院學規集成》，第984～986頁。
〔註180〕《蓴湖書院條規》，鄧洪波主編：《中國書院學規集成》，第1200頁。
〔註181〕《龍潭書院學約》，鄧洪波主編：《中國書院學規集成》，第1212～1213頁。

百，四、五名每四百，六、七，八名每三百，九、十名每二百。上取文童十五名，第一名獎五百，二、三名每四百，四、五名每三百，六、七、八名每二百，九、十至十五名每一百。〔註182〕

另有無具體課期之書院考課，如安徽桐城之桐鄉書院考課有春秋大課、小課及鄉試年之決科三種，「春課定期二月十五日，秋課定期九月十五日。」而小課則隨時酌定「先期一月，董事出帖書院門首，並各要地張貼」，決科亦同。〔註183〕道光年間江蘇寶應縣畫川書院規定「每年二月，先期十數日遍示城鄉，定期甄別」，「每年除正、六、臘月併科歲考場不課外，連甄別共六次，每月課亦十日前示期。」〔註184〕

四、內課、外課

內課、外課主要有三種含義，一種指書院生徒之等第，主要由甄別決定，其差別主要體現在膏火等級及是否有住院之資格。書院生徒等級一般而言分為三等，此制源於官學廩、增、附之制度，或稱內課、外課、附課；或稱為正課、附課、外課；或稱正課、附課、隨課等第，諸書院稍有差異大同小異，差別只在於或分兩等，或分為三等、四等而已。一般而言，最末一等無膏火、無住院資格，但可參加書院考課，考取前列或有獎賞，或無獎賞而可升等第。按清初書院生徒，大抵皆住院肄業，講學讀書，其資格以甄別為斷，輔之以膏火之制。然漸而書院考課制度開始佔據書院建制之中心地位，則書院肄業其實質內容僅考課而已，其所受到的客觀條件的限制較少，因此地方大吏為廣教化，不斷取消士子參與考課之重重限制，如乾隆七年陳宏謀定豫章書院章程，規定：「從前考取諸生，內有授徒在外，不能入院肄業者，仍許於會期附課，附課各生不給膏火，凡與課一次，給銀一錢，以為課日飯食之費，統於膏火內開銷。」〔註185〕隨之，書院生徒之等第經由甄別決定後即固定不變，漸而改為以每月官課為斷，隨課升降，則形成等第變化之規則，即升降之法。

〔註182〕《墨香書院規條》，鄧洪波主編：《中國書院學規集成》，第1427頁。
〔註183〕《桐鄉書院章程》，鄧洪波主編：《中國書院學規集成》，第465～466頁。
〔註184〕《畫川書院章程》，鄧洪波主編：《中國書院學規集成》，第220頁。
〔註185〕陳宏謀：《豫章書院節儀十條》，鄧洪波主編：《中國書院學規集成》，第621頁。

　　山西延川縣望洛書院於乾隆十四年定規，定額內肄業生員二十五名為率，外肄業生員亦定以二十名，「其所以分內外肄業者，恐諸生或有原係就館於外，勢不能舍彼歸此，聽其在己館課讀，列為外肄業。惟遇課文講書之期，必傳令一體考校。至願列內肄業之人，傳餐設榻，總在學舍住宿。」而未能位列肄業生之生童，凡「願與課者，俱准報名入冊。每逢課文講書之期，概許就課聽講。遇有肄業中空缺膏火出，即將與課中考列首卷多次者頂補。」簡而言之，即生徒分為三等，內肄業生、外肄業生以及非肄業生，內肄業生須住院，有膏火。外肄業生不須住院，但須參與考課及講書。非肄業生允許投考，遇肄業生中有缺，則以優秀者遞補。此外，考課則有紙筆獎勵。〔註186〕

　　江西友教書院於乾隆五十四年由時任布政使王昶定規，「書院內、外課皆為正課。內課以三十名為率，生監二十名，童生十名。外課以二十名為率，皆生監無童生。至附課生童，俱無定額，生監內課缺出，則以外課屢考在前者補之，童生王課缺出，並於附課內照例補之」內課生須住院，書院有講學之制，住院內課生須參加。住院內課生，每月膏火錢由八錢增為一兩二錢，外課諸生膏火錢由四錢增為八錢。此外，每課等第，生分為超等五名，特等十名，皆有相應獎賞。另一等前三名及上取童生三名，亦有獎賞。〔註187〕湖北歸州丹陽書院與之類似，嘉慶二十二年定規：

　　　　一、每歲二月初旬，本州考取收錄，額取內課生員十名，童生六名，送院肄業。均須在院住宿。每月給與膏火，以資養贍。如遇家有婚喪大事，應領膏火仍按月支給，以示周恤。倘取在內課，不在院住宿，首士學長稟明，即扣除膏火，改為外課。

　　　　一、考取內課外，另收錄外課生員二十名，童生十二名。如遇內課缺額，即以拔補。在城在鄉聽其自便。如有自備資斧，願從山長肄業者，每值月課，准其領題作文請山長講改。官課亦得從眾考試，一律給賞。但此刻書院房屋尚少，須盡內課居住。俟將來增修房屋，方准外課入院住宿。

<hr>

〔註186〕陳封舜：《望洛書院條規》，鄧洪波主編：《中國書院學規集成》，第 83～87 頁。

〔註187〕王昶：《友教書院規條》，鄧洪波主編：《中國書院學規集成》，第 624～626 頁。

一、生童有未經收錄者，遇山長課期，准其隨眾作文，並准將
窗課詩文親自送院求山長：講改，不得倩人代求。每遇官課，亦准
從眾作文，一律給賞。〔註188〕

福建鰲峰書院於康熙四十六年由時任巡撫張伯行創設，其定位為「講學
修書之書院」，雍正十一年建為省城書院，此後亦漸為科舉所化，考課成為書
院之主導性建制，乾隆、嘉慶年間，分肄業生監為內、外、附，分肄業童生為
正、附，均由甄別為定，各有相應待遇，「內課生監陸拾名，每名月給膏火銀
壹兩肆錢，願住院者，再加飯食銀壹兩陸錢。外課陸拾名，每名月給膏火銀
壹兩，願住院者再加飯食銀壹兩陸錢。附課陸拾名，不給膏火。童生正課貳
拾名，每名月給膏火銀陸錢。附課捌拾名，不給膏火。」嘉慶八年，書院改以
隨課升降，「總以每月二十六日官課為斷，超等額取陸拾名，給予內課全月膏
火銀一兩六錢，特等額取陸拾名，給予外課全額膏火銀一兩二錢；其餘一等
照附課例，不給膏火。童生正課額取貳拾名，照舊給予膏火銀陸錢，其餘附
課，不給膏火。」〔註189〕此後，又健全等第升降之例，嘉慶十八年定規，「嗣
後應無論官課、館課，但係內課三次考列後拾名者即降為外課，外課三次考
列後拾名者即降為附課。外課三次考列前拾名者即升為內課，附課三次考列
前拾名者即升為外課。童生無論官課、館課，但凡正課三次考列後五名者即
降為附課。附課三次考入上卷者即升為正課。」〔註190〕在此制度下，內、外、
附課實際上成為膏火等第之別名。

廣東韶州府相江書院同治元年定規，通過甄別，「每年取內課生童各二十
名，每名月給膏火銀一兩；外課生童各二十名，每月給膏火銀五錢，以十個
月為率，遇閏加增，……附課不拘名數，但准應課，不給膏火。」「每月官課
生卷名次分超等、特等、一等。童卷名次分上取、次取、又次取。」內外課生
童皆準住院，未取者不准住院。此外內外課又有相關升降之法：

一、內外課生童一次不應課者，停支十日膏火；兩次不應課者
停支二十日膏火；一連三次不應課者，停支一月膏火，並降為附課。
如有事故，准其報明註冊，但按次停支膏火，免其降課。

〔註188〕李炘：《丹陽書院條規十二則》，鄧洪波主編：《中國書院學規集成》，第1027
頁。

〔註189〕《嘉慶八年詳定章程》，鄧洪波主編：《中國書院學規集成》，第535～536頁。

〔註190〕《嘉慶十八年核定章程》，鄧洪波主編：《中國書院學規集成》，第537頁。

　　一、內外課生童一次不應課者，停支十日膏火；兩次不應課者
停支二十日膏火；一連三次不應課者，停支一月膏火，並降為附課。
如有事故，准其報明註冊，但按次停支膏火，免其降課。

　　一、內外課生童一連三次俱列一等、又次取者，內課降為外課，
外課降為附課；以外附課生童一連三次俱列超等、上取者以次升補，
附課升為外課，外課升為內課。〔註191〕

　　漸而，內課、外課成為書院膏火等第之名，如上海求志書院及格致書院。
光緒二年，時任蘇松太道馮焌光創設上海求志書院，其考課章程規定書院考課
每年春、夏、秋、冬四課，分六齋命題課士，「每齋所取內課以六名為率，外課
名數隨時酌定」，「每齋內課一名獎銀六兩、二名五兩、三名四兩、四名三兩、
五名二兩、六名一兩。外課獎銀隨時酌定。」〔註192〕但實際上因求志書院無甄
別課，也一直未招生入院肄業，因此出案以超等、特等、一等分別等第。上海
格致書院於光緒十二年開始實行考課制度，規定：「取定前列佳卷，擬各致送花
紅。內課第一名送銀十兩，第二名送銀七兩，第三名送銀五兩，其餘獎額多寡，
視卷數而定，大約以每十卷取一為率，隨時再議增添。」〔註193〕實際上格致書
院亦未招生肄業，無甄別課，故而出案皆以超等、特等、一等分別等第。

　　此情形進一步發展，則內課、外課之實漸而廢棄。杭州東城講舍，為時
任杭州知府薛時雨於同治四年創設，為杭州府生監肄業之所。「創立之時，諸
生皆須由學保選送冊，故肄業者僅三十餘人」〔註194〕，光緒初年「定內課十
八名，外課、附課各二十四名，以後皆無膏火。於每月初九日府、仁、錢輪考
朔課。若望課之額，則內、外、附三課額數，各照朔課減額六名」〔註195〕其
後隨著應試者漸多，如光緒七年甄別發卷多至七百餘名〔註196〕，光緒八年甄
別課，「至點名發卷計有八百餘名之多」〔註197〕，取士人數也逐漸增多，光
緒十三年甄別共得一千二百七十餘卷，案出錄取三百六十卷〔註198〕，分別等

〔註191〕史樸：《湘江書院規條》，鄧洪波主編：《中國書院學規集成》，第1337頁。
〔註192〕《書院季課章程八條》，《申報》1876年3月15日，第6版。
〔註193〕《格致書院擬以藝文考試章程》，《申報》1886年2月13日，第10版。
〔註194〕《甄別匯錄》，《申報》1881年3月18日，第2版。
〔註195〕《杭垣書院近聞》，《申報》1877年9月4日，第2版。
〔註196〕《甄別匯錄》，《申報》1881年3月18日，第2版。
〔註197〕《杭城甄別》，《申報》1882年4月12日，第2版。
〔註198〕《虎林書院紀事》，《申報》1887年4月1日，第2版。

第，而將膏火及加獎統而按照等第分發給錄取之士子，則無內課、外課之分別矣。

　　然而時至晚清，隨著以考課為主導性建制的書院型式流弊愈顯，越來越多的書院開始改革書院型式，強調生徒住院肄業，以日程法、日記札記法、考課法、講授法等多種教學法綜合施教，重經古與實學，意欲培養新式人才以適應時代需求。山西令德書院於光緒十年定規：「肄業高材生額五十名，以上由學院於各學內調取，如有空額，由監院官稟請冀寧道商」，其中住院者為內課，每月膏火銀三兩，不住院者為外課，膏火減半。此外，每月課期，「未經告假無故不到及到而不完卷者，官課扣膏火銀一兩，堂課扣銀五錢，三課不到者，內課改為外課，外課停給膏火。不作全題者，每闕一題記過一次。記六次過者，以不完卷論，照官課扣膏火銀一兩。」〔註199〕光緒十三年，時任兩廣總督張之洞創設廣雅書院，定額二百人，東西省各一百，生徒由調撥諮送而來，光緒十五年定規，「肄業諸生，皆須住院。不住院者，不得領膏火。」「調取諮送，有溢於定額者，到院面試取錄者，準作附課俟缺，不領常膏火，有額即補」。「未經調取諮送者，亦準應課，作為外課，別為一榜，有獎賞無膏火」。〔註200〕

　　流風所及，光緒十四年浙江布政使黃彭年於正誼書院創建學古堂，聚書招攬士子肄習其中，其所立課程即肄業生徒逐日讀書並撰寫日記，逐月上交，由學長評閱、給獎，內課生初設十人，住院肄業，外課生則不限制名額，另設齋長二人掌管書籍、住宿及典守。〔註201〕光緒十五年，江蘇高淳縣郭在銘創設尊經書院，定規「書院肄業內課十人，外課一百人。內課住院，其飯食、几榻由院置辦，無須生等自備。」內課生由相應之住院規範，如「書院諸生，每月只准給假五天，不能逾限。如有疾病事故，告知監院，亦只以二三月為度。如不來院，即行另補，並由監院立簿稽查。」外課則按月分課而已，但內課出缺，可遞補之。〔註202〕

〔註199〕《令德書院章程》，鄧洪波主編：《中國書院學規集成》，第74～76頁。

〔註200〕張之洞：《廣雅書院學規》，鄧洪波主編：《中國書院學規集成》，第 1309～1311 頁。

〔註201〕《正誼書院學古堂開辦章程》，黃彭年著；黃益整理：《陶樓詩文輯校》，濟南：齊魯書社 2015 年版，第 127～129 頁；《正誼書院學古堂增定章程》，黃彭年著；黃益整理：《陶樓詩文輯校》，第 129～130 頁。

〔註202〕郭在銘：《尊經書院章程》，鄧洪波主編：《中國書院學規集成》，第 210～211 頁。

　　光緒二十一年，時任蕪湖道袁昶改革中江書院，設經義、治事兩齋，「經義齋定額正課五名，附課五名。治事齋定額正課五名，附課五名」，「正課肄業生每月廩五元，附課月廩三元。以四季考課優劣為進退，正課缺則補附課，附課缺則以備取補之。」〔註203〕「專課經古、策論以及時務算學，其考列前茅入院肄業者謂之內課，月支薪水若干。若外課則雖得與考，不能留宿院中。」〔註204〕

　　至學堂漸而興起，亦將學生區分為內課生與外課生（或稱附課生），內課生住院且有膏火，外課生只准應考課，獎賞則不分畛域，成為學堂之通行制度。如光緒二十四年京師大學堂章程規定「外課生不住學堂，不給膏火」〔註205〕。光緒二十五年江南高等學堂則分別制定了《內課簡明章程》與《附課簡明章程》，分別對內外課學生之權責。〔註206〕光緒二十八年廣西省垣學堂規定，「其餘額滿見遺，有志向學者，均准作為外課。不限名額，不給膏火火食，至應官課及監督課，無論內課、外課一律憑文錄取，照給獎賞不分畛域」。〔註207〕

　　此外，內課、外課亦指書院考課之類型。書院以是否通過書院甄別，生徒區分為書院肄業生及非書院肄業生，所謂內課者即只允准書院肄業生應課之考課，或應課不限資格，非書院肄業生亦可參與，而出案則按照書院肄業生及非書院肄業生之別，分內課、外課，分別取定名次。浙江浦江縣東明書院於道光年間定窗課、堂課之制度，窗課「內肄業課期，每月以三、八為率，不給賞，不供給。」堂課「每月課期以十八日為率，課內外肄業於廳上。」〔註208〕同樣位於浦江縣之廣學書院於道光年間亦定規「內肄業每月窗課六次，不給賞，不供膳。堂課每年八課，以初十日為期，內外肄業衣冠必正，齊集講堂聽點給卷。」〔註209〕江蘇高淳縣尊經書院於光緒十五年定規，「書院額設內課肄業十人，外

〔註203〕袁昶：《中江講院現設經義、治事兩齋章程》，鄧洪波主編：《中國書院學規集成》，第460頁。

〔註204〕《中江課士》，《申報》1901年1月18日，第9版。

〔註205〕《續錄京師大學堂章程》，《申報》1898年7月20日，第1版。

〔註206〕《江南高等學堂簡明章程》，《申報》1899年2月4日，第1版；《續錄江南高等學堂簡明章程及結式》，《申報》1899年2月5日，第2版。

〔註207〕《廣西巡撫丁大中丞奏辦省垣大學堂章程》，《申報》1902年5月27日，第2版。

〔註208〕《東明書院章程》，鄧洪波主編：《中國書院學規集成》，第416～417頁。

〔註209〕《廣學書院條規》，鄧洪波主編：《中國書院學規集成》，第422頁。

課一百人，由縣考送。如願入書院肄業者，先期報名，在縣署擇期面試。取其文理清通，資質可造者，錄取百餘人，榜示書院。先將內課十名送書院肄業，外課一百名，按月分課。如取送之十名，有在書院不守學規，不按期作文，累月曠課，以及沾染洋煙、攜帶博弈之具者，即行除名出院。按外課之前列充補，以次遞送，毋得攙越。」「內課住院，其飯食、几榻由院置辦，無須生等自備。外課每月十三日由山長命題，交與門斗分送諸生童。」「內課逢三作四書文一篇，五言八韻試帖一首。外課於十三日分課，一文一詩。」〔註210〕

五、小課、加課、特課

（一）小課

書院大課，一般指書院官課，官課所課者大抵為八股試帖，且為常設，有其固定之規制，故而區別於大課而言，小課一指書院山長主持之師課，如上海縣之蕊珠書院，「每月分官、師兩課，官課一文一詩，師課又曰小課，則一經文、一賦、一試帖詩，或雜體。惟於鄉試年分則改作兩經文、一試帖。」〔註211〕此類小課無須繁言。此外，小課又指書院常課之外添設之課，大抵專設獎勵，與常課相別。山西平遙縣超山書院於道咸年間定規，「山長每月二十日大課一次。初八日、二十八日各課一次，謂之小課。應否扣除膏火銀，不計小課。」〔註212〕山西永濟縣敬敷書院於道光年間定規，「每月除初三、二十三日官師兩課外，另十三、二十八日增設兩課，名曰小課，均由掌教命題閱卷，不給膏火。」〔註213〕湖州歸安縣菱湖鎮龍湖書院創設於道光二十九年，同治初重修，除常課外，尚有「生童小課每年四次」，初每次膏火四千文，光緒十二年左右，時朱炳熊家居，出任監院之職，釐定章程，增小課膏火至六千文。〔註214〕

二指書院以經古學即經解詩賦等為內容的考課，此類考課或為常設，或因人事而變遷，然膏火、獎賞皆不足與大課相類，且生童應課、閱卷取士等皆較為隨意。乾隆五十年地處歙縣之古紫陽書院復建於縣學後，「太守領之，

〔註210〕郭在銘：《尊經書院章程》，鄧洪波主編：《中國書院學規集成》，第210～211頁；郭在銘：《尊經書院學規》，鄧洪波主編：《中國書院學規集成》，第212頁。
〔註211〕《蕊珠書院小課題》，《申報》1879年3月17日，第2版。
〔註212〕《超山書院章程》，鄧洪波主編：《中國書院學規集成》，第91頁。
〔註213〕《敬敷書院章程》，鄧洪波主編：《中國書院學規集成》，第103頁。
〔註214〕朱炳熊：《增改龍湖書院章程，鄧洪波主編：《中國書院學規集成》，第385頁。

六縣生童肄業其中」，書院實行「會藝」制度，「會藝以月之初五、二十為大課。大課之外，又於初六日考試詩古，為小課。命題、評定甲乙悉由院長。」〔註215〕蘇州正誼書院嘉慶十年年由時任兩江總督鐵保、巡撫汪志伊創設，課八股試貼。道光年間，山長朱珔主持時有書院小課，其自述：「書院之例，率以制義、試帖為主，而按月別命經解、詩賦諸題，間及雜文，特緩其期，使寬暇得檢書，優且加獎厲。立法可云周至，但不嚴程限，因之應者頗寡。余自丁亥來吳門，遇有旁搜典籍，並雅擅詞章之人，輒為擊節欣賞。迄今已十載餘，始綜覈成帙，共若干首。」朱珔選定丁亥至丁酉十年間之小課課藝，由監院歐陽泉編次，諸生參校並刊刻者即為《正誼書院小課》四卷，卷一經解；卷二則表、疏、論、記、賦等；卷三則古近體詩；卷四為試帖詩。〔註216〕

鎮江府寶晉書院，「道光年間，前府寶、前府趙俱於月課外提前二十名到署，另行小課詩賦、經解、策論。後因各洲被水無租，停課。」〔註217〕安徽桐城縣桐鄉書院道光年間定規，「每年大課之外另設小課，四書文一首、試帖一首外，經解、律賦各一，不能者聽，其章程亦與大課同。常董及值年董事量費用之贏絀，為小課之多寡，不能限定。每將小課，先期一月，董事出帖書院門首，並各要地張貼。其獎賞照大課減半。鄉試之年，即停小課，添設決科一次。」〔註218〕東林書院道光二十六年定「每月添設小課一次，生經文三篇，或論賦各一篇，或八韻試帖二首，或古今體詩數首。每月師課命題於交卷時發小課卷，不願領者聽。限三日交齊，過期不錄。」〔註219〕

揚州梅花書院同治五年由時任山長晏端書創設小課，其自述：「同治二年春，粵寇蕩平，百廢就理。省垣於鍾山尊經兩書院外特設惜陰書院，試諸生以詞章訓詁之學，歸兩院山長校閱，優給膏火，以獎勵之。嘉惠士林，意良厚也。五年丙寅，余主梅花書院講席，擬仿惜陰書院之例，於安定梅花兩書院常課外，各立專課，分歸山長校閱，舉人亦入梅花書院同課之。商諸合肥相國李少荃制軍，得允所請。」〔註220〕其後，揚州梅花、安定諸書院皆定小課，「山長別試詩賦、經解、策論，名曰『小課』，凡肄業者皆得與考，

〔註215〕道光《徽州府志》卷三之一《營建志·學校》。
〔註216〕朱珔選定、歐陽泉編次：《正誼書院小課》，道光戊戌年刻本。
〔註217〕《寶晉書院規條》，鄧洪波主編：《中國書院學規集成》，第224頁。
〔註218〕《桐鄉書院章程》，鄧洪波主編：《中國書院學規集成》，第465～466頁。
〔註219〕《詳定東林書院規條》，《東林書院志》附錄（二），第935～939頁。
〔註220〕《梅花書院小課》晏端書序。

舉人願與考者亦附梅花書院。安、梅兩院童生願作小課者,即以生監題試之」
〔註221〕,並制定章程規定「安定、梅花書院小課錄取之額,每院不得過四十
名。廣陵書院小課,生監錄取十名,童生錄取五名。」「安定、梅花書院小課,
生監第一名給優獎銀四兩,二名至五名各三兩五錢,六名至十名各三兩,十
一名至二十名各二兩五錢,二十一名至三十名各二兩,三十一名以下各一兩;
童生第一名給優獎銀二兩,二名、三名各一兩五錢,四名以下各一兩。」「廣
陵書院生監第一名給優獎銀二兩,二名、三名各一兩五錢,四名至十名各一
兩;童生第一名給優獎銀一兩五錢,二名至五名各八錢。」〔註222〕

　　河北平鄉縣崇正書院同治十三年定規,「各課如存有扣留膏火、獎賞,仍
於年終復行詩賦小課,按上次取分發,或於在院度歲生童加考按給。」〔註223〕
光緒年間浙江東陽縣東白書院定規,「每月大、小各二課。朔課定初二日出題,
限初六日繳卷。望課定十六日出題,限二十日繳卷。小課定初十日、二十四
日出題,限十三日、二十七日繳卷。或經文,或經解,或詩賦,或策論、表
疏,不拘一格,交卷概不准逾限,違者不閱。」「小課捲紙由諸生自備。」〔註
224〕光緒二十三年南昌洪都書院於官師課之外添小課五次,「每課四藝試一
首、經文一首、雜作一首,或經、或史以及時事、西學之類,隨時命題。」諸
生「各自備卷,俟官課日領題,師課日交卷,不滿三藝者不收,非用白折及大
卷書寫者不收,限期既寬過期者不收。取無定額,視佳卷多少為衡」,獎賞則
由官捐廉。〔註225〕

　　書院小課之制,以松江府城之雲間、求忠、景賢三書院最為完備,三書
院皆為府屬書院,雲間書院創設於乾隆十八年時任松江知府朱霖創設,嘉慶
七年時任松江知府康基田改建。景賢書院由時任松江知府康基田、教授陸梓
始建於嘉慶七年,別聘掌教以課雲間書院生童‧求忠書院時任知府陳鑾創設
於道光六年,分雲間書院肄業生之半,別聘掌教課之。求忠、景賢兩書院師
生、膏火、修脯及一切經費皆統於雲間書院。其中雲間為遠近舉貢生監所肄
業,求忠係每歲甄別時由雲間在課暨投考卷中擇優撥入,景賢則專課童生。

〔註221〕光緒《江都縣續志》卷十六《學校》。
〔註222〕《安定梅花廣陵三書院章程》,鄧洪波主編:《中國書院學規集成》,第 217
　　　　　～218 頁。
〔註223〕汪枚:《崇正書院章程》,鄧洪波主編:《中國書院學規集成》,第 40～41 頁。
〔註224〕《東白書院章程》,鄧洪波主編:《中國書院學規集成》,第 442 頁。
〔註225〕《造就人才》,《申報》1897 年 4 月 30 日,第 2 版。

三書院均課時文試帖，每歲官師十課，官課由府署甄別後則云、景由一府兩首縣輪課，求忠由道府七縣輪課。〔註226〕三書院以詩賦雜文課者始於道光二十四年，道光二十九年，時任知府練廷璜將數年以來詩賦課藝編次刊刻為《雲間小課》二卷，上卷賦二十題、四十二篇；下卷雜文十三題、十六篇；詩題十八題，十九篇〔註227〕，然其時並無相應的制度保障。同光年間，松江府、婁縣、華亭縣紛紛添設小課，「若府署小課即三書院每歲六次，課以經藝及詩古文辭，由府署給獎。至華亭小課則每歲四次並課時文試帖及詩古文辭，婁縣小課每歲十次專課詩古文辭。」〔註228〕其中婁縣小課創設最早，於同治八年試行，同治十一年定章：

婁縣小課

前署縣金福曾添設每年於冬漕項下提錢三百千文，作為經費，詳准在案，所有現條開列於左：

一、此項小課，蒙署婁縣金於同治八年分起試行小課，已歷兩年，因捐廉辦理，未能垂久。嗣因詳奉各憲批准，以同治九年為始，每年於冬漕公費項下捐錢三百千文，為每月小課之用。嗣後每年於正月內，由經董稟請，發錢三百千文具領，轉發殷實鋪戶，按月一分起息。另立印簿一本，發交經董，按月提取本錢三十千文，由經董收交禮房，給發月課膏火。本錢按月提取，利息亦按月縮扣，年終由經董將印簿繳縣核銷。所存店鋪如有虧短，為經放董是問。

一、每年自二月開課，至十二月停課，通年以十課為率，每月以二十一日為課期。歲科試年，課以詩賦雜作。鄉試之年，課四書文兩篇，經文一篇，試帖詩一首。凡遇歲科試學憲按臨之月停課須補足。若屆鄉試之年，七八兩月停課，以節省兩月課費並此三年中積得息錢，即為刊刻課藝之用。

一、每月提錢三十千文，除禮房備卷，發給卷費一千文外，餘二十九千文。第一名發給花紅錢四千文；第二、第三名各給發錢二

〔註226〕光緒《婁縣志》卷七《學校》。

〔註227〕《雲間小課》，道光乙酉仲春；魯小俊：《清代書院課藝總集敘錄》，第214～215頁。

〔註228〕《與客論松郡陳太守新政因條擬整頓郡城書院事宜》，《申報》1896年5月27日，第1版。

千五百文；第四、第五名各給錢一千五百文；第六至第十名各給錢一千文；十一至二十名各給錢七百文；二十一至三十名各給錢五百文。所取名次不論課卷多少，給發花紅總以三十名為額。

一、此案規條由縣詳明，各憲備案查核，並勒石立於明倫堂，以垂久遠。〔註229〕

光緒三年時任松江知府楊永傑於三書院添設府尊經古小課：

添設府尊小課示

照的雲間、求忠、景賢三書院，向有常年經費，自遭兵燹，院田類多荒蕪，存典息本悉歸無著，入不敷出，院務未能復元。同治五年，本府蒞任後，節經整頓租息，革除浮費，捐廉撥款，增給花紅。比年以來，院務得人，經費尚不支缺，而人文蔚起，多士奮興。本府待罪斯土，實深欣幸。因思松郡本人文淵藪，書院尤為儲材之地，倘於照章官、師大課外添設經古小課，隨時考校，則諸生童於經史典故、諸子百家之言以及考據、辯證、詞藻、雜著之學，靡不博覽兼通，留心講究，日就月將，松屬人文更必蒸蒸日上矣。只以籌劃此項由著之款，殊覺為難，而有志未逮，歎仄良殷。茲查婁縣恒益，金山通源、信和、公昌、公益泰，南匯同興、永益、公益等典，一半月捐錢文，業經詳准，撥歸書院。原擬再有續撥，集成鉅款，以作建造求忠書院院屋之用，惟現在偽書無多，不敷甚巨。再四思維，求忠書院既難一時興建，院費又無須添給，惟有將此項典捐內，按數撥發小課花紅等項常年經費之用，俾將得育成全才，行諸久遠，所有核定條規開列如左：

一、每年開考六課。第一課應俟書院大課甄別後，隨時定期示諭飭遵。其餘五課即以五月朔、六月望、八月朔、九月望、十一月朔為期。倘有事故，或提前開考，或日後補試，由府臨時斟酌核示。俟將來經費充足，再加增課期。

一、雲、求、景三書院肄業生童願考小課者，每年於大課甄別發案後，各赴監院處報名。各監院於課期三日前，將與課人數報府，以憑按名備卷，由各監院鈐加印記，注明某縣舉貢生童字樣，造具

點名清冊，於課期前一日送府聽候，屆期開課。以每年第一課為甄別，此後五課即按照甄別定取姓名，按名收考，毋庸再由各生童報名。惟生童中，如有不願與課，或因事告假，及甄別未取隨課投考者，均須預期報明，各監院於點名冊內聲明增除，並具文報府。其不在各書院者，不准投考。

一、每課由府出題，發交各監院代為點名給卷，即以散卷之日為始，限八日交卷。仍由各監院匯齊，封送本府衙門評閱。其題目不全作者聽，惟不得取列超等。如作不及半者、或不作賦題、或交卷逾期者，均不錄。倘有勦襲雷同等弊或接卷不交者，除不錄外，並將院課除名。

一、三院生童課卷均分取超、特、一三等。每院超等額定四名、特等額定八名，餘為一等。即以每年初課為甄別，餘均評文錄取，隨課升降。倘應課人少，佳卷不多，則任缺無濫，不必照額取定。投考生童如有全作佳卷，准其取列特等，否亦准附一等末。統俟評定甲乙，由府分繕榜示，箚發各監院，實貼曉示。課卷亦發各監院，釘本存院，聽各生領看，將來再為選課，勿任遺失。

一、雲、求兩院，超等第一名各給錢三千六百文、第二名各給錢三千文、第三四名各給錢二千四百文。特等第一二名各給錢二千文、第三四五名各給錢一千六百文、第六七八名各給錢一千二百文。景賢花紅超等第一名給錢二千八百文、第二名給錢二千四百文、第三四名給錢二千文。特等第一二名各給錢一千六百文、第三四五名各給錢一千二百文、第六七八名各給錢八百文。前項錢文悉照院課新章，於卷面加黏浮票，諸生童均於交卷時揭去浮票，各自收存，俟發榜之後，持赴院董處照章支取花紅。倘將來各自另籌專款，當再給發膏火，留院肄業。

本府衙門經承及三院書斗人等所需一應紙張、辛工暨生童各課卷價，現均酌量核定，分別籌給，所有經承書斗人等，均不准另立各色，向與課生童私索分文。〔註230〕

光緒五年華亭縣亦添設小課，《申報》載文稱：「松江一府七縣，而華、

婁兩縣則附郭焉。松府、婁縣除書院課外，向有添設小課之舉，而華亭尚屬闕。如今華邑尊楊明府以振興文教為己任，會試則籌公車費，鄉試又加賓興費，書院則廣內外課額，科歲考贈卷費，在庠之寡婦年終送錢若干，或係捐廉、或籌定款，通詳上憲永遠遵行。今年又添書院小課之舉一年四課列前茅者厚贈花紅以為勸。」三月，命題四道考課之，其命題為「文武之政佈在方策」；「一觴一詠賦以亦足以暢敘幽情為韻」；「重修華亭縣志序」；「賦得三月三日天氣新得新字五言八韻」〔註231〕。光緒四年夏刊刻之《雲間郡邑小課合刻》，收錄三書院小課課藝，其中賦三十一題、五十六篇；雜作四十二題、七十三篇，另有古今體詩若干。〔註232〕

三為零時添設之書院課亦稱為小課。如寧波月湖書院光緒四年六月添設小課，「又寧城月湖書院六月分官課向歸鄞縣考試，今沈司馬以交卸在即，各生童城鄉散處，課卷交齊容需數日，若忽忽評定，或屈真才，故除移送新任另行示期課試外，於本月初三日添試小課專課，附近生童黎明當堂給卷，命題面諭，當日交卷，三日內發案給獎。」〔註233〕詁經精舍光緒十四年四月添設小課，「浙江瞿子玖文宗由上江考畢回省，念及本屆科場，欲觀多士之才藝，故於四月十六日特備白折，命文題二、試帖詩題一，開詁經精舍小課。四書文題：『子曰女得人焉爾乎』；經文題：『以為蕭斧文章』。凡未在詁經肄業者，亦准自備試卷作文投繳，一體校閱，不分彼此。限十七日繳卷，俟平定甲乙後，再當在署局門覆試，以觀真才。並諭令此次試卷慎勿倩人替作、替謄及為人捉刀等情，倘覆試時寫作不符，概從擯棄，不以初次已錄，姑從寬容也。故應試之士均翹首而望發案云。」〔註234〕

（二）加課

加課者，官師於書院常課之外零時添加之書院考課也，無關膏火，其獎賞由主持之官師捐廉。如光緒十二年前後，曾國荃任兩江總督時於金陵鍾山、尊經書院「每就歲終加課一次。」〔註235〕光緒十六年，張之洞移督湖廣，其所創設之廣雅書院「每月加課一次，將卷寄鄂評定」〔註236〕。光緒十七年，

〔註231〕《添設小課》，《申報》，1879 年 4 月 8 日，第 2 版。
〔註232〕《雲間郡邑小課合刻》，光緒戊寅季夏開雕。
〔註233〕《命題寓意》，《申報》，1878 年 7 月 8 日，第 2 版。
〔註234〕《詁經小課》，《申報》，1888 年 6 月 11 日，第 2 版。
〔註235〕《月課續聞》，《申報》1886 年 12 月 12 日，第 2 版。
〔註236〕《菁莪化普》，《申報》1890 年 7 月 20 日，第 2 版。

安徽皖南道「恐原設膏火不足徧霑寒畯」，遂於鳩江書院捐廉，「按月加課一次，分別等第，優給獎賞」〔註 237〕。光緒二十一年前後，時任常鎮道呂海寰於鎮江寶晉書院添設加課，此制為繼任長久山觀察承襲〔註 238〕，其曉諭稱：

> 照得寶晉書院經費支絀，月課減少，不足以資鼓勵。本年仍由本道籌捐酌加一課，聊為諸生卒歲之謀，茲定於本月初八日開考，除行府分飭丹徒縣及監院一體知照外合行示諭為此示仰在院肄業孝廉生童及旗生童等知悉屆期務各詣院候示冊達。〔註 239〕

光緒二十三年松江府知府於融齋書院加課，定規：「每月十二日在院高材生及前月朔課所列超特等各生，齊集府署，由府供飯面試，擇佳給獎，以示激勵。惟此係本府特設之舉，應聽後任自便，並未作為定例。」〔註 240〕光緒二十三年三月十二日加課，應到者為超特二十一名，任院二十名〔註 241〕，實到者二十一人，其中超特等來署與課者僅四名，「太守評定甲乙，將原卷發出，諸應課者皆有花紅獎賞，超特等與課四人，首名給洋銀三元，二、三、四名各給二元。住院正課一二名各給洋銀二元，三至八名各一元，備取首名因違例「故抑列備首，而花紅則特給洋三元，以示優異」，二名起均給錢五百文。〔註 242〕安慶「敬敷書院每月除官師兩課外又有四季加課例由撫憲命題」，光緒二十四年年冬季加課為經古課題，題為：「釋界」；「磁鍼所指之北極與地球之北極有少差，其理安在」；「橢圓大小徑求周說」；「問《國語》內政可仿行否；書《漢書・游俠傳》後」。〔註 243〕

光緒二十二年五月，杭州知府林啟課試東城講舍，於正課外加策、論題各一，「令生自備課卷限三日繳齊」，其中論題為「才濟學論」，策題為「問政以宜民為本，治以除惡為先，居官者所貴博採周諮，去其太甚而已。杭屬九州島縣，有司衙門最為病民者何事？風俗積弊，尤為害民者若何？見聞所限一邑一隅，各舉所知以對。諸生中必有留心經世學，為有用才者，務求耳目

〔註 237〕《赭嶺春嵐》，《申報》1891 年 4 月 26 日，第 2 版。

〔註 238〕《鐵甕寒濤》，《申報》1899 年 1 月 1 日，第 3 版；《北固寒雲》，《申報》1901 年 1 月 5 日，第 3 版。

〔註 239〕《潤州冠蓋》，《申報》1896 年 1 月 26 日，第 2 版。

〔註 240〕《培植士林》，《申報》1897 年 3 月 4 日，第 2 版。

〔註 241〕《培植士林》，《申報》1897 年 4 月 10 日，第 1 版。

〔註 242〕《融齋加課》，《申報》1897 年 4 月 27 日，第 2 版。

〔註 243〕《皖江課士》，《申報》1899 年 1 月 11 日，第 9 版。

眾著之真，勿為塗巷不根之說，其各盡言毋隱。」〔註244〕此年九月林啟再次課試東城講舍，「於正課之外另出四題名之曰加課，題為『浙省積穀說』；『兩浙鹽政利弊論』；『清理街道議』；『杭城救火策』。無論舉貢生監，是否在院肄業者，皆可自備課卷，限五日呈繳，隨親加評閱。取錄內課九名，第一名獎洋銀十圓，二名至五名各獎四圓，六名至九名各獎二圓。外課十二名，各獎一圓。附課十四名，前五名各獎一圓，榜後附黏紅諭云，此次加課所取內課、外課及附課前五名各卷均留存署中，以便查閱採擇，准該考生等於出榜後三日內，赴本署禮房處抄閱批語可也」。〔註245〕其中如「清理街道議」一題因杭州之城市衛生問題而其起，次年林啟「乃於前列諸卷中採擇良法，酌定章程，遴選誠實紳董，分段設立清道局，所有捐項由董事經收發給聯單，按月報銷以歸核實」〔註246〕。

　　除地方官吏加課外，學政加課亦較為常見。光緒廿三年，時任浙江學政徐致祥「自今春考試衢嚴回轅後，科試已竣，在署無事。因今歲係逢大比之年，諸生有志觀光者必須精益求精，爰於四月分起至七月止，每月考試書院加課一次。即以給貧員款內籌銀二千兩左右，分作加獎及點食卷費，並賞給吏胥工食之用，每課獎洋約需四百元。」〔註247〕「三書院及詁經肄業各生，先行劄飭監院，將甄別錄取姓名造冊呈送，並定於初四、初五兩日命敷文、崇文、紫陽、詁經各課生填冊」。「卷係□帋八行二十格，共四頁半，不須草稿。卷面印就『學院加課』四字，下貼浮籤一帋，長約三寸左右。命考生親填姓名及某學某生字樣，填敷、崇日，不准預填紫陽、詁經。填紫陽、詁經日，不准補填敷、崇。甄別後改名者，亦不准投考。」「凡肄業諸生，必須在學之廩增附生及正途貢監，如係俊秀，方准報名。須呈驗捐照，始許列冊，否則概行扣除。丁憂者亦不得與考。三書院均未錄取，準在詁經報名填冊之日，在大堂上命巡捕官及書辦在旁照料。」「每課一文一詩，卯刻點名，酉刻繳齊，不准亂號。學憲親自查號蓋戳，出案後憑浮籤給發獎洋，各生均衣冠接卷，監院監場。」〔註248〕

　　四月初八日加課「取錄一百名，共獎洋二百元」，而「因通省士子甄別未錄

〔註244〕《曲沼觀荷》，《申報》1896 年 7 月 7 日，第 2 版。
〔註245〕《三竺梵聲》，《申報》1896 年 11 月 28 日，第 3 版。
〔註246〕《孤山梅汛》，《申報》1897 年 2 月 13 日，第 2 版。
〔註247〕《預考加課》，《申報》1897 年 7 月 30 日，第 2 版。
〔註248〕《西湖迎夏》，《申報》1897 年 5 月 12 日，第 2 版。

取者尚多，擬於五月分起每月初一日另考一場，凡在學諸生未經書院肄業者，均准報名」，「未經在院肄業各生」〔註249〕。五月十五日加課，「在署棚內考試書院加課」，「是日黎明，點名封門後，各歸坐號，不准紊亂。當堂命題，……限一個時辰查號蓋戳。午牌時分各給點心一分，由承差分給。申正放牌，至天色已暮，尚有六七十人未曾完卷，宗師格外從寬，准與繼燭寸許，免其搶卷。」〔註250〕六月初四日加課，「到者約六百餘人黎明點名至晚交卷」〔註251〕。七月書院加課，因七月有錄遺等事，將之提前至六月二十日舉行，「到者三百七十餘人，廿六日發案，全行錄取，共給獎洋七百元……首名獎洋十元，超等三十名以次遞減，特等各獎洋三元，一等各獎洋二元，備取各獎洋一元。」〔註252〕

（三）特課

特者，超出一般之謂也，特課者，於常課外添設，且重於常課之考課，其典型者為格致書院特課。格致書院於光緒十二年創設考課制度，「仿照上海道憲求志書院章程，每年春、夏、秋、冬，分為四課。夏課四月，秋課七月，冬課十月，惟春課則在二月」〔註253〕，分別敦請蘇松太道、寧紹臺道、津海關道、登萊青道等命題、判卷及給獎。光緒十四年格致書院董事稟請南北洋大臣開特課並得到允准，自光緒十五年始，「春二月初一日為北洋大臣開課之期，秋八月初一日為南洋大臣開課之期」〔註254〕，分別稱為春季特課與秋季特課，分別由南北洋大臣負責命題、判卷及給獎。其特課之稱，或亦因南北洋大臣為朝廷重臣，且格致書院並不為其所屬，為其主持考課為特殊之優待。格致書院特課一般每次命題三道，限期兩月繳卷，應試生徒須將課卷密封，親送或郵寄三馬路格致書室，並領取收條作為憑證。限期截止，則由格致書院會齊寄送南北洋大臣評定甲乙，南北洋大臣判卷後，將課卷、閱卷結果以及加獎送交格致書院，由格致書院負責出案及給獎。格致書院特課獎勵十分優渥，遠超書院正課及一般書院考課，秋季特課加獎穩定為洋元一百二十元，春季特課則更加優渥，如光緒十五年春季特課加獎洋元二百零四元，十六年春季特課加獎洋元二百三十四元，十八年年春季特課加獎洋元二百二十四，

〔註249〕《加課發案》，《申報》1897 年 5 月 24 日，第 2 版。

〔註250〕《學院課士》，《申報》1897 年 6 月 21 日，第 1 版。

〔註251〕《靈隱寺納涼記》，《申報》1897 年 7 月 25 日，第 3 版。

〔註252〕《加課優獎》，《申報》1897 年 8 月 2 日，第 2 版。

〔註253〕《格致書院擬以藝文考試章程》，《申報》1886 年 2 月 13 日，第 10 版。

〔註254〕《格致書院特課題目三道》，《申報》1889 年 3 月 5 日，第 3 版。

十九年春季特課加獎洋元三百二十五元。〔註255〕

　　光緒二十年，王韜於蘇州之甫裏書院常課之外添設特課。四月特課，王韜命題，經文題「積善之家必有餘慶」；策題一道「《文選》一書為千古總集之祖，其間取捨之旨果可言歟？顧何以出師後表、蘭亭一序獨遺之歟？李陵《答蘇武書》，東坡指為洛陽輕薄少年所擬，果可信歟？其各抒所見言之」；詩題「賦得未到曉鐘猶是春，得鍾字，五言八韻」，生童共一題目。應課生徒自備課卷，繳卷則須郵寄於王韜處，每課王韜捐廉三十元以為獎賞。〔註256〕此次特課，生卷取超等八名、特等十二名、一等十五名。童卷上取六名、次取八名、備取十名，「超等首獎洋三元，二名、三名各獎洋二元，自四名至八名各獎洋一元。特等一名、二名各獎洋一元，自三名至十二名各獎洋七角，一等例不給獎。童上取首名獎洋二元，二名、三名各獎洋一元，自四名至六名各獎洋七角，次取自一名至八名各獎洋五角，備取例不給獎。」此外，生超等三名，童上取首名獲贈王韜所著春秋經學三種，校刻《娛親雅言》一部。〔註257〕

　　六月特課，王韜命題，經文題「吾於武成，取二三策而已矣」；策題「孔子刪書，斷自唐虞。自經秦火，書闕有間矣。後世所得今文尚書若干篇，古文尚書若干篇，其中有指為偽尚書者，可悉數其篇目歟？自孟子有盡信書不如無書之言，後儒遂有分武成為今文、古文兩篇者，宋儒多疑書有錯簡，任意移置，其說固可從歟？其悉言之毋隱」；詩題「賦得果然奪得錦標歸，得標字，五言八韻」限六月二十日以前繳卷。〔註258〕七月初九日出案，生卷取超等十六名、特等二十三名、一等三十八名，童卷正取十六名、次取二十名、備取二十九名，「超等首名獎洋二元，自二名至五名各一元，六名至十六名各七角。特等自首名至二十三名各五角，童正取首名獎洋一元，自二名至十六名各五角，次取自首名至二十名各三角。」〔註259〕

　　光緒二十四年六月，因朝廷經濟特科令下，江蘇學政瞿鴻禨「以近來時事多艱需才孔亟」，於南菁書院添設特課，「按照經濟特科六門命題，聽諸生

〔註255〕《格致書院北洋特課出案》，《申報》1889年7月14日，第3版；《格致書院庚寅年春季特課出案》，《申報》1891年5月9日，第2版；《壬辰年格致書院春季特課出案》，《申報》1893年4月5日，第3版；《格致書院癸巳年春季特課出案》，《申報》1894年3月29日，第3版。
〔註256〕《甫裏書院特課題》，《申報》1894年5月5日，第3版。
〔註257〕《甫裏書院特課出案》，《申報》1894年6月21日，第3版。
〔註258〕《甫裏書院特課題》，《申報》1894年7月11日，第3版。
〔註259〕《甫裏書院特課出案》，《申報》1894年8月7日，第3版。

或專一門，或兼數藝，均無不可。無論院內、院外，通省舉貢生監均准應考」，出案亦按照六門分別等第，題為：

內政：袁爕為江陰尉令，每保畫一圖，田疇、山水、道路悉載之，合保為部，合都為鄉，合鄉為縣，徵發、爭訟、追胥披圖立決論；沿海險要圖說；藏防要地議；各省形勢不同，風氣互異，當如何因地制宜，量為變通策。

外交：宋以後外交無善策，其得失之故安在；中外交涉界約考；公法禁鄰國干預政治說；各國商律異同說。

理財：劉晏權萬貨重輕，使天下無甚貴賤而物常平，今可師其意否；開闢地利策；山西鐵路礦務定借洋款，歸義俄□國商人興辦，於中國利源損益若何；煤利說

經武：管子言用兵五教說；海軍操練之法以何國為最精，宜如何變通仿行議；陸軍全用洋操得失議；各國中線不同，航海欲測定點，以何法為最準說。

格物：李氏弧矢算術並謝氏弧田商率補遺；農家常植各種植物，含何種原質，宜何種土性，用何法培壅一畝之地，得利幾何；回聲回光同理說；電學新說以求新理、創新器為貴。

考工：栗氏「鑄金之狀」發明其理；改造土貨，仿造洋貨，宜以何等貨物為先；鐵路工程節費議；法國沙埔製造官學課程汽機五十課各著為說。〔註260〕

此次考課取錄亦分門為之，取錄內政超等三名，特等十四名；外交超等二名，特等十二名；理財超等一名，特等十二名；經武超等一名，特等六名；格物超等二名，特等十名。考工類則不詳。〔註261〕

六、孝廉課、觀風課、決科

（一）孝廉課

清代書院肄業生徒以舉貢生監及童生為主，其中童生為未進學之士子，無功名。生即生員，府、州、縣各級學校之廩增附；貢監生為國子監肄業者，

〔註260〕《江陰南菁書院特課題》，《申報》1898 年 8 月 2 日，第 2 版。
〔註261〕《江陰南菁書院特課案》，《申報》1898 年 9 月 14 日，第 2 版。

其中「凡貢生之別有六，曰恩貢生、曰拔貢生、曰副貢生、曰歲貢生、曰優貢生、曰例貢生；監生之別四：曰恩監生、曰蔭監生、曰優監生、曰例監生。」〔註262〕孝廉即舉人。由於童生、生員、舉人學業水平不一，更為重要的面臨的科舉考試之程序不一，故而書院考課皆區分生童、童課、孝廉課，以分類施教。書院課試士子，以生監、童生並課者為多，但亦有書院專課一類士子者，如杭州學海堂專為舉人肄業之所，蘇州平江書院則專課蘇州府之童生，南京鳳池則專課江寧府之童生。各地書院亦或有所分工，如揚州「府城書院凡四，曰孝廉堂，舉人肄業；曰安定書院，曰梅花書院，生監肄業，鹽政月試之，既省鹽政並總督管理，由鹽運使月試之；曰廣陵書院，文童肄業，知府及兩縣輪月試之」〔註263〕，然同治年間，諸書院興復之後，皆改為生監兼課。〔註264〕

　　大多數書院皆是生童兼課，甚至孝廉、生、童兼課者。鎮江府寶晉書院創設於乾隆五十八年，初設時「肄業生員定數二十名，童生二十名；至乾隆五十年，增為生員五十名，童生三十名。嗣後經費漸充，逐次加增生員額數百六十名，童生額數百六十名。」「書院初無孝廉課，至道光七年鎮江府寶始立孝廉堂開課」。每月官、師課命題分為孝廉題、生監題、童題，分別判卷給賞。孝廉不須甄別，報名投課即可參與書院考課。光緒初年，「肄業孝廉，每課取上上卷八名，上卷八名，餘列中卷」，「上上卷，給膏火錢三千文，上卷給膏火錢二千文，中卷無膏火。」肄業生員每課取超等四十名，特等四十名，餘列一等。生員超等給膏火錢二千四百文，特等給膏火錢一千文，一等無膏火。肄業童生，每課取上取四十名，中取四十名，餘列次取。童生上取給膏火一千八百文，中取給膏火八百文，次取無膏火。〔註265〕

　　另有生童合課與分課相結合，陝西藍田縣玉山書院嘉慶八年定規，「每月大課二次，定於每月初二日、十六日。官課局門課試，兼課生童，每課四書文一篇。五言排律詩一首。」此外，「每月師課兩次，定於每月初八、二十二日，專課童生。凡在書院肄業者當日交卷。其有離城稍遠者，領題外作，次日清晨交卷，如有過辰交卷者，置末。」「科場年，每月加課一道，官師分校。定於每月初十，十一、二十一、三日專課諸生。照科場出題作文，次日申刻交

〔註262〕《欽定大清會典事例》卷一零九八《國子監・六堂課士規制》。
〔註263〕光緒《江都縣續志》卷十六。
〔註264〕光緒《增修甘泉縣志》卷之六《學校》。
〔註265〕《寶晉書院規條》，鄧洪波主編：《中國書院學規集成》，第223頁。

卷。日入不完者不閱。」〔註266〕

由於生監課、童課之制較為常見，無須多論及，故而此節專論書院孝廉課。從形式上來看，書院孝廉課主要有二類，一為專設孝廉書院或孝廉會課，專課孝廉，此類書院一般稱為孝廉堂，亦有名之書院者如杭州之學海堂、廣州之應元書院，多位於省城及府城等舉人匯聚之所。第二於附設於其他書院內設孝廉專課，與生課、童課相區別，或於課士時並課，然孝廉有單獨取士額數。一般來說，舉人已經為高階之功名，謀生之途較廣，然情形亦有頗為難處之時。以寧波府而論，「蓋寧郡紳衿集在鄉者，惟舉人為多。舉人者矯然於庠序中人，不與並齒；以之處館非富室厚修不敢延；以之坐書院則舉人實繁有徒。即志局之差、各業之公行先生，亦不敢盡其人。止月應兩課於孝廉堂，得兩餘膏火，何以展舉人之才？故不得不與縣署往來，而邊守乃一一聽之。」〔註267〕即舉人雖有處館、掌教書院，領職於各志局、公會以及考書院等謀生之途，然終究舉人多而職位少，故而交通官吏以謀私利之情形較為普遍。地方創設孝廉課，即將養士與教士相結合，通過解決士子生計問題來減少其越軌行為，使之集中心力於科舉考試，並提升其應試技藝。清代「校課孝廉實自揚始」，蓋源於決科之制。嘉慶十三年，揚州舉人匯聚應決科，時任鹽政阿克當阿乃就梅花書院聚而課之，「初至才三十人，其繼也，他省郡縣有聞風至者，漸增至百餘人」，待會試放榜時，梅花書院肄業舉人中有四人中進士，其中洪瑩更高中狀元，阿克當阿大受鼓舞，乃於梅花書院創設孝廉文會之所。「相院後尚有隙地，遂創構文昌樓五楹，每月集多士校藝於此，就其左為使者臨蒞時所暫息，其右即名狀元廳，使與試者皆觀感而興起焉。」〔註268〕此後，多地聞風而起。

1. 專設孝廉書院、孝廉會課

孝廉書院，區別於附設於書院之孝廉會課，在於書院有專項經費保障，且專設山長負責命題課士。杭州書院孝廉課創設於道光十六年，時任巡撫烏爾恭額「以浙江舉人向無考課，於敷文書院盈餘提銀，考課孝廉，局試敷文書院」，咸豐辛丑年間杭州各書院皆廢棄，後次第興復，孝廉課仍附設

〔註266〕莊遠吉：《玉山書院規條摘要》，鄧洪波主編：《中國書院學規集成》，第1654頁。

〔註267〕《論知府一官兼及寧波事》，《申報》1878年10月21日，第1版。

〔註268〕阿克當阿：《文昌樓孝廉會文堂碑記》，陳谷嘉、鄧洪波主編：《中國書院史資料》，第1038～1039頁。

於敷文書院。同治五年，時任浙江巡撫馬新貽就蘇公祠設學海堂，專課闔省舉人。〔註269〕書院專設山長，每年二月初八日巡撫甄別，逢會試之年，「則以七月中甄別，其上半年之膏火，預於上年之臘月領出，按名均攤，為各孝廉北上之資，然惟肄業者得與焉」〔註270〕。此外，會試前一年十一月例有巡撫主持之決科，所有應試各舉人先期開明年貌、籍貫、三代履歷及中武年分名次座師房師姓名，報名造冊，聽候命題考試。〔註271〕書院設生額六十名，然實質上在省舉人數量有限，冒考者甚多，甚至有翰林冒考者，故而光緒十四年浙江巡撫衛榮光整頓學海堂，改以孝廉與課須由縣起文，且與考孝廉須連環具保，「如查出假冒，保人及所保之人一併將姓名扣除，永遠不准與課。」〔註272〕然冒考之事仍難為禁止，光緒十七年二月初八日甄別，「學海堂甄別課卷約有一千餘本，頂名考試者十居六七。撫憲崧長帥評定甲乙，錄取內課二十名，外課二十名，附課二十名，備課二百名。」鍾毓龍即稱學海堂「為舉人肄業之所，附於西湖孤山蘇公祠內。但秀才亦得應考，惟須借用一舉人之名。以全省舉人不多，有冊可稽，不能冒混，非如秀才之多不勝數也。」〔註273〕

福州正誼書院，源於同治五年，時任閩浙總督左宗棠創立正誼書局，招收舉人和貢生入局工作。後應士紳楊慶琛、沈葆楨之請，同治六年六月初九日，閩浙總督吳棠會同福建巡撫李福泰具折奏聞閩省建立正誼書院，籌議章程，並請頒賜匾額，折中稱：

> 會垣原設鼇峰、鳳池兩書院，甄錄貢監生童，月給膏火，俾資肄業，頻歲軍興，未嘗曠廢，惟曾膺鄉舉者不在與考之列。夫書院之設，所以作育人材，而舉人一途，內則考取學政、中書，外則挑選知縣、教職，必須平時加意甄培，俾之誦法儒先，講求經濟，一登仕途版，方能措理裕如，雪處士之虛聲，收用人之實效。同治五年，前督臣左宗棠重刊先哲遺書，開設正誼書局，錄選舉貢百餘人，月給膏夥，分班校核。迨十二月間，據紳士前光祿寺卿楊慶琛、前

〔註269〕民國《杭州府志》卷十六《學校》。
〔註270〕《杭城甄別》，《申報》1882年4月12日，第2版。
〔註271〕《決科先聲》，《申報》1903年12月20日，第9版。
〔註272〕《聖湖芳信》，《申報》1888年3月12日，第2版；《杭城官場紀事》，《申報》1888年5月24日，第2版。
〔註273〕鍾毓龍：《說杭州》，杭州：浙江人民出版社1983年版，第290頁。

江西巡撫沈葆楨等以書局工程將蕆，請設立舉貢書院，為海疆廣育
人才，呈請前兼署督臣英桂，批飭議定章程，在於釐金項下籌撥銀
五萬兩，發交殷實當商，每月完息一分一釐，以資經費。將正誼書
局改為正誼書院，凡福建舉人及恩、拔、副、歲、優五貢，概准與
考，於每年二月望前由督撫親臨甄別。照依章程，考取內課五十名，
每名月給銀四兩；外課五十名，每名月給銀三兩。禮聘院長執掌教
事。該舉貢等果能敦品積學，三年後當擇其材器優異者，量予奏獎，
以示鼓勵。〔註274〕

廣東應元書院為同治八年時任廣東布政使土凱泰創設，專課闔省舉人，
「每歲二月望前，由監院官稟請督撫兩院親臨甄別，先期三日，願考者到監
院報名造冊，屆期黎明，集各舉人於貢院局門封卷，編列坐號，名用浮簽，
交卷自行揭去，卷用白折謄寫。」取列內課三十名，外課二十名，附課五十
名，送院肄業。「每年三月初二日開課，至十二月初二日止，並甄別共二十
課。」每月兩課，官課定初二日，考八股試貼，同時兼課古學、策論、賦，
限下期課試時交卷，由山長判卷，如不交卷，以缺課論，扣除本月膏火之
半。師課定於十六日，課八股試貼。官課由督、撫、藩、臬、運、糧以次輪
考。每月膏火由初二日官課為定，師課不到，扣除本月膏火之半。官師課皆
局試。〔註275〕

除省級孝廉書院之外，各府亦有孝廉書院之設。松江府孝廉會課，同治
九年，時任華亭知縣張澤仁、婁縣知縣金福曾因「舉人向無專課，雖在書院
附考，而人數既多，膏火所得無幾，寒士未免向隅」，故而創設孝廉會課，於
同治九年三月始，「於婁境陳卞二公祠內局試，一年以十課為率，所需經費均
由縣自行捐廉，其課卷當即延山長評定甲乙榜示，酌給獎賞」，會課制定十條
規約，具體為：

一、是課經費詳定章程每年由縣捐廉各五百千文，兩縣合成前
一千千文，作為山長修金、孝廉膏火等費。

一、山長修金每年一百二十千，按季致送，每節節敬八千文，
三節合計二十四千文。

〔註274〕中國第一歷史檔案館藏：《錄副奏折》，檔號：03-5001-037，轉引自杜宏春編
著：《吳棠行述長編》（中冊），合肥：黃山書社2016年版，第471頁。
〔註275〕《應元書院章程》，鄧洪波主編：《中國書院學規集成》，第1307～1308頁。

一、孝廉膏火每人每月五千文，每課備飯一、點一，合錢四千文。

一、華、婁孝廉除留京外，現共十七人，酌擬內課十人、外課七人。

一、以後新中孝廉各於中式之後一年起，一律與課，膏火多少即視人數之多少為定。同人在課，以鄉榜後而添，即以會榜後而去，當不慮經費之支絀也。

一、是課自二月起，十月止，每月初十日課期，一年十課，每一文一詩。

一、是課兩縣本任內，每逢會試之年，即准將前半年膏火先行發給，以濟公車。

一、是課專為敦崇士品、砥礪儒修起見，孝廉中如有干預公事、抗欠地漕者，概行扣課。

一、填寫姓名於卷面，另貼飛簽，交卷時啟去。前課膏火，下課到署領取，即以此為憑，免致舛錯。

一、逢課務宜到齊，如有要事，先至山長處報明，三次不到者除課。〔註276〕

此中從「華、婁孝廉除留京外，現共十七人，酌擬內課十人、外課七人。」「以後新中孝廉各於中式之後一年起，一律與課，膏火多少即視人數之多少為定。」諸如此類的定規可見孝廉書院實質上成為孝廉之福利制度。

浙江寧波府之孝廉堂，「寧郡孝廉堂肄業舉人每年甄別一次」，由知府主持，「膏火額祇有六十名」。光緒八年二月初二日甄別，「在孝廉堂開課」，「投考有一百五十餘人之多，宗太守恐其中難保無託名占額情弊，詳加查察。當場查得馬辰琯等三十六名，疑非本人。初六日牌示，如確係本人，訂於五日內或來府、或至提調、府教授處謁見，過期不到，定行除名云。」〔註277〕光緒十四年二月初八日甄別孝廉堂〔註278〕。光緒十七年二月初五日甄別。〔註279〕台

〔註276〕光緒《婁縣縣志》卷七《學校》。

〔註277〕《甄別日期》，《申報》1882年3月24日，第2版；《查察冒考》，《申報》1882年3月30日，第2版。

〔註278〕《甄別示期》，《申報》1888年3月22日，第3版。

〔註279〕《示期甄別》，《申報》1891年3月16日，第2版。

州府廣文書院，於同治十一年修葺擴建之，更名為「三臺書院」，為闔郡舉人肄業之所，專課孝廉及貢生，又稱「孝廉堂」。〔註280〕

2. 附設於書院之孝廉課

書院專設孝廉課，以敷文書院為典型，道光十六年杭州敷文書院增設孝廉專課，其章程為：

敷文書院增設孝廉月課章程

浙江分巡杭、嘉、湖兼管水利海防兵備驛政道竇，為敷文書院增設孝廉月課事。奉憲檯面諭：「浙江為人文薈蔚之區，三書院暨詁經精舍每月分輪課試，人才輩出，多士奮興，於作養之方，已屬至周且備。惟孝廉向無考課，尚為缺事。飭令於敷文書院經費內核計，能否有餘，可以增設孝廉課試」等因。職道遵查孝廉課試，江南揚州府、鎮江府書院皆有此課。原以生童肄業有地，一經中式，無講學之益，誠如憲諭，尚為缺事。查敷文書院經費，自道光四年以後，各前憲籌款撥給，歷年添補，漸有盈餘，計共額收銀四千八百餘兩。除每年按考課生童膏火、山長脩金、雜項，照例支給，實放銀四千三百餘兩，約存剩銀五百餘兩。現在本年經費，除收支外，連舊管共存銀三千三百兩。應請即將此項經費存銀內提出三千兩，仰祈憲臺飭給運司衙門，分給鹽商具領，按月一分生息，每年可得息銀三百六十兩，遇閏增銀三十兩，仍由運司按季移道。又額收經費每年餘剩銀五百餘兩內，撥銀四百八十兩，共足八百四十兩之數，年計十課，足敷各項支給。是否有當？謹擬條議章程，另繕清冊，伏乞憲臺俯賜察核批示祗遵。為此，備由呈請照詳施行。

計開條議章程：

一、經費現發商生息，每年息銀三百六十兩。又敷文書院額收經費，除支放外，每年約剩銀五百餘兩，擬撥銀四百八十兩，共足銀八百四十兩，每年計以此數支銷。

一、甄別定於正月舉行，由監院稟請憲臺懸牌示期，於杭州府屬之在籍舉人報名投考。請錄取內課十八名、外課十八名、附課二

〔註280〕林正秋著：《浙江歷史文化研究》，北京：中國文史出版社2006年版，第175頁。

十名，送敷文書院課試。俟將來經費充裕，再請於外府屬廣為收考。

一、課期定於每月初八日，每年二月起十一月止，共十課，以二、三、四、六、七、八、十、十一月，稟請憲臺暨藩、臬、運、糧、杭道輪課；五、九兩月請山長課試。俟經費充裕，再請增添望課。每課額定正取十八名、次取十八名，餘俱作為附取。正取每名給膏火銀二兩，次取每名給膏火銀一兩，附取每名給膏火銀四錢，由職道衙門懸牌示期，當堂給發。

一、官、師課，諸孝廉衣冠於卯刻齊集敷文書院，聽候扃門考試。每課一四書文、一試帖或一論、或一疏，辰刻散卷，申刻交卷，不准給燭。其不能作論、作疏者，准以一文一詩完卷。

一、試卷內用奏本紙，紅格刷印，直行，紙頁計足一文一詩一論之數，卷面朱印敷文書院孝廉月課字樣，監院印用鈐記，以杜更換，即委令敷文書院監院辦理。委員先期各衙門酌委。

一、院長兩課，共致送束脩銀四十兩，每課供膳銀一兩五錢。

一、每課午後飯食，與考舉人五十六名共十桌，每桌六錢，共六兩。委員監院一桌，一兩。柴米銀二兩，點食銀二兩，卷費銀二兩。

一、每課監院轎役等用銀二兩六錢，書院辦造冊紙張、飯食銀一兩，茶水、煤炭銀五錢，書院各役飯食銀六錢。

一、遇會試之年，甄別改於七月舉行，其二、三、四、五、六，五個月經費，共計銀四百兩。於前一年十二月內查明在院肄業舉人，已經由憲臺衙門起文會試者共若干人，按名勻給，作為路費，以示優恤。

一、丁憂在籍舉人，及曾遇挑選捐職就教，未補實缺者，皆准赴考。

一、甄別照額取五十六名，其未經錄取者，不准具呈請考。

一、每遇課期，監院先五日於各衙門具稟請考。

一、甄別之日，人數未定，應令各舉人自帶供給，即用書院卷為試卷，該舉人先期赴監院處填明三代、年貌、中式科分、名次，

由監院造冊申送職道衙門，查核轉送。〔註281〕

江西豫章書院「為通省貢監生童肄業之所」，「向例祗收考貢監生童，而孝廉不與」〔註282〕，為作育人才，光緒八年時任江西巡撫將「豫章書院右邊考棚改建孝廉齋舍」，單獨創設孝廉會課，聘前經訓山長喻采臣掌院，章程為：

江西豫章書院孝廉會課章程

署理南昌縣正堂賀為曉諭事，案照光緒八年二月十一日奉府正堂曹箚開，二月初六月奉藩憲邊箚開，正月二十五日奉撫憲李批，本司會同各司道詳覈豫章書院右邊考棚改建孝廉齋舍，考課一切章程，開折呈核緣由，奉批，據詳，並章程清折，均屬妥恊，應行查照辦理，仰即轉飭。遵照此繳折，存等因奉此除，分別移會呈報，外合就通行，為此仰該府即便轉飭所屬，一體遵照，毋違此箚等。因奉此合就通行，為此仰縣即便遵照，毋違此箚，計發刷詳折等因到縣，奉此。查創設孝廉書院，原為砥礪人才起見，所有詳定一切章程，恐爾等不及周知，合行通錄曉諭，為此示仰闔邑舉人知悉，爾等如有志肄業者，即照後開章程辦理，毋違特示：

一、舉人肄業，須立講院。現查豫章書院右邊舊有考棚可改建齋舍三十餘間，為舉人住宿之所，前建官廳一大棟，以覺斯堂作為講堂，中間洞開大門，以壯觀瞻。

一、山長修脯、供膳、節儀、聘金，一概仿照經訓書院舊章致送。查明經訓書院山長每年束脩二百兩，薪水四十兩，三節節儀共六兩，聘金四兩，均係庫平紋銀。

一、舉人投考，須由本籍地方官飭呈履歷起文，送院報名，方准收考。其年老久未會試，無志科甲及曾任知縣與教職者，毋得濫送。點名時責成監院，督同各舉人互相稽查，如有頂冒即行扣考。縱或入場冒考，幸邀錄取，後經查係生監冒名，亦必扣除以昭核實。

一、各縣送考舉人，如在百名內外，擬取內課二十名、外課二

〔註281〕《敷文書院增設孝廉月課章程》，鄧洪波主編：《中國書院學規集成》，第307～308頁。

〔註282〕《新設孝廉書院》，《申報》1882年2月4日，第2版。

十名，其餘悉作附課。除抄襲雷同、文理荒謬者不錄外，俱准肄業應考，倘人數再多，甄別時酌量加增。

一、甄別取錄內課者，每名每月擬給膏火銀二兩五錢、或二兩。外課者每名每月擬給膏火銀一兩、或一兩二錢，均不復給月米，附課概無膏火。

一、每月官課，擬請另派委員與豫章同時點名，以杜冒接課卷諸弊，並遴選添委監院一員，不必拘定在省教官，須擇品學端密者，擬月給薪水銀十兩。添派院書一名，月給辛工銀二兩。其院役、廚人等不必加派以節廉費。

一、膏火以官課取錄為準，每課擬取超等二十名，給與內課膏火；特等二十名，給與外課膏火；其餘俱列一等。其隨課升降之法，仍查照豫章書院刊定條規辦理。

一、每年甄別擬與豫章書院同日舉行。查豫章生童向在南昌考棚扃試，其舉人擬借學署、或新建考棚扃試，庶免生監混考之弊。遵照向章，先期兩月通行各縣，出示曉諭。屆期齊集報名，造具點名冊，按照府綱及中式科分以定名次先後，免其擁擠。其課卷先期彌封黏貼浮籤，交卷即行揭去，以示嚴肅而昭公允。

一、每月課卷仍遵會試糊名式以杜弊竇。

一、每月官課一、師課二、以逢八為期官課，文詩各一。初次師課亦同二次師課，一賦一詩或論、疏、排律、古體，聽掌院自便。官師課俱用白折，惟賦詩一課或用殿試策卷，其佳者從優獎賞。取錄超等，覈其筆跡與平素課卷不符者不錄。每課飭院書將取錄超等五名前各文藝抄錄，貼於院壁，以備觀摩。

一、每月官課點名冊，照前課取定超、特、一等名次先後，按造扃門後，由監院蓋戳，限本日繳卷。其師課則准其帶卷回寓，次日繳交，如錄舊、雷同即行除名。

一、凡遇會試年分，各舉人進京會試，春、夏兩季應行停課，須於八月初八日開課，其停課之膏火銀兩，擬請分給各肄業舉人，以資進京路費，所有主講膳脩仍照常支給。

一、甄別未曾與考之舉人，准其於官課補考，卷面注明補考字

樣，仍限自甄別日起三個月以後不准投考。凡補考舉人仍附入官課，隨升降之例，取列超、特等，即給與內、外課膏火，取列壹等即作為附課。

一、官課獎賞由各憲酌給，師課獎賞擬照豫章生監式，其銀兩即由出息支銷。

一、束脩、膏火、師課獎賞及每月折子大卷約共需銀二千餘兩，擬請暫於提補捐款項下支用，俟庫藏稍充，籌有成項，再行發商生息以資久遠。

一、士先器識而後文藝，舉人膺三物賓興之典，尤宜尊師重道，敦品勵行。凡啟館之日，釋奠先師，致祭理學祠以及晉謁講堂，恭聽訓誨。各禮節自應照原刊條規敬謹遵行，不得任意簡率。其有學識兼優行誼無虧者，監院錄其事實榜示院內，以為同志矜式。其有習於浮囂好預外事者，亦由監院察核稟請除名。賞罰並行，一昭公允，庶幾士習日端，純脩共勖，循名核實，不愧孝廉，亦不負書院之栽培也。

光緒八年二月十八日示〔註283〕

除省城外，各府州縣亦有書院孝廉專課之設。光緒四年時任上海縣知縣莫祥芝附設孝廉課於蕊珠書院，「由縣年捐六百緡，以五百緡為課獎，以一百緡津貼蕊珠課期飯點。時孝廉十二人，定一年十課，獎額為共四百八十緡，餘款俟會試年併入，計偕列銷。十三年人數過額及半，知縣裴大中定每年添撥二百四十緡。」〔註284〕南匯縣惠南書院孝廉會課於「同治十三年知縣金福曾先捐錢二百千創為此課。每課需給花紅前二十千文，以十課為率。即經詳定，常年於草息項內官為支撥，遇會試課期減半之年，預將應撥花紅前提給百千作為公車貼費。」〔註285〕

（二）觀風課

觀風為傳統中國重要的政俗，淵源甚久，先秦即有采詩觀風之制度，《漢書・藝文志》載：「故古有采詩之官，王者所以觀風俗，知得失，自考正也。」

〔註283〕《書院新章》，《申報》1882 年 4 月 21 日，第 2 版。
〔註284〕民國《上海縣志》卷九《學校》。
〔註285〕光緒《南匯縣志》卷七《學校志》。

漢代設樂府收集民歌，漢宣帝「遣大中大夫強等十二人循行天下，存問鰥寡，覽觀風俗，察吏治得失，舉茂材異倫之士。」漢平帝「遣太僕王惲等八人置副，假節，分行天下，覽觀風俗」等皆為此類。清代雍正時期專設觀風整俗使於浙江、福建、湖南、廣東四省以整頓「風俗澆漓」、「強紳劣衿」、「巨盜積賊」等情形。〔註286〕清朝省府州縣及學政等各類官員下車伊始，則例「課士觀風」之舉，其中以學政觀風及府縣觀風較為普遍，而所謂觀風，則大抵皆為命題課試士子，因觀風不屬於書院及科舉之中的正式考試，因此命題也較隨意，並不一定皆以八股試貼為主。嘉慶二年孫星衍於署山東按察使任上作《觀風試士策問》，認為「舊之課士，僅以四書文，既有一日之短長，亦不足覘實學。今易以射策，博物善述之士，可以各獻其能。一問儒術，二問經學，三問諸子百家，四問地方古蹟，五問河渠畜牧積貯，將以觀諸生修身稽古，善俗通今之要。」〔註287〕然而在實踐之中，觀風大抵被視為具文，學政、學校、書院以及士子皆不甚重視，敷衍塞責而已〔註288〕，各級官員於觀風之重視程度亦略有差異，具體而言：

> 官吏下車，例出告示，定期觀風，不在書院課之內。然官愈大者，則觀風愈難。蓋所部州縣既多，應課人數必眾，而且合屬皆須行文轉抄告示，以徵投課發題，收捲動需時日，必至半年或數月而後發案，諸多不便。故省中督撫司道往往不行，而外府州縣則反認真於此，巡道及府亦或行之。蓋省中書院，必非一處大憲輪課可當觀風，而且膏火花紅較為優厚，士子亦惟朔望應課，無暇冀及觀風，況觀風止有花紅，曾無膏火，因亦不貪其利也。若外府州縣則書院既少，且小一邑之內，多不過二三百人，良有司即人人獎之，亦易為力，而生童亦因於新令蒞任之日，拭目望之，至道府已不比州縣，事在可行可不行之間，業已行之則必副其名矣〔註289〕。

此外亦有觀風書院及借官學觀風闔屬生童之區分，觀風闔屬生童如光緒四年時任蘇松太道褚心齋觀風蘇松太三郡闔屬生童，出告示稱：

〔註286〕鄒建達、熊軍：《雍正朝觀風整俗使研究》，《清史研究》2008年第3期。

〔註287〕孫星衍：《岱南閣集》，上海：商務印書館1937年版，第5～6頁。

〔註288〕安東強：《清代學政規制與皇權體制》，北京：社會科學文獻出版社2017年版，第87頁。

〔註289〕《論加獎助賑》，《申報》1878年8月6日，第1版。

署蘇松太道褚觀察觀風三郡告示

　　為曉諭觀風事。照得靈區毓秀，應時生楨幹之才；太史陳詩，從古重　軒之典。按歸昌而較律，白辨真聲；臨覓會而搜才，昔稱文藪，……為此特頒諭示：爰定試期於五月初拾日觀風，於前五日由敬業書院監院上海縣學填冊匯送，凡爾舉貢生童等，務各一體知悉，先期赴院，自書千佛之名。至日領題，請試萬言之策。場非烏試，典異掄才，恐同號召風簷篡青太促，不必權量晷影，戰白益工。計限分程，定期半月，聽勝人於少許，尤屬望於多文。其各進字約繩，斂情縅矩，九天珠玉，早經給箚而成一片，宮商合聽，敲銅而奏擅揚子雲之學。蟲亦工雕，成李義山之詞。獺休效祭，庶幾因文見道，遍窺海甸珊枝。依古立言可入天家玉篋，各抒風蘊，毋視具文，一卷新披。千人互賞，從此鴻才入貢，成多士濟濟之風會，看鶴体同分，抵束帛戔戔之詠，副予厚望式，各勉遵特示。〔註290〕

　　省級書院觀風較為典型者如道光十九年（1839年）六月十五日，林則徐於廣州舉行「觀風試」，林則徐記其事：

　　　　晴。借學院考棚觀風，合粵秀、越華、羊城三書院共六百四十五人，卯初點名，辰正封門。粵秀：題「小人懷土，君子懷刑」；詩「賦得蓬瀛俱稱列仙遊」，得「俱」字。越華：題「毋自欺也，如惡惡臭」；詩「賦得鴛鴻得路爭先著」，礙「先」字。羊城：題「能無從乎？改之為貴」；詩「賦得會送夔龍集鳳池」，得「東」字。戴淳士學使熙適於是日回省，未刻進署接談，即將舉行廣州科試矣。戌刻徹場回寓。〔註291〕

　　梁廷棟則記述此次觀風試之隱情為：

　　　　則徐因其鄉人之久於粵者，習聞水師得規故縱之說，乃選集會城粵秀、越華、羊城三書院肄業生數百人為觀風試。假學政考棚，烏而考之，卷夾字條，開四事為問。（四事：一大窯口所在及開設者姓名，一零星販戶，一令各就耳目所及指出，而不書己名於紙片，一斷絕禁物法。卷冊先由監院教官備送。前一夕預傳刻匠，以三鼓

〔註290〕《署蘇松太道褚觀察觀風三郡告示》，《申報》1878 年 5 月 15 日，第 2 版。
〔註291〕林則徐全集編輯委員會編：《林則徐全集》（第九冊），福州：海峽文藝出版社 2002 年版，第 4590 頁。

刻印留於行署，詰朝乃出，點名後諸生見條紙始知）於是諸生各以
所聞詳書於紙，則盡悉屯戶姓名及水師賄縱報獲獻功欺蒙大吏狀，
商之廷楨，奏褫肇慶職，盡發遣其屬弁。〔註 292〕

光緒六年三月新任江寧布政使梁肇煌「接印任事而鍾、尊兩書院月課已
經前任考過」，故定於四月二十日觀風兩書院，「凡在兩院肄業諸生屆期均須
局門考試」。〔註 293〕金陵鍾山尊經兩書院向於每年臘月由制憲提考一次，亦
稱觀風書院。〔註 294〕光緒十一年三月初三日，寧波知府觀風月湖書院，命題：
生題「子貢問曰孔文子」三章；童題「暮春者」；詩題「班固封燕然山銘」；「蛾
子時術賦，以喻積學而成大道為韻」；「備夷策」；「寧波風俗利弊說」；「招寶
山望海歌」；春日感事，不拘體，不拘韻。〔註 295〕

學政觀風雖為成例，但觀風書院者並不多見，僅知如光緒二十年底時任
湖北學政龐鴻文觀風於兩湖、經心各書院，其命題為：

四書文題：季康子問仲由全章

經文題：君子聽鼓鼙之聲則思將帥之臣

詩題：賦得詞必已出得詞字五言八韻

賦題：諸葛臥龍賦以萬古雲霄一羽毛為韻

雜作題：擬白香山新樂府，題目悉聽自擇不限首數，以足備采
風裨益時事為佳但須遵詩人忠厚之旨不得率意妄言致涉訕謗；問鄂
省江防；詠懷鄂省古蹟五七律不限首數；李廣程不識論；古韻部分
說。〔註 296〕

（三）決科

決科之語，淵源甚早，意為應試科舉之意，以發策決科為科舉取中之意，
並有決科之學、決科之法等語。書院決科，即逢鄉試之年，撫、藩、臬以及各
州縣於科舉考試之前，課試書院肄業生童。此外，於會試之前一年或會試之
年初，亦有舉人決科（或稱孝廉決科）之舉。書院決科由大吏命題，命題隨科
舉為轉移，庚子年科舉改制前課八股試貼，庚子後則改課策論。書院決科或

〔註 292〕梁廷棟：《夷氛聞記》，北京：中華書局 1959 年版，第 24～25 頁。

〔註 293〕《江藩觀風》，《申報》1880 年 6 月 2 日，第 2 版。

〔註 294〕《寒士失望》，《申報》1880 年 3 月 1 日，第 2 版。

〔註 295〕《匯錄甄別觀風題》，《申報》1885 年 4 月 25 日，第 9 版。

〔註 296〕《學使觀風》，《申報》1895 年 1 月 10 日，第 2 版。

扃試、或散卷，「列以等第，獎以花紅」，且因鄉會試照例需要停課，故而停課數月之膏火銀會按照相應規定發給生徒，故而決科花紅優渥，往往倍於平日書院之考課，故士子熱衷參與，其實質為科舉之預演，「於鼓勵之中隱寓周恤之意」。

早在乾隆年間，浙江浦江縣東明書即創設鄉場課，「乾隆癸卯，傅竹溪山長創立鄉場課，內外肄業諸生，課於廳上，用書藝三篇、八韻排律一首。每逢鄉試年分，則課數次，管理人供給山長並會課人茶飯。恩科照式。」〔註297〕安徽桐城縣桐鄉書院章程道光年間定規，「鄉試之年，即停小課，添設決科一次。」「每將決科，先期一月，董事出帖四路告知。期前一日，生監各赴書院報名，屆日清晨同進書院。是日一茶一飯。文詩題，董事預請邑尊擬定封固，臨日於講堂開拆。次日將各卷包封送縣，以憑甄別甲乙，或請鄉先達素有文名者親至書院評定亦可。錄取一名者，獎賞紋銀一兩，二、三名各八錢，四、五名各六錢，六、七、八、九、十名各四錢，以後無賞。其決科課卷，用彌封，坐號浮票各自揭去。外鄉與決科者，不給獎賞。」〔註298〕

河北平鄉縣崇正書院，同治十三年規定，「生監遇有鄉試之年，應於試前數月各加堂課一次，堂課發膏火，隨卷給領，月課給獎。師課亦加堂課一次，每月再備獎賞制錢伍千文。其願應鄉試者，以六月堂課取列正附為準，按發七、八兩月膏火。童生上府應考者，如在有課月內，亦准照課取發兩月膏火。如遇恩科，另行廣額。」〔註299〕山東寧津縣臨津書院於光緒年間定規「每遇鄉試之年，凡在院肄業生員，即於六月官齋兩課作三文一詩，藉以決科。並提七、八兩月膏火，分別加獎，以示鼓勵，而助寒素」〔註300〕河南豫南書院為光緒十七年由時任南汝光淅兵備道朱壽鏞創設於信陽，書院定規「凡鄉試之年，七、八、九三個月停課，先於六月後半月示期決科一次，限即日交卷，過日不收。額外有志觀光者，並許合同投考，評取超、特、一等。其額內取列超等者，獎予正課膏火三個月。其額內取列特等者，獎予副課膏火三個月。其額內取列一等者，獎予副課膏火二個月。即為賓興之費。其額外取列

〔註297〕《東明書院章程》，鄧洪波主編：《中國書院學規集成》，第416～417頁。
〔註298〕《桐鄉書院章程》，鄧洪波主編：《中國書院學規集成》，第465～466頁。
〔註299〕汪枚：《崇正書院章程》，鄧洪波主編：《中國書院學規集成》，第40～41頁。
〔註300〕《臨津書院章程》，鄧洪波主編：《中國書院學規集成》，第815頁。

超等者，獎予副課膏火二個月。其額外取列特等者，獎予副課膏火一個月。取列一等者不獎。」〔註301〕

蘇州之紫陽、正誼書院決科，則由江蘇巡撫主持，參與者或藩臺、或臬臺、或知府、或諸縣大令，決科大抵於六月下旬進行，合紫陽、正誼兩書院肄業諸生於貢院局門課試，規程較嚴，並不准舉人及外省生監與課。光緒五年六月二十二日蘇州書院決科情形：

> 是日應試者，除在院舉人及外省生監不在其列外，尚有一千餘卷。府憲暨長、元、吳三縣並在城學官，早於卯初，齊集貢院，未幾藩、臬兩憲赴院，中丞亦即駕臨。卯正升炮開門，分路開點。紫陽超特等生員，由撫憲在中門進點。東角門藩憲點紫陽一等生員，西角門臬憲點正誼生員，因是應名接卷，地步舒展，絕無擁擠之病。點畢，三憲回轅，留提調及監院、學官局門出題，日午打戳，日入交卷，每名給與月餅票一紙，票印「連中三元字」樣，蓋亦各憲期望獎勵之意也。〔註302〕

南京書院決科，並無固定之規程，「向例大比之年，督憲於官課外，擇期另考，謂之決科」〔註303〕，因而決科之舉較為隨意。光緒十四年六月二十九日，「鍾山、尊經兩書院向例於六月分輪，應制府局課」，「今因科場伊邇，曾宮保遂一併決科」，「本屆係決科，凡非上、下江之生監，無論何處之人，概不得濫竽其際，即向在尊經肄業之孝廉，此次亦不得越俎而來」。〔註304〕光緒十五年「六月廿六日為宮太保決科之期，向來在下江考棚，點名給卷。今因下江學院按臨在即，遂改就花牌樓之鍾山書院內接卷，是日到者共有一千五六百人」〔註305〕光緒十九年未舉行決科，故而生徒稟請「將官課之案兼抵決科，發給雙分課銀，以資鼓勵」，蒙批准。〔註306〕

松江府之府城之雲間、求忠兩書院，「每屆大比之年，將七、八月兩課暫緩，膏火則照前案給予」，並無決科之慣例。但亦有大吏有決科之舉，如光緒

〔註301〕朱壽鏞：《豫南書院章程十條》，鄧洪波主編：《中國書院學規集成》，第959頁。
〔註302〕《蘇垣瑣志》，《申報》1879年8月26日，第2版。
〔註303〕《寒士歡顏》，《申報》1893年10月9日，第9版。
〔註304〕《白門炎令》，《申報》1888年8月6日，第2版。
〔註305〕《白門俚語》，《申報》1889年7月29日，第3版。
〔註306〕《寒士歡顏》，《申報》1893年10月9日，第9版。

十七年七月初三日，時任松江知府「就兩書院決科，並捐廉厚贈花紅八百」。
〔註307〕松江府之上海縣，因為蘇松太道駐節之地，書院眾多且較具影響，因
此決科之制較為完善。決科本邑生員於蕊珠書院，光緒五年六月念二日，蘇
松太道「扃試本邑（注：指上海縣）生員於蕊珠書院，為決科也。到者計二百
餘人。」〔註308〕。光緒八年蘇松太道決科龍門、蕊珠兩書院生童於蕊珠書院，
並特發《定期決科示》：

> 欽加二品銜，監督江南海關，分巡蘇松太兵備道邵為曉諭事：
> 照得今屆鄉試之期，所有蕊珠書院肄業諸生，及在龍門書院肄業各
> 生，均須晉省應試。今本道定於六月二十六日在蕊珠書院扃試龍門、
> 蕊珠兩院諸生，臺行決科。除飭董預備試卷、飯食外，合行牌示，
> 曉諭龍門蕊珠兩院肄業各生知悉。該士子等先期赴董事處將年歲籍
> 貫報明以便備辦試卷，屆期黎明齊集蕊珠書院，聽候本道按臨點名，
> 給卷扃試，限於本日亥刻交卷，如遠不錄。其肄業孝廉及丁優生員
> 概不與考，均各遵照毋違特示。〔註309〕

起初，兩書院決科分別命題、分別出案，如光緒十一年決科龍門題：子
曰無為而治者兩章；賦得一片升平雅頌聲，得聲字。蕊珠題：賢賢易色一章；
賦得五鳳齊飛入翰林，得飛字。〔註310〕龍門書院決科，取超等八人，分別為
汪人驥、李廷楨、沈祥龍、秦德懋、臧毓麒、秦贊堯、朱昌鼎、朱逢甲，另取
特等二十人、一等三十八人〔註311〕，後漸而不再區分彼此。光緒二十六年決
科，「計共取超等二十名，特等四十名，一等三百十三名，……計第一名獎洋
銀六元，二名至五名四元，六名至十名三元，十一名至特等五名二元，特等
六名至四十名一元五角，一等第一名至五十名各一元，五十一名至一百五十
名各八角，一百五十名起各五角。」〔註312〕

鎮海之寶晉書院，決科生、童、孝廉，光緒十九年，「常鎮通海道黃幼農
觀察曉諭寶晉書院肄業孝廉生童，以本科鄉試在即，凡在院肄業生監，有應
赴省錄科者，約計七月初旬即須起行，本道定於六月三十日開課，即為諸生

〔註307〕《松江郵簡》，《申報》1891 年 8 月 15 日，第 3 版。
〔註308〕《劉觀察決科題》，《申報》1879 年 8 月 10 日，第 3 版。
〔註309〕《定期決科示》，《申報》1882 年 8 月 3 日，第 3 版。
〔註310〕《龍門書院投課案》，《申報》1889 年 7 月 16 日，第 2 版。
〔註311〕《龍門書院決科案》，《申報》1885 年 8 月 21 日，第 2 版。
〔註312〕《決科出案》，《申報》1900 年 8 月 24 日，第 3 版。

決科。屆期務各遵照，詣院候試，今將題目錄左，孝廉：言必有中；生：夫達也者質直而好義；童：是聞也非達也；旗生：居其所而眾星共之；旗童：何哉爾所謂達者；詩題：賦得士先器識，得裴字。」〔註313〕

杭城書院決科，敷文、崇文、紫陽三書院定章於七月二日，各由其主政官即撫、藩、臬三大憲分別主持，或於書院、或於學院考棚，點名給卷，局門課試。光緒八年，「杭省敷文、崇文、紫陽三大書院，一律於七月初二日決科。是日撫、藩、臬三大憲，皆親詣點名散卷，通計有三千餘名。而外來之赴試諸生，爭向院中居住，故三書院中，皆充塞無遺。」〔註314〕光緒十四年七月，巡撫「初六日親臨學院考棚，為敷文書院決科」。布政使則同日至紫陽書院決科局試，詁經之決科則定於初十日。〔註315〕光緒十九年「崧振青中丞牌示六月十七日舉行敷文、崇文、紫陽三書院決科，是日黎明士子各具衣冠，聽候命題給卷。同日劉方伯考試崇文，惠廉訪考試紫陽，所有山長師課改為二十七日舉行」〔註316〕，決科限十八日交卷。決科命題，敷文題：子曰參乎吾道一以貫之曾子曰唯；經題：無倚勢作威至從容以知；詩題攀桂仰天高，得天字五言八韻。崇文題：顏淵問仁至天下歸仁焉；經題：剛健中正純粹精也；詩題：妙處元在煙雨中，得元字五言八韻。紫陽題：子曰晏平仲二章；經題：七月流火二句；詩題：不知誰是謫仙才，得知字，五言八韻。〔註317〕

此外，杭城之詁經精舍、學海堂亦有決科之制，其中學海堂為孝廉肄業之所，故有孝廉決科之舉，「每屆會試之期，浙江孝廉堂必於前一年十一月決科，凡新舊諸君，俱得報名役考」。光緒十九年，經監院稟請撫憲聶仲芳，「定於十一月初八日局試，所有應試各舉人，先期開明年貌、籍貫、三代履歷及中武年分、名次、座師房師姓名，統限予月底截止，以使造冊聽候命題考試。」〔註318〕是日巡撫「在撫院局試。是日各孝廉整肅衣冠，聽候點名給卷。合新科升院舉人計之共得三百餘名，桃僵李代者約有二百人。〔註319〕光緒二十年

〔註313〕《潤州秋色》，《申報》1893 年 8 月 19 日，第 2 版。
〔註314〕《決科錄遺》，《申報》1882 年 8 月 31 日，第 3 版。
〔註315〕《錢江潮信》，《申報》1888 年 8 月 21 日，第 2 版。
〔註316〕《三潭月色》，《申報》1893 年 7 月 28 日，第 2 版。
〔註317〕《武林決科》，《申報》1893 年 8 月 4 日，第 3 版。
〔註318〕《決科先聲》，《申報》1903 年 12 月 20 日，第 9 版。
〔註319〕《孝廉決科》，《申報》1893 年 12 月 22 日，第 2 版。

十一月初八日，「本月初八日為杭州孝廉決科之期，新中諸君皆得請考，是日撫憲特委候補府劉太守至喜，親臨點名給卷，與考諸君，咸衣冠濟濟，魚貫而入。雖不局試，而限酉刻繳卷，有兼人之量者，亦難多作也。茲將題目列後，滕文公問為國二節；賦得驊騮開道路，得開字。〔註320〕「詁經精舍為士子考試經古之所，每逢大比之年，官課改作經文、策問」，此外亦有決科之舉，光緒二十年七月「廖中丞於初六日決科。茲將題目列後。經文：受天之祐四句；策問：前明備倭之法與今海防異同；賦得大廈須異材，得材字。」〔註321〕光緒二十三年（1897年）七月「初六日為詁經決科之期，廖中丞委胡太守蔭森，赴院點名給卷」。〔註322〕

　　寧波書院，「每逢大比之年將六、七、八三個月課期統改於六月分預考，以作決科」，決科由寧紹臺道、寧波知府、鄞縣知縣及書院山長商定日期，分別舉行，稱道課、府課、縣課、師課（院課），合書院諸生於校士館舉行。光緒二年六月十一日寧紹臺道決科，「闔屬諸生齊赴校士館局試，彬彬儒雅約有六七百人，文題：『執圭，鞠躬如也，如不勝。上如揖，下如授』；詩題：『安危須仗出群才，得才字』」〔註323〕。六月二十八日寧波府決科，「文題：『在邦必聞至在邦必聞』；詩題：『鼓瑟吹笙，得吹字』」〔註324〕。光緒五年六月：「寧郡向例每逢鄉試之年，將六七八三個月課期統改於六月分預考，藉作決科，茲悉道府縣各憲懸牌，定於本月初五日道課，初八日府課，十二日縣課，十四日師課，闔屬貢監生員云。」〔註325〕光緒八年「定期於六月初五日道課，初八日府課，十二日縣課」〔註326〕。光緒十一年「定於六月初五日道課，初八日府課，十二日縣課，十四日院課，均在校士館，點名散卷。向章值此炎天，無庸局門，以示體恤，惟必須當日交卷，極遲以次日黎明為度，再遲概不收閱。」〔註327〕光緒十四年「茲聞寧紹臺道薛叔耘觀察牌示，於本月十四日（注：五月）考試決科。凡貢監生員於五日前，各赴禮房報名填冊，屆期聽

〔註320〕《孤山梅訊》，《申報》1894年12月8日，第2版。
〔註321〕《書院瑣記》，《申報》1894年8月14日，第3版。
〔註322〕《武林雜俎》，《申報》1897年8月12日，第2版。
〔註323〕《寧郡決科》，《申報》1876年8月2日，第2版。
〔註324〕《寧府決科》，《申報》1876年8月23日，第3版。
〔註325〕《決科定期》，《申報》1879年7月24日，第2版。
〔註326〕《決科示期》，《申報》1882年7月20日，第2版。
〔註327〕《甬上雜聞》，《申報》1885年7月18日，第2版。

候，當堂點名給卷，命題考試。」〔註328〕「共取一百六十八名，首名得花紅洋十二元，以次遞減，至末名亦得一元」〔註329〕。

溫州書院決科有道課、府課之別，行散卷之法。光緒八年溫處道決科，文題：子貢問曰：「有一言而可以終身行之者乎？」子曰：「其恕乎」；詩題：賦得桂馨一山，得顏字，五言八韻。知府決科題：子夏問曰巧笑倩兮兩章。〔註330〕光緒十七年六月初八日溫處道決科，文題：子貢問曰有一言至其恕乎；詩題：賦得海上濤頭一線來，得樓字。十三日溫州知府決科，文題：行不由徑至誰能出不由戶；詩題：賦得鵬摶九萬，得程字。〔註331〕光緒二十年六月二十二日溫處道決科，文題：禮之用，和為貴。先王之道，斯為美，小大由之；詩題：萬柄蓮香一枕山得香字。二十六日知府決科，文題：季氏旅於泰山兩章；詩題：賦得先中中得先字。〔註332〕揚州府書院決科，合諸書院一體為之，如樂儀書院，嘉慶年間「每遇鄉試之年，肄業諸生定於六月望後赴郡，與安定、梅花兩院諸生一體應鹽運使決科，各給考費銀六兩。」〔註333〕

江西省會書院決科，由巡撫及學政共同主持，於秋闈前，大抵皆在七月初，合豫章書院、友教書院、經訓書院三書院肄業生監，齊赴學院考棚內試之，謂之決科。如光緒五年七月初三日決科情形：

> 是日學院儀門內設公案二，中丞居左，宗師處右，各按冊點名，首冊豫章、次友教、次經訓，魚貫而入。事畢，中丞回署，乃扃門焉。文宗詣考棚內監試，並親行巡察，至午後始入內署間。赴試者共八百二人，而轅門牌示則只錄六十人而已。今將詩文題錄後，文題：「子曰不降其志」三節，詩題：「賦得中必疊雙，得都字」。〔註334〕

廣州書院之決科，合端溪、粵華、粵秀、羊城四書院之高材生，送至撫署，由巡撫親自督課。光緒十一年「倪中丞定期七月十六日考取，是日黎明諸生肅整衣冠，齊集撫轅，由監院帶領引進，魚貫而入。題目：卑宮室而盡力乎溝洫禹吾無間然矣；詩：賦得憂國願年豐得年字五言八韻。計送考者共二

〔註328〕《寧郡決科》，《申報》1888年6月24日，第2版。
〔註329〕《甬上雜聞》，《申報》1888年7月21日，第2版。
〔註330〕《溫州決科》，《申報》1882年8月25日，第2版。
〔註331〕《括蒼山色》，《申報》1891年7月23日，第2版。
〔註332〕《甌海秋帆》，《申報》1894年8月15日，第9版。
〔註333〕嘉慶《儀徵縣續志》卷三《學校志》。
〔註334〕《江省決科》，《申報》1879年8月30日，第2版。

百餘人足見斯文之盛矣。」〔註335〕光緒十四年廣東巡撫七月「十二日在署內考試決科，各生由廣雅、端溪、越華、粵秀、羊城五書院擇尤錄送，計共二百餘名，中丞升坐大堂，點名給卷，詣生衣冠整齊，魚貫而入，出題後限三刻先，謄起講蓋戳，午刻款以茶點」〔註336〕。八月初一日出案，首選者南海縣黃喬生，「賞銀二十兩，以下各有等差」〔註337〕。此後決科漸由等第之名，稱為元卷、魁卷、中卷，光緒十九年決科，「取錄元卷一名，魁卷十名，中卷一百名。」〔註338〕光緒二十年決科，取「元卷一名，魁卷十四名，中卷一百名」，「元卷賞銀十兩，以下各有等差。」〔註339〕光緒二十七年七月十三日決科，「諸生到者計廣雅七十六名，端溪八十三名，越華五十四名，粵秀六十名，羊城五十名，共三百二十三名。」〔註340〕此外，廣州尚有應元書院，為舉人肄業之所，因此之故，舉人決科即於應元書院舉行，由學政主持，監試及判卷，大致於會試前一年書院甄別之後舉行，「分列內外課，酌給公車費」，「無論新舊科及曾否在院肄業者一律准其投考」，「內課賞給公車費銀五十兩，外課三十兩，其非在書院肄業而附考者，其銀折半賞給。」〔註341〕光緒十四年十一月十六日於應元書院局門考試，學政「汪柳門文宗親到點名，應考者共有二百餘人。」

書院決科有時亦不以書院為單位，光緒十九年徐州府睢寧縣決科示：

> 欽加同知銜署睢寧縣正堂加十級紀錄十次戴為決科事，照得郡邑必舉廉孝，故鄉校預選士之科；朝廷首重尊親，而考起作人之頌。下邳古多豪傑，臨淮久著文明。本縣雅意真才，用襄大典。……茲擇於本月二十日在書院舉行決科，合亟出示曉諭，為此，示仰應考諸生知悉，至期齊集，聽候扃試。一藝成文，五言選韻，槐花忙到，只教片日爭長；桂子香濃，為卜高秋預兆。愧無厚贈，聊備粗供，不知誰是謫仙；啖君綾餅，好證一時佳話。酬我棗糕，所冀捷足登先，奮心共勉。毋潦率以從事，毋剿竊以隨人。漫云文字無憑，朱

〔註335〕《五羊近事》，《申報》1885 年 9 月 14 日，第 2 版。
〔註336〕《穗垣秋信》，《申報》1888 年 9 月 2 日，第 3 版。
〔註337〕《粵省決科》，《申報》1888 年 9 月 8 日，第 2 版。
〔註338〕《觀光類志》，《申報》1893 年 9 月 10 日，第 2 版。
〔註339〕《粵東試事》，《申報》1894 年 9 月 4 日，第 2 版。
〔註340〕《珠海濤聲》，《申報》1901 年 9 月 14 日，第 2 版。
〔註341〕《學憲決科》，《申報》1893 年 11 月 13 日，第 2 版。

衣早點，畢竟鑒衡有定，青眼相看。煙墨宜除，雷同必黜。趁此際
霓裳共詠，到羅天看幾多星斗增輝。早來泗水，其間必有名士一枝，
占及第之祥。聖主願頌得人，萬壽衍無疆之慶，跂予厚望，勉爾前
程，特示。

光緒十九年六月初七日〔註342〕

第二節　清代書院考課制度之規程

同治十一年婁縣許淞漁於《申報》發表竹枝詞作品《書院月課吟》，從士
子之角度詳細敘述了一次書院月課之全過程，具體而言：〔註343〕

　　○文房眼鏡短煙筒，衣帽齊全步鞠躬。
　　　　更有背包持傘者，野航昨夜趁東風。　　到院

　　○論文話舊道溫涼，各就相知占一方，
　　　　怪怪奇奇聽不盡，但聞撫掌笑哄堂。　　晨敘

　　○生童內外附須分，硃筆連連點額勤。
　　　　手執卷兒還接應，桃僵李代亂紛紛。　　唱點

　　○東牽西扯講津津，未必分詮的的真。
　　　　問到詩題無出處，皮鐙黑漆慣欺人。　　論題

　　○一湯四菜是饗饗，每食頻頻有蛋盆。
　　　　為怕將軍誇大腹，煮來硬飯使難吞。　　午餐

　　○不拘狗洞與雞塒，不論前門與後籬。
　　　　題目太難懷挾富，大家棄甲曳兵西。　　私越

　　○考卷房行疊滿箱，學庸論孟細推詳。
　　　　對題文字真難得，似是而非也不妨。　　翻檢

　　○忽然文運一時通，多謝他人代用功。
　　　　依樣葫蘆憑畫去，那愁人世有雷同。　　抄襲

　　○尊容瑟縮語溫存，大筆煩揮特叩門。
　　　　頓首折腰都不惜，但求完卷即開恩。　　倩代

〔註342〕《決科示錄》，《益聞錄》1893年，第1297期，第388頁。
〔註343〕《書院月課吟》，《申報》1872年7月20日，第1版。

　　○長律同音寄岳雲，一經著手化氤氳。

　　　脫胎換骨尋常事，八韻拈成十四文。　　賣詩

　　○不拘短作及長篇，超等兼須上卷前。

　　　羨殺當風花顫立，手圈膝動首頻顛。　　互贊

　　○匆匆添注改塗忙，前後謄真十幾行。

　　　向處該圈何處點，歸來一路細思量。　　交卷

　　○誰後誰前暗測猜，譁言看戲吃茶回。

　　　兵營報子青樓妓，一日門前幾度來。　　探案

　　○諸公高趾邈難攀，四顧潛特姓氏刪。

　　　紅椅任他虛左待，幾人情願作孫山。　　塗名

　　○名次稍遲語便殊，此中例不用之乎。

　　　是非好醜憑君論，最是傷心一字無。　　閱批

　　○此樂平生得幾遭，峨冠博帶氣雄豪。

　　　號房不敢私偷換，但向先生索火刀。　　花紅

　　此中所述，包括生徒到院、唱點、發題、午餐、交卷、閱卷以及出案、發給花紅等，也揭露了書院月課在實踐之中的流弊，即書院局試時，生徒私越出院、翻檢以及抄襲、倩代等，還透露出書院月課之基本規則，如採用糊名法等等，顯示了書院月課局試之基本程序以及其實踐形態。從士子之角度展示出的書院考課規制雖則形象生動，但並非書院考課制度的全部內容和形態，本節擬從書院考課之課期、應課資格及規模、考課命題、局試與散卷、課卷之收繳、課藝之傳播、生額及閱卷、書院生徒待遇及獎懲等多個方面的內容出發，全面釐清考課的基本規程。

一、資格、規模

（一）肄業資格

　　一般而言，士子肄業書院，須限期至書院監院處或官署禮房等處報名造冊，亦有書院要求由學起文、或由縣起文，隨後參加甄別課並被取錄。四川「錦江書院考課有生無童，向來投考者在監院處報名，即準收考，並不由儒學申送，其人是否生監，無從查考，往往一人而捏數名，甚至有以言寸身之名，離合其姓以投考者，相沿成風，士習殊不可問。」因此不得不於咸豐八年

定規，「嗣後除貢監生呈驗執照外，其廩增附各生，均由該學具冊申送，方准與課。如係遊學遠來，及僦居在省，不及回籍起文者，成、華兩縣學查，係的名亦準就近給文送考，仍由監院移知各學查覆。如有捏造，即行扣除。該學教官嚴禁門斗人等，不得籍端需索干究。各生監姓名確實，則甄別不錄，復行詭名投考，亦易覺察，以杜冒濫。」〔註344〕

同樣，針對詭名投考之弊，杭州書院於光緒十六年定規，「明歲甄別所有請考生員應由各該學備文，貢監童生應由各該縣備文，均開具三代、年貌、籍貫並專考何院，不得跨考，分別移送各該監院入冊備卷。其本年肄業生童亦由各學各縣移送監院，憑文造冊，如偽託者，准其改正，統限開印前，一律移到。甄別後，該監院即將原文匯送察核，有不符者，概不錄取。」〔註345〕江西義寧州梯雲書院光緒十八年定規，「每年十月十四日，生童至院領給三單，親填三代捐名，查清蓋戳，方准自行買備試卷，如有假冒，不准與考。」「監生考試甄別，必持部監二照，至院覈其年貌、三代，相符，方准與考。」〔註346〕此於前文書院甄別之中已經詳述，故不贅述。

除此之外，書院肄業尚有若干限制性規定，主要是要求肄業諸生之品行，如河北遵化州燕山書院光緒十一年定規：「在院生童，無論內外課，遇有詞訟事件，亟宜先自迴避，不得在院居住，遇課期並不得朦混考課。倘有以住院考課為名，藉端構訟，率遞稟詞，定即扣火除名逐出，永遠不准住院考課。即紳董等人，亦不得從旁關說，自取侮辱。」〔註347〕河北武邑縣之觀津書院規定，「倘有剽襲舊文及雷同，不完卷，與文理悖謬，並無故三課不到，又三次均在一等二十五名以後者，扣除肄業外，以附課之屢試前列者補入。童生亦照此辦理，以示勸懲。」「在院生童，如有不孝不弟及唆訟抗糧等事，查出即不能人院。諸生童亦當恥與為伍，許公稟扣除。」〔註348〕

書院肄業資格則由功名、籍貫、戶籍等多種因素所決定。其中功名一節，前已大略言之，故不贅。然亦有不限士子功名之書院，如上海求志書院、上海格致書院、寧波辨志文會等皆為此類。格致書院規定，「考者無論已入仕途，

〔註344〕《錦江書院改定課規》，鄧洪波主編：《中國書院學規集成》，第1456頁。
〔註345〕《掃除積弊》，《申報》1890年12月30日，第3版。
〔註346〕《梯雲書院志》卷六，見魏萌萌：《〈梯雲書院志〉的整理與研究》，江西師範大學碩士論文，2016年，第226頁。
〔註347〕繆彝：《燕山書院條規》，鄧洪波主編：《中國書院學規集成》，第55～56頁。
〔註348〕《創建觀津書院章程》，鄧洪波主編：《中國書院學規集成》，第63頁。

或遠就幕府，以及舉、貢、生、監均可投考。」〔註349〕另有如浙江湖州之安定書院，「專課經義古學，仿詁經精舍之用意，補愛山書院之不足」。「每課以一賦一詩為完卷，無賦詩者，作不滿卷論」，舉貢生監皆可與考，並不限制功名。〔註350〕

1. 籍貫

書院按其行政之級別大抵可分為省、道、府、州、縣、鎮等多個級別，此外尚有如學、漕、河、鹽、糧等體系內的官員亦會參與書院事業，不同書院於肄業生之籍貫各有其限制。「其分籍貫者，大抵為郡縣之書院，其不分者，類多省會之書院與夫書院之名盛一時者。」〔註351〕

不分畛域之書院，大抵各省皆有。江西白鹿洞書院，康熙二十一年定規，「他省學徒至，須先具姓名、籍貫、出身，具呈於星子縣批准，方許入洞讀書。所以防匪人也。如名譽著聞為洞中生徒所熟悉，並齎有戚友書札，灼然可信者，不在此限，餘如例。」〔註352〕書院雖位於南康府，然掌教向由巡撫禮聘，與省垣豫章書院相類，惟掌教關聘由南康知府送達，每年甄別歸南康府考取，月課亦由南康太守就近經理。〔註353〕然書院主政官仍為省級大吏，如光緒十年，學政鑒於書院甄別不公，「劄飭南康府將甄別文卷彙齊，解送行轅閱看，評定甲乙後，寄往書院發榜。」〔註354〕金陵鍾山書院「為海內四大書院之一，溥天之下肄業者，皆得就橫捨，剛日讀經，柔日讀史，無畛域。」〔註355〕蘇州紫陽書院各省舉貢生監均可報名應課。

山東濟寧州池樓書院光緒十七年由河督創設，專課舉貢生監，「凡寄居濟寧州之本省及外省各府州縣舉貢生監，均准與課。」「每年正月，由道劄飭濟寧州知州送舉人貢監名冊，濟寧州儒學造送廩增附名冊，發交監院收

〔註349〕《格致書院擬以藝文考試章程》，《申報》1886年2月13日，第10版。

〔註350〕楊韞香：《興復安定書院章程》，鄧洪波主編：《中國書院學規集成》，第375頁；宗相文：《重訂安定書院章程》，鄧洪波主編：《中國書院學規集成》，第375～376頁；郭谷齋：《參訂安定書院章程》，鄧洪波主編：《中國書院學規集成》，第377頁。

〔註351〕班書閣：《書院生徒考》，《女師學院期刊》1933年第3卷，第1期。

〔註352〕高璜：《白鹿洞書院經久規模議》，鄧洪波主編：《中國書院學規集成》，第673頁。

〔註353〕《豫章紀事》，《申報》1892年6月13日，第2版；《斗山在望》，《申報》1893年2月26日，第2版。

〔註354〕《鹿洞儲才》，《申報》1884年5月22日，第2版。

〔註355〕《整飭書院》，《申報》1887年2月12日，第2版。

課。」〔註356〕上海求志書院、寧波辨志文會，上海格致書院等皆不限制籍貫，如格致書院考課取錄士子雖以江蘇、浙江為主，但亦包括廣東、安徽、湖南、福建、天津、河南等各省。〔註357〕上海敬業書院則客籍及本學各生童皆可應課。〔註358〕另有書院專課客籍者，「京師金魚池金臺書院為京外舉貢生監肄業之所，月課係掌教出題，四季課係順天府府尹、府丞輪流甄別，肄業者數百人。」〔註359〕天津集賢書院創設於光緒十二年，「專為培植外省人材而設」〔註360〕，每月朔課由直隸總督及司道府州縣輪課。〔註361〕

亦有書院雖不分畛域，然有所限制。揚州府梅花、安定書院，「外省、外府之舉貢生監，惟須有同鄉之或官或幕者，或本城作保，方得循例報名。至童生之應試者，則只府屬八縣人，他不與焉。所取計本屬占七成，外府占二成，外省占一成。」〔註362〕然「每歲開考時，本籍貢監均驗照收考，外府、外省生監須由本籍或遊幕衙門起文，或由同鄉在揚官員出請送考。」且限製取士比例，「凡安定、梅花肄業生監，每取百名，府屬生監占額七十名，外府二十名，外省十名。」「其肄業童生，止收本府八屬，外府、外省概不收考。」〔註363〕

另有跨省書院。廣東肇慶端溪書院為康熙四十七年時任兩廣總督趙宏燦復建，取名「天章」，為總督課士之所，選招兩廣之士肄業其中，乾隆初改名「端溪」。光緒十三年，張之洞創設廣雅書院，生額二百人，東、西省各一百，其中規定各府名額，「東省廣州府三十名，肇慶、高州、惠州三府各十名，韶州、潮州兩府各六名，瓊州府嘉應直隸州各五名，廉州、雷州兩府各四名，南雄直隸州三名，連州、羅定兩直隸州各二名，陽江直隸廳一名，駐防一名，連山、赤溪、佛岡三直隸廳共一名。西省桂林府三十名，梧州、潯州兩府，鬱林直隸州各十名，平樂、南寧兩府各八名，柳州府七名，思恩、慶遠兩府各五名，太平府三名，泗城府二名。鎮安府一名，百色直隸

〔註356〕《池樓書院章程》，鄧洪波主編：《中國書院學規集成》，第807頁。

〔註357〕劉明：《〈格致書院課藝〉研究》，上海社會科學院年碩士論文，2015年，第37～38頁。

〔註358〕《敬業書院甄別》，《申報》1878年3月9日，第3版。

〔註359〕《興復書院》，《申報》1880年5月17日，第1版。

〔註360〕《津門雜誌》，《申報》1887年10月12日，第2版。

〔註361〕《津郡紀聞》，《申報》1888年5月22日，第2版。

〔註362〕《蕃釐觀題壁》，《申報》1897年3月10日，第2版。

〔註363〕《安定梅花廣陵三書院章程》，鄧洪波主編：《中國書院學規集成》，第217～218頁。

廳歸順直隸州共一名。」〔註364〕張之洞於湖廣總督任上創設兩湖書院，亦與之類似，「調取湖南北兩省高材生肄業，分經學、史學、理學、文學、算學、經濟學六門，分教六人。住院諸生湖北額一百名（武昌府十六名、漢陽府十二名、黃州府十九名、德安府八名、安陸府十名、襄陽府六名、鄖陽府五名、荊門州三名、荊州府十名、荊州駐防旗學一名、宜昌府五名、施南府五名），湖南額一百名（長沙府二十五名、衡陽府十四名、岳州府十名、常德府七名、永州府七名、辰州府五名、永順府四名、澧州四名、郴州三名、桂陽州三名、靖州三名、寶慶府十名、沅州府五名），均歸湖南北學政調取。商籍四十名，由院甄別。住院諸生月給膏火銀四兩，朔望二課均有獎賞，投考者為附課。」〔註365〕

　　書院之肄業籍貫之限制大體於一省、道、府、州、縣內。以江浙地區而論，限於一省者，如杭州敷文、崇文、紫陽三書院為通省士子肄業之所，省中士子「與考諸生由學起文，注明某院移知監皖填冊。貢監童生由縣報名，均定於開印以前截止」。外屬府州縣「如有欲來杭肄業者，統限於開印以前行文到省，移知各監院，按名列冊送考」〔註366〕。江陰南菁書院為課試通省經古諸生而設。湖南時務學堂則規定各府州廳之名額，即「長沙府二十四名、寶慶府十名、岳州府十名、常德府十名、衡州府十二名、永州府十二名、辰州府六名、沅州府六名、永順府五名、靖州五名、郴州五名、桂陽州五名、澧州五名、五廳各一名。」〔註367〕

　　限於一府者，如蘇州平江書院則為蘇州府文童肄業之所，向由首府及長元吳三首縣輪流課試，其甄別「各文童先期開具履歷姓名，赴府呈報，以便造冊備卷，屆期借用試院，扃門考試。」〔註368〕金陵尊經書院亦僅江寧府士子肄業其中。限於一縣者，如浙江鄞縣鄮山書院光緒十三年定規「專課鄞縣士子。凡與考者，生員用進學冊名，童生用應試本名，貢監及外縣人概不收考。」〔註369〕

〔註364〕張之洞：《奏請廣雅書院立案折》，鄧洪波主編：《中國書院史資料》，第2226頁。
〔註365〕民國《湖北通志》卷五十九《學校》。
〔註366〕《蘇堤春曉》，《申報》1900年2月17日，第2版。
〔註367〕陳寶箴：《招考新設時務學堂學生示》，鄧洪波主編：《中國書院學規集成》，第1091頁。
〔註368〕《吳下街談》，《申報》1887年3月13日，第2版。
〔註369〕《鄮山書院條規》，鄧洪波主編：《中國書院學規集成》，第355～357頁。

諸縣共用一城，則該處書院合諸縣生徒共課之，如蘇州府常熟縣、昭文縣共用一城，城中游文書院位於虞山之麓，康熙五十九年邑中士紳購置、捐建，作為士子文會之所。雍正三年，糧道楊木植捐銀修葺，改為常熟、昭文兩邑課士之所。乾隆二年延師課士，書院歷有修葺、重建等，皆諸縣官紳合力為之。〔註370〕

書院籍貫限制大抵因書院之創設及運行有賴於一地官紳之贊助，意在培養一地之士子，如河北無極縣聖泉書院即規定「書院經費籌畫非易，膏火獎賞，為數無多，外縣附課勢難兼顧。即隨院長肄業者，外州縣人亦不得冒入。」〔註371〕江西廣信府信江書院，只准府屬生童應考。廣信府下轄上饒、玉山、弋陽、貴溪、鉛山、廣豐、興安共七縣，嘉慶十五年各縣公出費用，將書院增修，肄業名額由十五名增為五十名，並公議各縣名額，其中首縣上饒十二名，「玉、廣、鉛三邑應考人數較多，每縣派額八名。弋、貴二邑距府較遠，每縣派額五名。興安係小邑，派額四名。共足五十名之數。」〔註372〕同治年間，新定章程，定額正課生童各三十名，附課生童各三十名，外課無定額，其中上饒正課八名，玉山正課三名、廣豐正課六名、鉛山正課五名、弋陽正課三名、貴溪正課三名、興安正課二名，附課、外課仍照正課額取。「如各縣應考生童有人數過多過少者，其額數臨時酌定變通。」〔註373〕

此外，亦有書院會零時性擴大資格者。光緒十九年安徽蕪湖「中江書院前於二月初二日甄別時，值學憲考試寧國，旅居蕪湖之各生童，咸往應試，故人數寥寥無幾。李觀察因於本月十二日月課時，准寧郡寓蕪之各士子，補名報考，加惠寒酸，洵無微不至哉。」〔註374〕

另有書院較為特殊，如福建同安縣舫山書院於同治年間定規「培植本轄子弟，是以定章越轄生童概不准考，並非吝於取與，實緣經費支絀。惟有來巷設帳教讀者，不論生童，均係師傅，准予一律考課，以崇師長而別假冒。」〔註375〕福建泉州府轄晉江縣之梅石書院、同安縣之紫陽書院、南安縣之詩山

〔註370〕乾隆《常昭合志》卷之四《學校》；光緒《常昭合志稿》卷十四《學校》。
〔註371〕《聖泉書院條規》，鄧洪波主編：《中國書院學規集成》，第19～20頁。
〔註372〕《酌定信江書院條規》，鄧洪波主編：《中國書院學規集成》，第698～699頁。
〔註373〕《信江書院新定考課章程》，鄧洪波主編：《中國書院學規集成》，第701頁。
〔註374〕《蕪湖紀事》，《申報》1893年5月3日，第2版。
〔註375〕《舫山書院條規》，鄧洪波主編：《中國書院學規集成》，第576～577頁。

書院等皆為縣級書院，然外邑生童皆準與考。〔註376〕

　　另有限制範圍更小者，如湖南桂陽州龍潭書院光緒十年創設，定規「按捐定額，凡一團一族有捐錢至八百串以上者，永定課額一名，……又恐各團或有實係瘠苦，捐難滿額，不免偏祜之弊，並另設公課四名，隨州人士皆得與考。」「肄業生由州尊甄別，錄取送院，三年再行甄別。倘本團本族缺額，只可本團本族充補，公課缺額不便再補，」「諸生赴試者先至監院報名備卷，卷面須填明某里某團，以便按額錄送。」〔註377〕

2. 保送、調撥

　　保送即以某種資格保舉選送生徒入院肄業。江寧惜陰書院規定肄業生「應由兩書院山長、監院各就院中肄業諸生將其能攻經文者保送。其有在書院而尚未著名，及素未在書院之舉人，本不與書院課者，自信鑽研有素，一體聽其報名投考，聽候監院示期甄別，齊集局試，取定甲乙，送入書院。」〔註378〕即應課生徒或由鍾山、尊經兩書院保送，或為具有舉人功名者。福建致用書院專為研究經史而設，雖然規定無論舉貢生監，均准與考，然「每年甄別報名，先由正誼、鼇峰、鳳池三書院監院官查造名冊，注明某人習某業，呈送各書院山長鑒核，再交本堂監院官造冊送考，毋得冒濫。」〔註379〕即其肄業諸生由正誼、鼇峰、鳳池保送。

　　調撥即書院主政官以某種依據調取願意入書院肄業者入院，其中大抵以科舉考試成績為依據，如歲科試、府縣試以及鄉試等。乾隆十七年因鼇峰書院肄業諸生中，「率皆附近省會，其餘各郡諸生甚少，未足以盡一省之才，而遠行掉考，難於跋涉，發題考送，難得真才」。陳宏謀「就本科全場墨卷逐一搜閱，擇其三場文字可觀者，計得五十人」，調撥入院肄業。乾隆二十一年因「嶽麓書院肄業諸生雖經考取，有人未經全到肄業」，陳宏謀「於鄉試之前，曾經出示於鄉試落卷中頭二三場有可取者，檄取赴院肄業。今將落卷內搜閱，有鄧德芳等十四名，文理均堪造就，仰司官吏即便轉行各屬，令該生等於正月開印前赴院肄業」

〔註376〕《詩山書院章程》，鄧洪波主編：《中國書院學規集成》，第 599 頁。
〔註377〕《龍潭書院學約》，鄧洪波主編：《中國書院學規集成》，第 1212～1213 頁。
〔註378〕陶澍：《惜陰書舍章程》，鄧洪波主編：《中國書院學規集成》，第 198～199頁。
〔註379〕王凱泰：《致用堂規約》，鄧洪波主編：《中國書院學規集成》，第 554 頁。

山西令德書院光緒八年由巡撫張之洞與學使王學莊創始，奏請籌建令德堂，仿阮元學海堂、詁經精舍例，十一年建成，改名令德書院。其「肄業高材生額五十名，以上由學院於各學內調取，如有空額，由監院官稟請冀寧道商調充補。」「晉陽、崇修兩書院肄業諸生有願隨課者，由監院另造名冊，准其一體應課。」〔註380〕肄業諸生由學政調撥及晉陽、崇修兩書院保送。江陰南菁書院為光緒十年時任學政黃體芳創設之課通省經古之書院，「每年正月由學政分經、古兩場甄別取錄」，「所取內課經二十名，古三十名，有經古並取者，止作一名。餘額則調取歲科兩試連列三次一等者補之。」〔註381〕光緒九年寧波月湖書院直接以府考成績作為童生肄業資格，「因各童府考合校多場，文皆出色，因再將府考，統案所錄取之童除已入學者歸入生課外，餘按原列名次以二十名為內課，三十名為外課，五百名為附課，未經列課者仍准隨時投考，如內外課均未應點照章，將前列之人提補，不必另行甄別。蓋以各童之就館居鄉者多免致曠功跋涉也。」〔註382〕河北武邑縣之觀津書院「每年二月，甄別生員一次，取定肄業五十名。」「童生以縣試前五十名送入書院肄業。」〔註383〕

浙江寧波之崇實書院則將保送、調撥、投課甄別相結合，光緒十四年定規，「課期以每年八月二十一日為甄別，凡舉貢生監在孝廉堂、月湖書院課列前茅者，或訪聞學行出眾者，由本道酌量調課，准於是日赴試。又另出題目，發交寧波府學貼示，凡投課者自備課卷，限二日內由該學繳進評閱，每年錄取三四名或五六名，以課卷多寡優劣為定，嗣後一併與課。」〔註384〕

3. 民籍、旗籍

清代「凡民之著籍，其別有四：曰民籍；曰軍籍，亦稱衛籍；曰商籍；曰灶籍。」此外，則有旗籍。商籍生童肄業有兩種情形，一為商籍書院，如江蘇海州敦善書院，原名天池書院，乾隆十年建，專課灶籍子弟。嘉慶三年遷建，改名鬱洲書院。道光十七年運判童濂擇地改建，改名敦善書院，「增商籍生童膏火二十名，與灶籍生童一律開支」，「每課取定為名次，必須分作

〔註380〕《令德書院章程》，鄧洪波主編：《中國書院學規集成》，第74～76頁。
〔註381〕民國《江陰續志》卷六《學校・書院》。
〔註382〕《甄別續聞》，《申報》1883年5月16日，第2版。
〔註383〕《創建觀津書院章程》，鄧洪波主編：《中國書院學規集成》，第63頁。
〔註384〕薛福成：《崇實書院章程》，鄧洪波主編：《中國書院學規集成》，第352～353頁。

兩案，各照名次先後支給膏火。」〔註385〕廣東越華書院「乾隆二十年，鹽運司范時紀及諸商捐建。初設膏火三十名，以為商籍子弟藏修息遊之所。其後諸商久寓粵東，子弟多歸民籍，甄別事例遂與粵秀書院同。」范時紀《越華書院記》稱：

> 粵東向有粵秀書院，人文稱盛，而商人子弟，寄籍於此者，未有藏收之地，眾商深以為歉，積志已久。因合詞籲請余轉申制撫，俱蒙嘉予，且捐資首創，即命余酌藏其事，於是眾成踊躍樂輸己資，遂買舊宅一區而更新之，⋯⋯工既竣，制憲顏其額，曰「越華書院」，躬涖課藝，而加獎勵，眾商感激，復捐項生息，以充膏火，用垂永久，於是敦請名宿為山長，俾得有所折衷，庶業不荒而名有由成矣。〔註386〕

姚廷綸所作《越華書院設立商籍記》稱：

> 兩粵商籍，始以康熙六十年間制府楊公題請照淮浙河東例，每遇歲科兩試補弟子員二十名，分隸廣州、南、番三學，與民籍一體鄉試。後以人數漸多，恐礙民籍解額，於雍正元年復請照長蘆例另編冏字號以別之，於民籍取中一名，恩科加中一名，人數雖多，不得出二名外中，後改歸原籍，蓋自雍正之壬子科始也。嗣乾隆三年，督院鄂復念商籍廩增，分隸二學有妨民額，更請撥附府學，其廩增定額外，另設十五名，而恩拔歲貢悉照縣學例，即於粵省候選。此商籍科舉之大凡也。至越華書院之設，督院楊、轉運范於乾隆二十年實創此舉，歲延山長一人董其教，而又設立膏火三十名，以為眾商子弟藏修息遊之所，殆亦商籍之曠典歟！〔註387〕

一則為書院規定有商籍之額數。湖南校經書院，光緒五年，時任湖南學政朱逌然重新恢復，並將其從嶽麓書院遷出，改設在天心閣側，原城南書院之舊址，定肄業生額二十四名，其中商籍四名。〔註388〕光緒十六年，書院由張亨嘉遷建於湘春門外，重定章程，「書院課額四十四名，內有商籍六名。均

〔註385〕《敦善書院條規》，鄧洪波主編：《中國書院學規集成》，第214～215頁。
〔註386〕范時紀：《越華書院記》，陳谷嘉、鄧洪波主編：《中國書院史資料》（中冊），杭州：浙江教育出版社1998年版，第1427頁。
〔註387〕姚廷綸：《越華書院設立商籍記》，陳谷嘉、鄧洪波主編：《中國書院史資料》（中冊），第1428頁。
〔註388〕左調元：《擬校經書院學約》，鄧洪波主編：《中國書院學規集成》，第1076頁。

三年更換，由學院歲科兩試，考取經義、治事及未經與考而訪查得實品優學富者。於交卸之前，牌行各學調取。」〔註389〕光緒十六年，張之洞於湖廣總督任上創設兩湖書院，調取湖南北兩省高材生肄業各一百名，均由學政調撥，再加甄別。因經費得到商界資助，遂增「商籍四十名，由院甄別。」〔註390〕書院商籍設立之具體情形為：

> 該商等公同籌議，擬將江工捐長年押收，改為工、賑、書院專款。核計每年竹木、百貨、藥土等項一成所收約共四萬餘串，以五成作為江、河兩工歲修及備濟荒賑之需，以五成作為兩湖書院膏獎之需。至百貨商籍書院肄業生額，仰求從優賞定等情。查該紳商等素稱好義急公，此舉衛民、備災、勸學，一舉而三善備，甚屬可嘉，均即照辦。該商等子弟兩湖書院肄業課額，應從優定為二十名，即名為漢商籍課額。其茶捐課額，應名曰茶商籍課額，以示區別。〔註391〕

旗籍生童肄業書院亦與商籍類似，分為兩種情形，一為專供八旗子弟肄業的書院，即八旗書院，按白新良所述，「八旗書院始於康熙，但至乾隆時期，出於加強專制統治的目的，在最高統治者的干涉下，此類書院幾乎絕跡。嘉慶以後，專制統治逐漸消弱，兼之以受腐漢民族融合的推動，此類書院才重新出現。」〔註392〕代表性八旗書院如寧古塔之龍城書院（康熙十五年建）、杭州梅青書院（咸豐五年建）、福州龍光書院（道光十年建）、廣州明達書院（同治八年建）、成都八旗少城書院（同治十年建）、京城八旗書院（光緒十三年建，二十三年改稱經正書院）等，其中如廣州明達書院，在書同巷，「書院舊為右翼官學，同治元年，恩詔復開駐防文試。四年，將軍瑞麟以官學早經遷往西營巷，遂於此地建立滿漢八旗義學，延師主講。八年，將軍長善親加考課，改題『明達書院』。」〔註393〕另有鎮江敷文書院，光緒三年，江寧將軍穆騰阿，江寧副都統富陞，京口副都統海典奏請江寧、京口兩防於鎮江設立敷文書院，「延師課藝，每月官課清文一次，文生童一次，齋課三次，膏火

〔註389〕張亨嘉：《校經書院章程》，鄧洪波主編：《中國書院學規集成》，第 1080～1081 頁。

〔註390〕民國《湖北通志》卷五十九《學校》。

〔註391〕轉引自吳劍傑編著：《張之洞年譜長編》（上卷），上海：上海交通大學出版社 2009 年版，第 327 頁。

〔註392〕白新良：《明清書院研究》，北京：故宮出版社 2012 年版，第 251 頁。

〔註393〕長善等纂：《駐粵八旗志》，瀋陽：遼寧大學出版社 1992 年版，第 99 頁。

銀兩在淮南鹽釐項下撥給。」〔註394〕

　　八旗書院數量較少，旗籍生童肄業更多在專設旗籍額數之書院，如鍾山書院創設之初，書院「其生徒內課五十名，膏火銀月二兩四錢；外課七十名，半之；八旗生五名，如內課。」〔註395〕鎮江府寶晉書院，「京口駐防於嘉慶八年撥定德永請細四小洲租息為駐防生童膏火，始行開課。」「駐防肄業生員，每課取超等四名，特等四名，餘列一等。」「駐防肄業童生，每課取上取二名，中取二名，餘列次取。」「駐防生童每課共給膏火錢二十千八百文，發交該生童自行攤派。」〔註396〕

4. 其他

　　同光年間，江西豫章書院「除甄別人數外，又有補考及禮樂局、各府縣學諮送匯入。」〔註397〕「江西禮樂之設，自沉制軍撫江時肇始，劉制軍繼之，並延請湖南著名之士為之教習，一時生童之肄業其中者，皆有成效可觀。每當春秋致祭聖廟時，則或司琴、或司瑟以及鼓鍾笙磬之屬、舞佾歌詩之類，無不各出所長，專執一業以從事，駿奔豆籩之間，洵盛典也。至生童之習業最精者則又給以優敘，如文童則准依佾生送院應試，生監則諮送豫章書院肄業，以示獎勵，其局即設在南昌府學署內。」〔註398〕「自春秋二季擇日啟局，至祭日止，每人日給錢一百文，祭畢頒給胙肉各一方。又將其名匯送豫章書院肄業，如其人已自甄別而考取者，則可將諮送之名出賣與人，亦能博取青蚨二串數百文。」〔註399〕

　　同治十一年浙江湖州愛山書院專門針對貧困生童設置專課，其章程為：

愛山書院加課貧生章程

清同治十一年

　　計開：

　　一、貧生額數，道光年間始定超等十名，特等二十名，嗣後增廣額十名。今擬設超等十六名，每名月給膏火錢捌百文，特等二十

〔註394〕《重修京口八旗志》之《京口駐防學校》。

〔註395〕同治《上江兩縣志》卷八《學校》。

〔註396〕《寶晉書院規條》，鄧洪波主編：《中國書院學規集成》，第223頁。

〔註397〕《弊藪紀略》，《申報》1878年8月15日，第2版。

〔註398〕《禮樂開局》，《申報》1876年3月2日，第2版。

〔註399〕《禮陶樂淑》，《申報》1879年3月20日，第2版。

四名，每名月給膏火錢肆百文。一年十課，共計錢貳百貳拾肆千文。遇閏照加一課，計錢貳拾貳千肆百文。

一、超、特等向分極貧、次貧，即以甄別案為定。現擬請評文，以定等次，每月隨課升降，庶於優待寒素之中，仍寓造就人才之意。

一、貧生應試，須於甄別前向老師備述情形，學師查明屬實，方准送考，各須親赴本學，填明履歷、籍貫、入學年分，聽候府憲隨同愛山書院生童考試。惟此舉專為寒士而設，一人只准作一卷，本人務須親到，毋許頂替，致佔他人地步，違者聽諸生公同舉發。兵燹之後，寒士較多，倘或人浮於額，亦準備取數名附課，府、程、安三學，雖勻派額數，仍可通融。

一、貧生膏火以善後局航捐餘款歸入書院存典生息，以備按課領取，逐年自應一併刊入《徵信錄》。

一、朔課考取者應否獎勵，出自憲恩。望課別無花紅，應請免課或仍附入正課，均聽諸生自便。

一、貧生卷費通年議給錢陸千文，惟本年呈報無多，每課給錢三百文，除甄別由府承備卷外，一年共九課，計給錢貳千柒百文，俟額數加足再行添給。

一、府承紙筆費每年加給錢貳千文。〔註400〕

吉林養正書院光緒十年長春廳通判捐建，兼課武生，其章程為：

兼課武生童章程

一、廳屬武生、武童散處四鄉，除武生歲考、武童廳院考外，不能聚會技藝，縱使志切上進：不過各習其技，殊失敬業樂群之義。今書院考課，得以互相校射，互知優劣，必獲觀摩之益。

一、武生、武童大半家道豐裕，無庸住齋肄業，亦無須資以膏火，惟於每年春秋兩季，分二次傳習，集生童作課，優者給以花紅，以示勸獎。

一、該生童傳考到城，先行親詣監院處，聽監院定日，肅具衣冠，隨同拜見山長，行師生禮畢，再行赴兵房再考。

〔註400〕《愛山書院加課貧生章程》，鄧洪波主編：《中國書院學規集成》，第 380 頁。

一、該生童齊集後，聽廳屬示期開課。屆日，俱戴纓冠，穿開叉長袍，白帶弓箭，凌晨赴院聽名。校射步箭，箭畢，挨次開弓、舞刀、抱石。獻藝時，氣度從容；退下時，要豐神整暇。如勝者有驕矜之氣，不勝者有憤嫉之形，輕則戒飭，重則除名，以後不准與課。

一、應課生童於校射次日早飯後，自帶《武經》、兵書赴院，聽候山長在講堂上講解書義數口。口書院作養人才，原當品學兼勵，山長坐擁皋比，必有訓誨之語，該生童務必敬聽領受，默識不忘。生童與山長師生定，自當終其身恪執弟子之禮。

一、考課武生童只用點名冊一本，不必另造考試之冊，以示與正考有別。生童角技時，廳官即於點名冊內默記某人中箭多寡，弓、刀、石某勝第幾號，勘對比校，於次日判分等第，出榜宣示，酌給花紅。語云：「射有似乎君子，失諸正鵠，反求諸其身。」失意者須恪遵此語，果能不失常度，方見器量之宏。

一、考課武生之點名冊，應由兵房備造，一切俱應兵房伺候，即照考文之禮房辦理。

一、每年春秋兩季考課，春季訂於二月中旬，秋季定於八月中旬舉行，以示不煩不殺。〔註401〕

（三）額數、規模

清初，所謂肄業書院大抵需要住院，故而書院額數較受限於齋舍及膏火等條件，且由於政治上的忌諱，書院肄業額數始終較少。迨考課成為書院之主導性建制，考課式書院成為書院之主導型式，即使強調諸生須住院肄業之書院，其住院肄業者亦絕少。加之書院通過甄別課等機制將肄業生徒分為多個類別，分別給以不同之待遇，書院額數大增，僅僅受限於考課之制度成本以及防弊等考慮，而地方大吏又每以增加書院額數為體恤士子、博取聲名之政，故而書院額數不斷增加。乾隆三十八年始盧文紹主講鍾山書院，感於士子受科舉俗學沾染，積習甚深，「每思人當中年以上，讀書實難，唯童齔穎秀者可教之，以五經為根柢，庶有異於俗學之陋，而不貽終身之悔恨。與前學使者言之，因選得四五人，皆年十四五新入學者，送院中受業，每月定期考

〔註401〕 《兼課武生童章程》，鄧洪波主編：《中國書院學規集成》，第113頁。

校者六次，為之析疑陳義，且察其成誦以否，而究竟能副所期者絕少。」四十
一年其致書孫楚池稱：「始文弱初至，時肄業者百數十人，今則倍之矣。每課
必卷卷而評校之，但苦年力漸衰，精力不及，而實不敢以慢易處之，是以幸
免於愛憎之口」〔註402〕，則其時書院肄業額數已呈迅速增加之勢。

　　書院肄業規模的擴大，受到很多批評，袁枚認為：「民之秀者已升之學矣，
民之尤秀者又升之書院。升之學者歲有餼，升之書院者月有餼，此育才者甚
盛意也。然士貧者多，富者少，於是求名賒，而謀食殷。上之人探其然也，則
又挾區區之稟假以震動黜陟之，而自謂能教士。嘻，過矣！」「今之寬於養士
者既視之如無告之窮民，而嚴焉者又視之出兵以下，且不知己先求知人，此
予之所以歎也。不然，書院在在有也，而不聞受其益者，何也？」〔註403〕
王昶亦稱：「夫取一州縣之能為文者，始為生員，又取生員之尤俊者，試入
書院，此其勢，安得復有多人？且生員寒素居多，皆欲先為身家之計，而所
謂膏火者，實不足供其仰事俯育，則在院肄業者，必且遊閒出入，鶩其名而
失其實，將所謂群聚州處，賞奇晰疑，審問而明辨，師友之益，從何而取？
是以，人數益眾，學術益衰，學術衰而人才日敝，古之所為善政，今之所為
大弊也。」〔註404〕

1. 書院額數

　　書院肄業額數之變遷以東林書院較為典型，自雍正至同治年間，東林書
院額數及膏火變化大略為：

　　　　原定正額內課生童共十八名，每名歲給銀十二兩，外課生童三
　　　　十八名，每歲給銀三兩。乾隆五十年，增廣額內課生童十五名，每
　　　　名歲給錢十二千文，外課生童二十五名，每名歲給錢三千。嘉慶二
　　　　年，再增廣額內課生童五名，外課生童五名，錢數照給，另加附課
　　　　生童四十名，每名歲給紙筆錢一千六百文。道光二十六年，添設膏
　　　　火，於舊額內外附課各生童次第酌增，再廣內課生十名，每名錢十

〔註402〕盧文紹：《寄孫楚池書》，李國鈞主編：《清代前期教育論著選》（下冊），第
　　　　39～40頁。
〔註403〕袁枚：《書院議》，李國鈞主編：《清代前期教育論著選》（下冊），第26～27
　　　　頁。
〔註404〕袁昶：《〈天下書院總志〉序》，陳谷嘉、鄧洪波主編：《中國書院史資料》（中
　　　　冊），第1860頁。

四千文；廣外課生二十五名，每名錢七千文；廣內課童十名，每名
錢十二千文；廣外課童二十五名，每名錢五千文，計生課額一百十
名，童課額一百十名。近年改為活課，按月課等第發給，每歲十課，
遇閏加一課，計月給生童膏火共錢二百五千文。同治十年，因存息
不敷，減給八折。〔註405〕

　　此中可見，總體而言，書院額數處於不斷增加之中，其原由即在於考課成為
書院主導性規制，其中關鍵的時間節點，即嘉慶二年增加附課額數，另同治初年
改為「活課」，即隨課升降，取消膏火之制，將膏火獎賞合併以每月課試取錄等
第分別予以獎賞。諸書院額數之增，大抵皆由於此二種制度之採用。江西廣信府
信江書院嘉慶十五年增修，「添設田租，廣建書舍，計可容四五十人」，故而肄業
名額由十五名增為五十名，其實肄業書院者大抵皆住院其中，故而肄業額數較受
限於書院書舍之數。〔註406〕同治年間，新定章程，採用正課、附課、外課之名
目，定額正課生童各三十名，附課生童各三十名，外課無定額。其中正課生監月
給膏火一千六百文、正課童生月給膏火一千四百文。附課生監月給膏火一千文，
附課童生月給膏火八百文。外課生童無膏火，月課優異者給獎賞。〔註407〕另如
豫章書院，光緒三年「江撫劉中丞甄別豫章書院，時隨有人進，稟請將書院每月
應課之點心錢文移作獎貲，增加人數給發，當蒙允准。按舊額給獎者超等二十四
名，特等一名。茲悉中丞准將生監再加十六名，童生八名，以示鼓勵。」〔註408〕

　　廣東粵秀書院，清康熙四十九年，時任兩廣總督劉宏燦及巡撫等諸官捐
建，雍正十一年奉旨改為省會書院，初未定額數。肄業生童或有學政於歲科
試考取各學第一、二名者，由學院申送。乾隆初，或未經考取，而願入院肄業
者，生由學院考試取送，童則由廣州府收考。此外，各州縣亦可申送生童入
院肄業，「或由道考選，或送撫部考選而後撥入，亦臨時請行之。」「乾隆十五
年議定考取生員額六十名，童生額二十名。二十七年議定考取生員額八十名，
科年廣取生監額十五名，共九十五名。童生額二十名。附課考錄，每視卷之
多寡，均無定額。」〔註409〕按乾隆年間，尚未設立外課，故而正課之名額極

〔註405〕光緒《無錫金匱縣志》卷六《學校》。
〔註406〕《酌定信江書院條規》，鄧洪波主編：《中國書院學規集成》，第698～699頁。
〔註407〕《信江書院新定考課章程》，鄧洪波主編：《中國書院學規集成》，第701頁。
〔註408〕《書院增加獎額》，《申報》1877年5月3日，第1版。
〔註409〕梁廷枏：《粵秀書院志》卷三，《中國歷代書院志》（三），第36頁。

為慎重，「一經考入額內，直至三年而後更易。三年中，後來縱有英才佳士，亦不能入而爭之。其自請入院讀書者，考而後送，當亦撥入附課而已」，正課中有升降或出缺，方可挨次遞補。〔註410〕嘉慶十四年，粵秀書院創設外課名目，「向來只有正課、附課兩等，上下相懸太甚。今議照常課超、特、一等之例，分作三等，於額設正課外，增設外課生監四十名，外課童生十名，毋論住院住外，每名給膏火銀九錢。」其實即學校中之廩、增、附亦三等並列之法。「今議鄉試年分增取正課生監二十名，以足一百名之數，外課生監增取十名，以足五十名之數。並其非鄉試年分，總以正課生監八十名，外課生監四十名為定額。至童生，常年已增外課十名，鄉試年分無關科舉，不必另增。」另定正、外、附升降之法。〔註411〕

　　書院改制後增加額數者，如湖南城南書院，初在院肄業者止長郡所屬之生童，於乾隆二十八年定額「正課生員二十名，童生二十名」，後漸漸增為「生監正課二十八名，附課四十名。童生正課三十名，附課十名，計生監童生正附課額一百八名。」道光年間，改為通省書院，「今其生監原額正課二十八名，添取二十名，共正課四十八名。生監原額附課四十名，添取十名，共附課五十名，……總計學內學外正附課額一百三十八名，與嶽麓額數適相符合。」〔註412〕

　　粵省學海堂，由阮元創設於道光四年，「為課通省舉貢生監經解詩古之所」，道光六年阮元定章，「每歲分為四課，由學長出經解文筆，古今詩題，限日截卷，平定甲乙，分別散給膏火」，並酌派吳蘭修、趙均、林伯桐、曾釗、徐榮、熊景星、馬福安、吳應逵共八人為學長，規定「永不設山長，亦不允薦山長」，此後一直沿襲。〔註413〕起初，生童並無額數，考課則由學長酌定等第及膏火數目，每課給膏火貳百兩。道光十四年，「奉督憲盧新設專課肄業生十名，每名每月膏火銀貳兩」，其程序及標準為：

　　　　一、學長等公舉諸生，務取志在實學，不騖聲氣之士，尤宜心

〔註410〕梁廷枏：《粵秀書院曆議考課》，鄧洪波主編：《中國書院學規集成》，第1255頁。

〔註411〕衛齡：《粵秀書院條規十八則》，鄧洪波主編：《中國書院學規集成》，第1249頁。

〔註412〕《籌添城南書院課額膏火束脩章程》，鄧洪波主編：《中國書院學規集成》，第1069頁。

〔註413〕阮元：《學海堂章程》，鄧洪波主編：《中國書院學規集成》，第1289～1290頁。

地淳良、品行端潔。

一、課業諸生，各因性之所近，自擇一書肄習，隨課呈交學長考核甲乙。定以超等若干名，特等若干名。其功課惰廢者，即行扣除。

一、現議課業諸生，本部堂責成學長盡心教導，應令該生等於學長八人中擇師而從，謁見請業，庶獲先路之導。至諸生寒素居多，盡可無庸執贄‧學長等身為鄉里矜式，成就後進，教育英才，知其必樂於從事也。

一、諸生等有喜為浮豔誨淫之詞者，無庸舉列；其曾攻刀筆者，亦勿列入。至鴉片煙久干例禁，凡在士林，諒俱自愛；萬一有犯此者，亦勿列入。（謹按：向來公舉學長，固推文學，尤重鄉評。至專課肄業生，既設堂中公議，選定生徒已極嚴，擬補學長當倍慎。嗣後保舉學長，先求素行無玷，然後論其人才，永不改更，以符舊紀。附記。）

一、課業諸生，每屆季課，俱令各就所長，交出課卷，不許曠闕。

所舉者為陳澧、朱次琦等十人，諸生於《十三經注疏》、《史記》、《漢書》、《後漢書》、《三國志》、《文選》、《杜詩》、《昌黎先生集》、《朱子大全集》，「自擇一書肄習，即於所頒日程簿首行注明習某書，以後按日作課，填注簿內。」然此項膏火僅支發一次，則專課生之制隨即廢棄。同治五年，郭嵩燾於廣東巡撫任上，復設之，所舉者為桂文燦、潘乃成等十人，所不同者在「於治經史專集外，加增數學一門」，即孔繼藩專習《算經十書》。並規定「肄業諸生定以三年為期，期滿復行舉報更換。」〔註414〕學海堂學長「稟請令番禺縣屬土名八塘海心沙並大刀沙佃人，每年納官租四百五十七兩外，再增租四百五十七兩，交學長兌收，為專課諸生膏火之用」，得允准，因有膏火之助，故而此項專課延續之。同治八年，專課肄業生額數增為二十名，兼舉附課二十名，以備補充。光緒十三年，總督張之洞、巡撫吳大澂添設專課童生十名。〔註415〕

〔註414〕 郭嵩燾：《酌定學海堂課業事宜》，鄧洪波主編：《中國書院學規集成》，第1291頁。

〔註415〕 容肇祖：《學海堂考》，《嶺南學報》1934年第3卷，第4期。

　　杭城諸書院中，詁經精舍於阮元創設之初每月朔望兩課，額數僅為二十四名，後增至每課內、外兩課共三十六名。光緒五年浙江巡撫梅啟照增加額數，「內課共增六名，外課共增六名，合成四十八人之數」〔註416〕。光緒八年後劉秉璋撫浙時，「官課增設附課廿四名，師課仍照舊章」〔註417〕。光緒二十一年「前廣東學政徐花農太史琪任滿回杭，特捐銀二千兩存典生息，添作望課膏火，核計每課加內課四名、外課八名」〔註418〕，「現由山長核定，每次增內課五名，外課十名，自七月為始。」〔註419〕杭州東城講舍，為時任杭州知府薛時雨於同治四年創設，為杭州府生監肄業之所。「創立之時，諸生皆須由學保選送冊，故肄業者僅三十餘人」〔註420〕，光緒初年「定內課十八名，外課、附課各二十四名，以後皆無膏火。於每月初九日府、仁、錢輪考朔課。若望課之額，則內、外、附三課額數，各照朔課減額六名」。〔註421〕

　　蘇州諸書院中，乾隆二十四年，陳宏謀定紫陽書院「在院諸生以六十名為率，舉人以十名為率，附課諸生以四十名為率」。〔註422〕道光年間，陶澍甄別紫陽、正誼書院，應課者「多至一千三四百人」，因此將舊例紫陽，正誼書院生額增加，紫陽內課四十名，外課八十名，增內課十名，外課二十名。正誼內課二十五名，外課五十名，增內課十五名，外課三十名。〔註423〕江寧鍾山書院，嘉慶年間定內課五十名，外加駐防五名。外課七十名，附課無定額。光緒初年定超等五十名，特等七十名。光緒初年，尊經書院定額超等三十名，特等七十名。惜陰書院定額超等二十四名、特等四十名。風池書院定額上取二十名，中取三十名。寧波月湖書院，內外課舊額共只六十名，光緒七年時任知府宗源瀚增加額數，「生監內課連舊額增至四十五名，外課亦連舊額增四十五名」〔註424〕。光緒十三年因經費不敷，時任知府胡練溪酌減員額，「生員膏火內、外課各減為三十名」，「童生膏火內、課二十名，外

〔註416〕《詁經加額》，《申報》1879年5月17日，第2版。
〔註417〕《加增膏火》，《申報》1895年11月10日，第2版。
〔註418〕《捐助膏火》，《申報》1895年6月3日，第3版。
〔註419〕《加增膏火》，《申報》1895年11月10日，第2版。
〔註420〕《甄別匯錄》，《申報》1881年3月18日，第2版。
〔註421〕《杭垣書院近聞》，《申報》1877年9月4日，第2版。
〔註422〕陳宏謀：《書院規條示》，《培遠堂偶存稿》，第329〜330頁。
〔註423〕陶澍：《蘇州紫陽、正誼兩書院條示》，鄧洪波主編：《中國書院學規集成》，第255頁。
〔註424〕《整頓課章》，《申報》1881年5月23日，第1版。

課三十名」〔註425〕。寧波辨志書院光緒五年定額超等十名、特等十名，一等不拘額數。

揚州諸書院，安定書院同治十二年定額，生正課四十名、附課四十名、隨課無定額。童上取十五名、中取二十名，次取無定額。光緒六年揚州廣陵書院因經費增加而增加額數，廣陵書院「其甄別係歸太守專主，但平日書院膏火亦由運庫撥給，為數無多，不足大庇寒士。茲聞黎太尊稟詳運憲，轉飭淮南總局，於各商鹽引內加捐若干，以便開支，稍可寬裕。現已由各商議定，情願每引加捐三文，以每年銷數計之約可共捐一千餘串，太尊現擇於本月二十日甄別，將按捐數之多寡約增若干額云。」〔註426〕

上海諸書院中，龍門書院甄選高材生住院肄業，不分籍貫，光緒六年巡道劉瑞芬定住院額數為三十六人。求志書院分六齋四季命題課士，「聽任備卷投交，以教諭為監院，由學署收捲鬚獎，獎由巡道捐廉」，並不定額。敬業書院為本籍、客籍舉貢生童月課文會之所，專課舉業，除正月、十二月停課外，每年官師各十課。師課由山長命題評閱，官課由巡道、知縣間月一輪。光緒五年、八年兩次增額後，計額定超等生員三十人，特等生員五十人。上取童生二十人，中取童生三十人，歲支膏火、花紅一千二百二十七千文。蕊珠書院為本籍舉貢生員月課文會之所。每年官師十課。官課由巡道、海防同知、知縣輪課，專課舉業。師課兼課經古。自同治十三年、光緒五年、八年三次加額後，超等二十四人，特等十人，歲支膏火花紅按七百八十四千文。光緒四年附設孝廉課，無定額。吳會書院為同治十一年馬橋鎮邑紳鈕世章等倡建，仿敬業書院章程，一年十課，但無師課。定額超等生八人，特等生十二人。童生上六人，次取十人。三林書院，光緒二十二年三林鎮邑紳秦榮光等創設，定額超等生十二名，特等生十人。上取童十人，中取童八人。〔註427〕南匯縣惠南書院，同治十三年知縣甄別，「錄撥生員四人，童生二人在院肄業。人給膏火錢月五千文，歲以十個月為率。即捐錢三百千文逐月按給。課按月六期，自制義外兼課詩賦、策論，由山長評閱甲乙。嗣請作為常例，經費由在任官於草息項內支放。」〔註428〕光緒四年，「裁去留院肄業生花紅

〔註425〕《書院改章》，《申報》1887年3月18日，第2版。
〔註426〕《廣陵增額》，《申報》1880年4月3日，第2版。
〔註427〕民國《上海縣續志》卷九《學校》。
〔註428〕光緒《南匯縣志》卷七《學校志》。

以充月課膏火。」〔註429〕

　　亦有書院無固定額數，而是按應課規模取士，如河北無極縣聖泉書院規定「生超特等、童上中取不限額數，以當課試卷人數多少為斷，務期生、童咸知鼓舞。」〔註430〕河北南宮縣之東陽書院於道光八年規定「凡生童會課者，每五人取一名，十人取二名，其有零數，八人取二名，十三人取三名。童生會課者，十人取一名，二十人取二名，其有零數，十六人取二名，二十六人取三名。」〔註431〕

　　按例逢鄉會試之年，書院會增加肄業額數。湖南巴陵縣金鶚書院創設於光緒十年，光緒十二年定規，每年十一月十五日由縣示期甄別來年肄業生童，「凡遇鄉試之年，取準生員正課十二名，副課十二名。童生正課八名，副課八名，附課五六十名。小試之年，取準生員正課八名、副課八名，童生正課十二名，副課十二名。附課五六十名。取錄後，次年二月初三日送入書院肄業。」〔註432〕

2. 應課、取錄

　　書院甄別之應課規模則取決於書院之膏火、額數，對應課生徒之限制以及當年是否逢科舉考試等等諸多因素，如光緒十一年，淮安府崇實書院二月二十八日局試，「人數倍於往年，課卷發至一千以外」，「因科試在邇，又係大比之年，兼之麗正書院未經局試」，故而應課麗正之山陽縣生童紛紛前來應課。〔註433〕而書院常課之應課規模，則根據是否允許甄別後隨課投考而略有不同，而即使允許隨課投考，在實踐中限制仍較多，故而籠統言之，則書院之常課應課規模則由甄別取錄而定。書院考課取士雖有額數限制，但在實踐之中，卻並不嚴格限於額數，而是因時因事而調整之。此外，亦有特殊情形，如光緒十九年江西孝廉堂甄別課，「取列舉人七八十名，納卷者皆與焉」〔註434〕，即應課者全數取錄。以江浙諸書院論之，其甄別試之具體應課及取錄情形如下：

　　光緒五年：蘇州平江書院應課者約六百人。杭州三書院，紫陽有一千四

〔註429〕民國《南匯縣續志》卷六《學校志》。
〔註430〕《聖泉書院條規》，鄧洪波主編：《中國書院學規集成》，第19～20頁。
〔註431〕周栻：《東陽書院新定規程》，鄧洪波主編：《中國書院學規集成》，第36～37頁。
〔註432〕《金鶚書院酌議章程八條》，鄧洪波主編：《中國書院學規集成》，第1191頁。
〔註433〕《袁江近事》，《申報》1885年3月26日，第2版。
〔註434〕《書院述聞》，《申報》1893年5月8日，第3版。

百餘本，敷文則九百餘本，崇文並未及九百。〔註435〕詁經精舍「浙撫梅中丞詣院甄別，案發共取一百餘卷，憲意以為肄業者多面而隅者眾，未免待士太苛，因定於甄別為始，內課共增六名，外課共增六名。」〔註436〕揚州安定、梅花兩書院一同封門局試，與考者約共三千人。〔註437〕

光緒六年：杭州敷文書院生童共計有七百餘卷，「而投冊請考之卷數尤過之」，即上年在院生童及投考者，合計一千四百以上。崇文書院收繳生童各卷共有一千五百名，紫陽書院人數略少。敷文書院「錄取生員三百名，童生一百名，所有前列加獎極為優渥，生員獎至三十名，童生獎至十五名。」〔註438〕東城講舍與考者六百有零。〔註439〕金陵鍾山及尊經書院「兩院應考舉貢生監計共一千八百餘名，除點而未到及遲而不及繳卷者，實收課卷約有一千四五百本，……特兩院額取僅四百四十名，向隅者約一千有零。」〔註440〕揚州安定、梅花書院二月十三日甄別，投卷者共有六千餘人〔註441〕。

光緒七年：蘇州紫陽書院甄別，「應試諸生統計在院及投考者約有千二百名左右」〔註442〕。杭州三書院甄別「三院人數皆有千二三百名光景，其所繳生童各卷，以崇文為最多，敷文、紫陽則不相上下」〔註443〕。東城講舍取錄七百餘人。〔註444〕

光緒八年：杭州「三院考數每院皆有一千二三百名，惟紫陽略少百餘名。今歲為鄉試之年，每生卷皆有場費，兼以外來住院之人多至數百，故人數較多也。」〔註445〕詁經精舍甄別，「通計肄業請考者共有百六十餘卷，而諸生之作全卷者約有大半」。學海堂甄別，「通共繳有二百餘卷」，東城講舍甄別，「點名發卷計有八百餘名之多」。〔註446〕

〔註435〕 《匯錄甄別題目》，《申報》1879 年 3 月 12 日，第 3 版。
〔註436〕 《詁經加額》，《申報》1879 年 5 月 17 日，第 2 版。
〔註437〕 《匯錄甄別題目》，《申報》1879 年 3 月 12 日，第 3 版。
〔註438〕 《杭垣甄別》，《申報》1880 年 3 月 20 日，第 2 版；《認真甄別》，《申報》1880 年 4 月 2 日，第 2 版。
〔註439〕 《杭省甄別》，《申報》1880 年 3 月 27 日，第 2 版。
〔註440〕 《書院甄別》，《申報》1880 年 3 月 24 日，第 2 版。
〔註441〕 《考生覓死》，《申報》1880 年 4 月 2 日，第 2 版。
〔註442〕 《紫陽甄別》，《申報》1881 年 3 月 7 日，第 2 版。
〔註443〕 《書院甄別》，《申報》1881 年 3 月 12 日，第 2 版。
〔註444〕 《甄別匯錄》，《申報》1881 年 3 月 18 日，第 2 版。
〔註445〕 《甄別瑣錄》，《申報》1882 年 4 月 2 日，第 2 版。
〔註446〕 《杭城甄別》，《申報》1882 年 4 月 12 日，第 2 版。

光緒九年：蘇州學海堂甄別「繳卷者共有百六七十名」〔註447〕。杭州
三書院甄別，敷文書院點名散卷，與考生童約一千一百餘名，崇文書院與考
生童約一千一百餘名，紫陽書院與考生童約千四百名。〔註448〕金陵鍾山、
尊經書院甄別，「是日鍾山交卷者一千二百有奇，尊經交卷者一千四百有奇，
聞竟有一人做至七八卷者。」〔註449〕上海蕊珠書院甄別取錄超等十六名、
特等三十四名、一等四十名。敬業書院甄別取錄超等二十名、特等五十名、
一等一百三十名。龍門書院甄別取錄超等八名、特等十二名、一等六十一
名。〔註450〕

光緒十年：蘇州紫陽書院甄別，「計實到人數有九百名，卷數約在一千四
五百本」。〔註451〕杭州三書院甄別，敷文書院投考生童計一千七百餘名，崇
文書院投考者計一千三百有零，紫陽書院投考者二千有奇，「蓋省中三書院惟
紫陽則近在城內，故考者咸貪近便而投卷較多也」。〔註452〕

光緒十一年：蘇州紫陽書院二月初四日甄別，「繳卷實數有二千卷」。
〔註453〕杭州三書院甄別，「今歲為大比之年，考數甚多，院各一千七八百
卷，杭人僅居其半，餘俱外府之人。」〔註454〕揚州梅花、安定書院甄別「報
名者約有一千餘人」。〔註455〕金陵鍾山、尊經書院甄別「與考者兩院共有二
千五百餘人。」〔註456〕鍾山書院「取入院肄業者三百六十人」。〔註457〕寧
波月湖書院二月二十七日甄別，「點名給題，並不扃試，投卷者有一千四五
百名」。〔註458〕

光緒十二年：杭州三書院甄別「杭省三書院甄別，惟敷文之卷多至一千

〔註447〕《孝廉甄別》，《申報》1883 年 08 月 24 日，第 2 版。
〔註448〕《書院甄別》，《申報》1883 年 3 月 19 日，第 1 版。
〔註449〕《建業近事》，《申報》1883 年 3 月 19 日，第 1 版。
〔註450〕《二月初十日蕊珠書院甄別案》，《申報》1883 年 4 月 5 日，第 2 版；《十二
日敬業書院甄別案》，《申報》1883 年 4 月 5 日，第 2 版；《上海邵觀察甄別
龍門書院案》，《申報》1883 年 12 月 27 日，第 2 版。
〔註451〕《蘇垣甄別》，《申報》1884 年 3 月 4 日，第 2 版。
〔註452〕《武林近事》，《申報》1884 年 3 月 6 日，第 2 版。
〔註453〕《紫陽甄別》，《申報》1885 年 4 月 2 日，第 2 版。
〔註454〕《書院甄別》，《申報》1885 年 3 月 26 日，第 2 版。
〔註455〕《蕪城雜綴》，《申報》1885 年 4 月 6 日，第 2 版。
〔註456〕《烏門甄別》，《申報》1885 年 3 月 25 日，第 2 版。
〔註457〕《秣陵瑣事》，《申報》1885 年 4 月 9 日，第 2 版。
〔註458〕《匯錄甄別觀風題》，《申報》1885 年 4 月 25 日，第 9 版。

八百餘卷」〔註459〕，敷文書院「發案生員僅取四百卷，童生只取百八十卷，餘則盡行剔去，蓋所取者僅三分之一。」〔註460〕松江府甄別三書院「是日共散千餘卷。」〔註461〕清河崇實兩書院甄別，生童各有六七百卷。」〔註462〕

　　光緒十三年：杭州三書院甄別「敷文繳卷六百餘本，崇文繳三百九十八本，紫陽繳五百有零。」〔註463〕東城講舍甄別共得一千二百七十餘卷，錄取三百六十卷。」〔註464〕

　　光緒十四年：蘇州紫陽書院甄別，「是日應試士子多至二千餘人」〔註465〕。杭州三書院甄別「此次所填之卷並計三院生童不過一千六百餘本，較諸往年減少大半，蓋以填真姓名故也。」〔註466〕光緒十五年：鍾山、尊經兩書院應試者各一千五百餘人。〔註467〕光緒十六年：蘇州紫陽書院應課者多至一千數百人。平江書院甄別「在試院舉行，到者約有千餘人。」〔註468〕杭州三書院甄別「合計三院人數約多至二千餘名」。〔註469〕

　　光緒十七年：杭州三書院敷文共九百餘卷，崇文與敷文相若，紫陽八百餘卷。學海堂卷數較各院尤多，約有一千餘卷。〔註470〕杭州「敷文生卷錄取三百廿名、童卷取一百八十名。崇文生卷取三百六十名、童卷取二百名。紫陽生卷取三百九十名、童卷取二百四十名。」〔註471〕學海堂甄別課卷約有一千餘本，「頂名考試者十居六七」，「錄取內課二十名，外課二十名，附課二十名，備課二百名。」〔註472〕金陵鍾山尊經兩書院，鍾山應課者約一千數百人，尊經應課者約七八百人。〔註473〕

〔註459〕《甄別甚嚴》，《申報》1886年4月4日，第10版。
〔註460〕《甄別甚嚴》，《申報》1886年4月4日，第10版。
〔註461〕《五茸途說》，《申報》1886年3月2日，第2版。
〔註462〕《袁江雜錄》，《申報》1886年3月24日，第2版。
〔註463〕《甄別認真》，《申報》1887年3月7日，第2版。
〔註464〕《虎林書院紀事》，《申報》1887年4月1日，第2版。
〔註465〕《棄文用武》，《申報》1888年3月14日，第2版。
〔註466〕《書院開課》，《申報》1888年3月21日，第2版。
〔註467〕《白下官場雜摭》，《申報》1889年3月18日，第2版。
〔註468〕《茂苑新談》，《申報》1890年3月6日，第2版。
〔註469〕《補紀甄別情形》，《申報》1890年5月10日，第2版。
〔註470〕《錢江卯色》，《申報》1891年3月19日，第3版。
〔註471〕《湖山春色》，《申報》1891年4月6日，第3版。
〔註472〕《鳳嶺春深》，《申報》1891年4月11日，第2版。
〔註473〕《甄別改期》，《申報》1891年3月19日，第2版。

光緒十八年：杭城三書院甄別，敷文八百五十六人，崇文者共九百十三人，紫陽者共八百零六人。〔註474〕敷文錄取生童共四百八十卷，崇文生童共五百五十二卷，紫陽錄取生童共六百卷。〔註475〕東城講舍與考者約有一千餘卷。〔註476〕江寧鍾山、尊經書院「實收兩書院卷三千二百本」。〔註477〕

光緒十九年：正月二十日甄別敷文、崇文、紫陽三書院肄業生。敷文每牌二十人，共六十一牌，計一千二百十六人；崇文共四十九牌，計九百七十四人；紫陽共四十五牌，計八百八十四人。〔註478〕「崇文書院甄別各生童，經藩司劉方伯評定甲乙，初七日出案，生童超等六十名、特等一百名、一等二百六十五名。童生上取三十名、中取三十名、次取一百名。」〔註479〕「江西豫章書院本年人數竟有四千之多因特開慶榜，士多來省肄業。」〔註480〕

光緒二十年：崇文書院甄別，「計生童繳卷共一千一百有奇」〔註481〕，取錄超等六十人、特等六十人、一等一百人、備等二百四十八。童卷上取三十人、次取八十人、備取一百人。〔註482〕東城書院甄別「計上年在院肄業者共三百二十名，本屆請考者至有一千五百餘卷之多。」〔註483〕上海敬業書院甄別，「生童齊集書院，聽候道憲點名扃試，是日到者約共二千餘人。」〔註484〕松江三書院甄別，三院課卷約有二千餘本之多。〔註485〕

光緒二十二年：崇文書院「共取生員三百二十名，童生一百六十名。」〔註486〕光緒二十三年：杭州敷文書院甄別「生童課卷計共一千八百餘本」〔註487〕，「取生卷三百四十本，童卷一百二十本。」〔註488〕紫陽書院「取生員四

〔註474〕《書院甄別》，《申報》1892年3月1日，第9版。
〔註475〕《鷲嶺春寒》，《申報》1892年3月22日，第2版。
〔註476〕《南屏晴翠》，《申報》1892年3月13日，第3版。
〔註477〕《金陵書院甄別題》，《申報》1892年3月11日，第2版。
〔註478〕《甄別記事》，《申報》1893年3月18日，第1版。
〔註479〕《甄別紀事》，《申報》1893年4月1日，第3版。
〔註480〕《江省甄別紀事》，《申報》1893年4月28日，第9版。
〔註481〕《武林春鯉》，《申報》1894年3月17日，第2版。
〔註482〕《蘇堤春曉》，《申報》1894年3月27日，第2版。
〔註483〕《杭垣雜纂》，《申報》1894年3月25日，第2版。
〔註484〕《甄別紀事》，《申報》1894年3月20日，第4版。
〔註485〕《松郡甄別紀事》，《申報》1894年3月22日，第9版。
〔註486〕《　武林書院述聞》，《申報》1896年4月10日，第2版。
〔註487〕《西湖春汛》，《申報》1897年3月17日，第1版。
〔註488〕《俞樓經說》，《申報》1897年4月11日，第1版。

百九十名，童生二百十名」，崇文書院「取生員二百七十四名，童生一百六十名。」〔註489〕「東城甄別五百餘卷」。〔註490〕金陵「兩院超等各錄取五十名，鍾山特等七十名，尊經特等九十名。一等各錄取三百名。」風池書院「上取二十名，中取三十名，次取二百名左右。又另出一案繕列不取之童六十名，雷同鈔襲者二百餘名，以示當事者認真校閱。」〔註491〕

光緒二十四年：敷文書院甄別共繳課卷一千四百餘本。〔註492〕「敷文共取生員三百二十名、童生一百二十名。崇文共取生員三百十一名，童生一百六十名。」紫陽書院「錄取生卷七百餘本，童卷二百餘本。」〔註493〕

從諸書院應課及取錄規模來看，不管是應課還是取錄，變化幅度都非常大，原因也各不相同。光緒十三年，杭州敷文書院應課規模由光緒十二年的一千八百餘卷下降至六百餘卷，崇文書院僅三百九十八卷，紫陽書院僅五百餘卷，而東城講舍課卷則達到一千二百七十餘卷。光緒十四年三書院應課者一共僅一千六百餘。其直接原因即因時任浙江巡撫衛榮光整頓書院章程，光緒十三年規定不准跨考三書院，十四年又要求由學起文，則諸生跨考、冒卷之行為被禁止，導致字面上的應課規模大幅度縮小。而東城講舍未受此限制，故而生徒轉而冒考東城以求更多膏火。有因更改課試內容而導致應課規模增加者，如詁經精舍光緒十六年甄別情形：

> 正月二十六日浙省大憲甄別詁經精舍，仍照舊章，點名散卷，限三日繳齊。此次甄別人數較上年略多，緣去歲崧振帥以經文命題，故凡自命檀長八股，莫不踊躍爭先，冀邀當途之賞識。不料此番仍考經解，竟無經文題目，請考者大半廢然而返，竟有以一賦一詩了卷呈繳者。〔註494〕

而生童取錄亦頗為隨意，甚或如光緒二十四年杭州紫陽書院「錄取生卷七百餘本，童卷二百餘本。」大抵取錄僅關乎此後月課之應課資格，故而並不按照額數而定，如光緒六年，敷文書院「錄取生員三百名，童生一百名」，而獎賞則「生員獎至三十名，童生獎至十五名」，時人已認為極為優渥。光緒

〔註489〕 《西湖春漲》，《申報》1897 年 4 月 9 日，第 2 版。
〔註490〕 《俞樓經說》，《申報》1897 年 4 月 11 日，第 1 版。
〔註491〕 《桃渡清波》，《申報》1897 年 3 月 30 日，第 3 版。
〔註492〕 《蘇堤春曉》，《申報》1898 年 3 月 10 日，第 2 版。
〔註493〕 《吳山春眺》，《申報》1898 年 3 月 26 日，第 2 版。
〔註494〕 《詁經開課》，《申報》1890 年 2 月 23 日，第 2 版。

七年，東城講舍取士眾多，時人稱：「東城講舍前為薛太守創立之時諸生生須由學保選送冊故肄業者僅三十餘人，所取皆名實兼收之士。近則博取兼取，葑菲備採，甄別發卷多至七百餘名，然欲求如薛太守收錄之士，則已百不得一矣。」〔註495〕結合書院應課、取錄之情形，加之書院冒考、跨考等情形甚多，故而即使綜合書院額數、應課及取士規模等因素，欲衡定書院之肄業規模依舊是難如登天。可以確定的是，書院之肄業規模若以住院肄業而論，則較易確定，其規模遠遠小於肄業額數，但此際書院住院肄業者絕少，即使名為住院肄業者，名存實亡之情形亦為常見；若以參與書院考課而論，則書院肄業規模遠遠大於實際額數。故而，諸多研究之中確定書院肄業額數之討論，大抵皆為鏡花水月而已〔註496〕，此種問題意識的產生淵源於以學堂制度的視角來窺探書院制度而已。

二、扃試、散卷

扃者，外閉之關也，書院扃試者，即書院生徒聚集一處，應答試題，按期交卷出場。散卷者，分發試卷，考生各自領回，應答試題，按期繳納。扃試與散卷，為進行書院考課的兩種基本形式，扃試按照地點之異則又有書院扃試、考棚扃試、官衙扃試等類型。散卷則因是否要求書院生徒按期聚集點名領卷而有所區別。籠統而言，從規制上來講，書院考課扃試及散卷之法並行，其中書院甄別必扃試，官課大抵為扃試，而師課則大抵為散卷，亦有書院規定考課皆扃試或皆散卷，但在實踐之中，規制與實踐多有差異。

（一）扃試、散卷之規制

清初書院生徒大抵住院肄業，故而其考課皆為書院扃試，無散卷之名目，如江西豫章書院乾隆七年陳宏謀所定規，「每值課期，清晨擊雲板三聲，出堂作文，務須肅靜嚴密。盡一日之長，課卷未完，不許退歸私舍，粥飯各送至課

〔註495〕《甄別匯錄》，《申報》1881 年 3 月 18 日，第 2 版。
〔註496〕注：如楊念群對南菁書院及詁經精舍肄業額數的估計，其根據兩書院規制中之額數及書院課藝集之情形，「按照最理想的狀態估計，詁經精舍與南菁書院招收生員的總數相加僅 2200～3000 人」，並且將之與江浙地區生員書目作比較，因而認為「專以經古為業的士子人數在江浙區域學術圈的覆蓋面仍相當有限」，見楊念群：《儒家地域化的近代形態——三大知識群體互動的比較研究》，第 456～458 頁。

位會食，夜不給燭，教官收捲，即送先生處。凡遇各衙門課日，教官先一日靜題，次早發下，並請封條一張，題目一到，即將講堂大門封鎖，如未完卷，不許擅開。違者，教官難辭其責。」〔註497〕乾隆二十八年陳宏謀定嶽麓書院條規，每月初三日、十八日課文，「每值課期，教官黎明擊點。諸生出堂，向掌教三揖，向教官三揖，就坐。教官將大門封鎖，並將各生書室關鎖，然後命題。將晚投卷，不給燭。是日各將茶飯送至堂上，不許私入書室。有私入書室者，其卷不必呈閱。不完卷者不閱，雷同者不錄，兩次不完卷者扶出。正課全給膏火，附課亦半給膏火。課期飯食，聽其自備。」〔註498〕

　　而隨著考課成為書院主導性建制，考課式書院成為書院之主流型式，書院住院肄業者絕少，而參與考課者眾多，因各種條件限制，如應課規模不斷增加，書院齋舍有限等，不可能每課皆局試，故而散卷之法逐漸盛行，諸書院大抵將局試與散卷相結合。安徽涇縣之涇川書院道光十三年定規：「每年二月初旬甄別一次」，「每年除甄別外，議定八課，三月、四月、五月、十月，每逢初二日均係自來書院局試，一文一詩，不得領卷出外。三月、四月、五月，每逢十六日及十一月初二日定作散課，於一文一詩外，增論辨、經解、策賦，不拘一體。其課題試卷著看守書院人先期分送，限半月內繳交匯齊，呈請山長評閱。如過半月，卷尚未交，不准呈閱，其應得膏火照例扣除。」〔註499〕浙江寧波之崇實書院光緒十四年定規，「每月二十一為齋課，是日辰刻肄業諸生衣冠齊赴書院，由本道點名授題局試，即日繳卷。每課備酒飯一餐，上下午兩點茶水俱全，由監院及董事領款預備，其筆墨等件自行攜帶。」「課期給齋課、散課卷各一本，由監院於午餐入席時按名分送。齋課題四書文一篇，排律詩一首，即日繳卷。冬寒日短，准將排律詩移於散課卷內。散課題雜文四篇，如漢學、宋學、星算、輿地、掌故、詞章、時務、洋務之屬，不拘一格，十日繳卷，逾限不閱。凡遇鄉試之年，二月至五月，散課題改為經藝二篇，策問二篇，排律詩一首。」〔註500〕光緒二十七年重慶黔江縣墨香書院定規，每月初三、十八日小課，另設四季課，因「縣屬士子，多半寒微，藉訓蒙糊口，

〔註497〕陳宏謀《豫章書院節儀十條》，鄧洪波主編：《中國書院學規集成》，第621頁。
〔註498〕陳宏謀：《申明書院條規以勵實學示》，鄧洪波主編：《中國書院學規集成》，第1044～1045頁。
〔註499〕《涇川書院規條》，鄧洪波主編：《中國書院學規集成》第506頁。
〔註500〕薛福成：《崇實書院章程》，鄧洪波主編：《中國書院學規集成》，第352～353頁。

且距城窵遠，有至一百數十里者，若月月局門課試，奔走跋涉，曠日廢時，反於學教有礙。今酌定，春、夏、秋、冬四季大課，除正臘不課外，春以二月初三，夏以四月功三，秋以七月初三，冬以十月初三為期，一律局門課試。限定辰初點名，二更交卷。不准攜帶出場，違者不閱。餘每月初三、十八、聽遣人赴禮房領題給卷，限三日交齊，以示體恤。」〔註 501〕

　　書院有規定考課皆須局試者，如河北南宮縣之東陽書院道光八年定章，官師課皆局門，「會課每月兩期，官課定於初二日，齋課定於十六日，均試以制藝排律。」「會課辰刻封門，逾時不到者，雖屬高才，不准補進；酉刻交卷，給燭繼晷者，雖有佳構，不列前茅。」〔註 502〕江蘇高淳縣學山書院於道光八年定規，「初二日官課、十八日院課，每課一文一詩，均須局門，黎明點名出題，申刻交卷，不准給燭。」〔註 503〕山西徐溝縣梗陽書院於同治三年定規，「官課及山長公課，俱封門局試，一文一詩，自辰至酉，以六時為定，不准逾限，以杜冒名領卷之弊。有逾限者，文雖佳不得取膏火。其官課必縣主親臨局試，庶足以昭慎重，如實因公忙道遠，亦必兩月一親臨甄別膏火，庶足嚴防弊端。如欲振興文教者，仍以一月親課為定。」〔註 504〕河北鉅鹿縣之廣澤書院光緒年間規定，「月課辰刻封門，逾時不到者，雖屬高才，不准補進。酉刻交卷，秉燭繼晷者，雖有佳構，不列前茅。」〔註 505〕河北灤州之海陽書院光緒年間「每甄別及考課之期，俱局門而試。」〔註 506〕

　　浙江敷文書院於道光十六年設孝廉月課，「官、師課，諸孝廉衣冠於卯刻齊集敷文書院，聽候局門考試。每課一四書文、一試帖或一論、或一疏，辰刻散卷，申刻交卷，不准給燭。其不能作論、作疏者，准以一文一詩完卷。」「每課午後飯食，與考舉人五十六名共十桌，每桌六錢。」〔註 507〕福建致用書院「專考經史」，無論舉貢生監，均准與考。同治十二年定規「每月只以初八日

〔註 501〕《墨香書院規條》，鄧洪波主編：《中國書院學規集成》，第 1427 頁。

〔註 502〕周栻：《東陽書院新定規程》，鄧洪波主編：《中國書院學規集成》，第 36～37 頁。

〔註 503〕《學山書院規條》，鄧洪波主編：《中國書院學規集成》，第 207～208 頁。

〔註 504〕程豫：《詳定書院章程八條》，鄧洪波主編：《中國書院學規集成》，第 79～80 頁。

〔註 505〕《廣澤書院新定條規》，鄧洪波主編：《中國書院學規集成》，第 38～39 頁。

〔註 506〕《海陽書院經費出入章程》，鄧洪波主編：《中國書院學規集成》，第 58～59 頁。

〔註 507〕《敷文書院增設孝廉月課章程》，鄧洪波主編：《中國書院學規集成》，第 307～308 頁。

一課為率，除每年二月初旬，監院官稟請督、撫兩院親監甄別外，其餘月課，均由山長評定甲乙，」「每課皆扃門考試」，「交卷以酉刻為限，逾限不閱。如有續成各藝，自備卷折，准交監院。補繳仍以五日為限，逾限不收。攜卷出者，以缺課論。匿卷不繳者，扣名。不完卷者，扣名。並非應課文字，擅錄附呈者，概不收閱，仍以缺課論。」〔註508〕廣雅書院為住院肄業式書院，「凡於課前，諸生黎明登堂，向院長揖坐，封門發題。如屬官課，委員監場，監院、教官等於課日清晨請題封發，經、史、理、文四門課卷即日收齊，次日早晨，由該委員親送至本月主講衙門，點核無誤後，即仍發至書院，屬其分校評閱，切實批點改抹，各就本門擬為名次，於卷面左方，填注擬取某學第幾名，不分幾等，仍由監院集齊，送至主講衙門合閱評定，全院共為一榜。至於齋課（即師課）分閱擬取，一切均照官課辦理，仍由院長集齊復加評點，將全院課卷，令定名次，列榜宣示。」〔註509〕

又有書院以散卷為主者，粵省學海堂「為課通省舉貢生監經解詩古之所」，道光六年阮元定章，「每歲分為四課，由學長出經解文筆，古今詩題，限日截卷，平定甲乙，分別散給膏火」，其考課均為散卷。〔註510〕道光十八年所刻《學海堂志》詳載其散卷課試之法，具體如下：

一、每季孟月初旬，即由管課學長知會，齊集堂中公擬題目。每題加倍擬備，定期請題，輪赴督、撫、學三署呈憲裁定，周而復始。（即因事展期，亦不過中旬，必要請題。）俟發出題目，即行刊刷、黏貼學海堂及各學長寓所，隨便分給，俾遠近周知。

一、每發題紙，注明某月某日在學海堂收捲。屆期辰初起收，酉正截收，即日將各卷收回管課學長寓所，逐卷核明封固備繳。（向來交卷無期，在遠處者不便，後公議發題之後不得過一月以外，定期兩日收完。）

一、收捲設號簿，每卷給票為憑。先將卷票與號簿合寫字號，蓋用鈐口圖章，收捲後每卷之背仍照簿編號稽查。

〔註508〕王凱泰：《致用堂章程》，鄧洪波主編：《中國書院學規集成》，第550～552頁。
〔註509〕周漢光著：《張之洞與廣雅書院》，臺北：中國文化大學出版部印行，1983年版，第348～349頁。
〔註510〕阮元：《學海堂章程》，鄧洪波主編：《中國書院學規集成》，第1289～1290頁。

　　一、收捲匯繳後，倘發出公閱，即日管課學長將各卷分派，約期匯齊。（或發出已在午後，亦不過次日，必要分派。）

　　一、分閱課卷畢，依期公集堂中，匯齊互閱，各無異議，即列擬取名單存查，仍封固俟送。如所閱有擬選刻者，各列選單，匯交管課處核定，以待發榜後鈔存備刻。

　　一、分閱課卷匯齊後，擬取之卷送進憲署裁定；其未取之卷，另外一函，隨同全繳以備綜覈。

　　一、課榜、課卷發出，即著司堂抄存取錄名冊，又抄榜一張，並原榜一齊黏貼；原榜貼學海堂右廊山牆，鈔榜另貼。（如發出備卷自有次第，並未給榜者，即照發出次第寫榜兩張，照常分貼。）

　　一、貼榜之時，於榜內另紙標明某月某日在學海堂發給營火。（如經費尚未發出，亦另紙寫明：現在請領經費未發，一俟發出，即定期分給。）屆期在堂中憑卷票發給。

　　一、請領經費，由郡守申藩伯展轉發給，未免需時，每季孟月，管課學長即宜備文申領。

　　一、學長非輪當管課，只須擬題閱卷；其請題繳卷等事，俱由管課學長核辦。惟遇事體緊要、或向來未辦過者，隨時知會集議。〔註511〕

　　江寧惜陰書院道光十九年規定，「除開課日齊致書舍外，餘課皆領卷歸家，各就所佔之題，檢尋推究，五日交卷，候閱取榜示。」「書舍屢課後，諸生潛心推究，自必日進月益，應由督院定期開出名單，飭監院預先傳知，至期齊集，聽候局試一次，以驗暗修。凡遇局試之期，不准領卷出外，不給燭，不收投考。」〔註512〕則除開課及零時性的由督院舉行的檢驗考試外，皆為散卷。

　　書院分生童而有所差別，湖州歸安縣龍湖書院光緒初年定規，「生朔課散卷，本人親自到院領卷，如託人代領並手條具領者，概不給發。」「生朔課交卷，准於次日午刻收齊，候至申刻即行封寄，概不徇情。」「生望課仍局門集

〔註511〕《學海堂事宜》，鄧洪波主編：《中國書院學規集成》，第 1292～1293 頁。

〔註512〕陶澍：《惜陰書舍章程》，鄧洪波主編：《中國書院學規集成》，第 198～199 頁。

卷，如有攜出交來者，概不收寄。」「童朔、望課仍皆局門集卷，每課輪值督課兩人在志學堂嚴加約束，如有抗違，於卷面蓋印犯規戳記，雖有佳文，概不錄取。倘敢傳遞、槍替，並任意出入、毀物滋事者，即將本名扣除，並將毀物著令賠補，以昭徵戒。」〔註513〕

　　書院因齋內、齋外而有所差別者，湖南瀏陽縣獅山書院道光年間定規，「甄別定額，生監正課十名，副課十名，童生正課二十名，副課二十名」。每月十三日堂課，初三日、二十三日館課，逢八散課。堂課局試，「每月堂課，書辦按名造冊，齎呈瓣香齋，發三梆後點名，諸生肅衣冠以次應名接卷，俟封門出題，限酉刻交卷，不准給燭」，但更多是針對齋內生童，如「不住齋者親來應課，卷面蓋『到齋應課』圖記，取錄以住齋論，膏火仍照不住齋算發。至齋外應課，十三堂課不列超等前五名、上卷前十名，餘課不列超等前二名、上卷前三名。」「館課，齋內限本日交卷，齋外限次日交卷，違者不收，惟經古、策論遇題過多，齋內亦二日交卷。」〔註514〕瀏陽縣洞溪書院與之類似，「堂課以每月二十三日為期。黎明時擊梆三通，無論內外學各帶筆硯出堂靜候，院長點名出題，作文一篇，詩一首，不准人房挾帶，限申刻交卷，繼燭不收。」「齋外作文付卷應課者，不准取列前三名。如來齋內作文，無論住齋不住齋，須蓋『住齋圖記』，則齋外準作齋內論，其獎錢照次第給發。」〔註515〕

　　書院除局試及散卷外，另有形式較為特殊者，如杭州之西湖舫課，始倡於萬曆年間巡鹽御史葉永盛，「明巡鹽御史葉永盛視鹺之餘，集內商子弟於西湖跨虹橋西，授以題，命各舫中屬文，舫皆散去。少焉，畫角一聲，群舫畢集，各以文進，面定甲乙，名門舫課。」〔註516〕後又發展到「每春秋之中，擇良日，畢羅湖之大小舟，大者五六，小者視大者倍以十。社之人麇造紫陽祠釋奠焉，奠畢受題，揖以出，出則各就小舟，蕩漾而去。少焉鼓奮角鳴，而咸集於大舟，則文莫敢不成。」〔註517〕清初沿襲之，如順治九年葉第等發布

〔註513〕朱炳熊：《增改龍湖書院章程》，鄧洪波主編：《中國書院學規集成》，第385頁。
〔註514〕《獅山書院條規》，鄧洪波主編：《中國書院學規集成》，第1142～1143頁；
　　　　　《獅山書院學規》，鄧洪波主編：《中國書院學規集成》，第1143頁。
〔註515〕《洞溪書院章程》，鄧洪波主編：《中國書院學規集成》，第1146頁。
〔註516〕民國《杭州府志》卷十六《學校》。
〔註517〕《崇文舫評序》，見王同：《杭州三書院記略》，《西湖文獻集成》（第20冊），
　　　　　杭州：杭州出版社2004年版，第444～445頁。

徵文啟。咸同之際，因戰事中輟，至同治初，補杭州知府薛時雨興復之，「用明蔣侍御故事，月課士湖上，命舟十數，茶鼎酒鐺悉具，日出發題，訖各鼓棹去，揮灑六橋三竺間，自亦棹一舟主之，日入鳴鉦，集諸舟，納所課，浙東西知名士無弗與者。」〔註518〕

（二）局試場規及實踐

書院局試因官、師出席，生徒聚集，故而有其相應之規程以保證順利進行，其場規亦直接源於科舉考試，如河北無極縣聖泉書院光緒十八年規定「官課點名給卷，俱照縣試辦理。」廣東粵秀書院嘉慶十四年定規：

> 一、每月課期，初三定為官課，十三、二十三定為館課。兩院於四季孟月輪課，司道仲季兩月輪課，院長每月兩課。
>
> 一、課期，諸生黎明登堂，向院長揖坐，封門發題。如官課，委員監場，監院教官於課日清晨請題封發，試卷即日收齊，次早該委員呈送，不得假手院役滋弊。至館課，即令監院監場。
>
> 一、兩院課期派廳官一員，司道課期各派首領佐貳官一員，協同監院教官查察，委員監場。辰午飯食，遵照請每桌給銀六錢，共銀一兩二錢。至館課，即令監院監場，本有蔬薪折席，毋庸議增。其院長課期，監院官嚴加稽察，以杜傳遞代倩之弊。凡在院肄業諸生，監院官平時俱應認識，如有冒承倩代，即時扶出。倘不經心，別經查出，將監院官記過，甚或徇隱及別有弊端，分別掣回查參。
>
> 〔註519〕

安徽桐城之桐鄉書院於道光年間訂立局試場規，針對官、師而言，「先期半月，值年董事會同常董，稟請邑尊於課期前一日按臨書院。」「邑尊將臨書院，先期一日，禮房開單請撥輿夫八名、轎頭一名、皂役二名、繖夫一名，探聽一名、茶房一名、聽事二名」，書院及禮房需要撥給工食錢及給與飯食等等。「開課之日，與課者給茶點二道，董事親自分散。交卷時每名發席資七折銀一錢。董事派人同禮房在頭門收捲，交卷者即出，不得復入文場，致生搶冒之弊。未完卷者，不給席資。」而針對應課生徒，亦有場規七則，具體而言：

〔註518〕顧云：《桑根先生行狀》，見《續碑傳集》卷八十。

〔註519〕衛齡：《粵秀書院條規十八則》，鄧洪波主編：《中國書院學規集成》，第1248～1249頁。

一、開課之日，黎明時，董事齊集書院門首散卷，隨到隨入，既入者不准復出。

一、生、童文場各別，毋許混淆亂坐。童生不得捏報監名，雜坐生監場中，藉倩捉刀。其以監名應課者，董事必於收挽時稽查，不得任其將卷攜出。

一、課卷外面，士子各自填寫姓名，並寫明居住何地。前一日必先至書院報名，以便計算人數，辦備茶點。

一、書院考桌，每桌限坐三人。會課士子，不得強佔，一桌僅坐二人或坐一人。

一、開課之日，交卷者約得三十名，即行開門放牌，自後門不封鎖，隨交隨出。已出者不准復入。一切閒人，此時不准擅進書院。

一、士子會課，務具衣冠而入，不得科頭短服，有玷斯文。違者，交卷時董事於卷上暗記，雖錄取不給獎賞。

一、開課應辦食用各物，司事者務先期籌備，本日前、後門俱加封鎖，將鑰匙繳歸帳房收管，放牌時始行外發。〔註520〕

山東平陰縣雲門書院於道光年間定規：

一、每屆課期，各宜早赴書院聽候點名，毋得遲延。

一、點名後即退入內院，各歸兩廡坐號，不許在外院閒遊，亦不得於講堂設座。

一、題目下各宜靜坐構思，不許互相喧嚷，並嚴禁私自外出。犯者，查出懲戒。

一、課卷要真草俱全，不許另寫草紙。作完起講，先行謄真，侯監院戳記。無戳記者不錄。

一、詩文謄真不許潦草俗寫，完卷後各宜細心檢點。凡書寫題目，並避諱及詩中平仄抬頭，毋得稍錯規矩，倘不經心，犯者不錄。

一、日落交卷，不許繼燭，詩文不完者不錄。

一、交卷後即出，坐講堂外聽候放關，不許在內院閒談並與人代作詩文。犯者，查出懲戒。

〔註520〕《桐鄉書院章程》，鄧洪波主編：《中國書院學規集成》，第466～467頁。

一、放關分三牌，日落靜院。交卷者不許私行先出，犯者不錄。
〔註521〕

遼寧聚星書院於光緒八年規定場規：

一、點名後不准私出，如有帶卷潛出者，並當日不完卷者，有膏火者扣除本月膏火，無膏火者除名。

一、每月考課生童各當自重，不可挾帶窗課成文，只許帶講書詩韻，如有錄舊雷同者，定行除名，以示懲戒。

一、出題後，生童宜平心靜氣，勿得喧嘩，先謄清起講，打戳，以防換卷，如不及蓋戳者，雖有佳文不錄。

一、生童領卷後隨即封門，差役二名在外巡視，以杜傳遞，監院在場中嚴查，以防槍手。

一、甄別場，生頂帽，童纓帽，齊集點名時，行一跪三叩首禮畢，禮房當堂發卷。其尋常考課，一概便衣，亦貴整齊。點名禮節，向上恭揖。

一、聖廟諱均應恭避，詩文中如有犯者，定行扣除，至一切不祥字樣，更不可用，場屋詩文取其興會，學者務當留心。〔註522〕

籠統而言，書院局試之場規包括考課之組織、官師之職責以及諸生應課之規範等等，規制不可謂不嚴謹，在實踐之中，局試極易受到場地、天氣等的限制，且儀程較多，官吏、山長及生徒皆不免為之所累。又局試必須按照名冊點名入場，諸生聚集一處，又易於產生紛擾。時人論之，「譬如局試一節，誰曰不宜？特人數既多，院宇不廣，棹凳未齊，飯食無言，則必欲局試而令考生無坐處，且枵腹從事，恐小題大做，亦徒貽笑於天下也。」〔註523〕故而雖然規制上或言明局試，而在實踐之中則往往不同。粵秀書院「歲逢月課，督撫大吏無不親臨，偶遇公事不暇，則臨時別定其期，至院按籍唱點後，當堂發題，此向章也。乾隆十四年，藩使、糧道會稟，請自後毋庸親赴，止將題目固封，是日黎明發書院，令廣糧通判前赴監試，卷由監院教官繳送」〔註524〕，

〔註521〕張樸：《雲門書院院規》，鄧洪波主編：《中國書院學規集成》，第 777～778頁。

〔註522〕《聚星書院條規》，鄧洪波主編：《中國書院學規集成》，第 107～109 頁。

〔註523〕《書院點名給卷不能認真說》，《申報》1879 年 4 月 4 日，第 1 版。

〔註524〕梁廷柟：《粵秀書院曆議考課》，鄧洪波主編：《中國書院學規集成》，第 1255 頁。

則乾隆年間，大吏不出席考課已為常事。

此外，局試亦受到各種條件限制，如齋舍規模，光緒十一年二月初四日蘇州紫陽書院甄別，「是日來試者竟有二千餘人之多，號桌雖多，不敷分踞，除大堂內廳以及樓上均已滿谷滿坑外，尚有坐無案、憑無幾，竟將宅門及房門紛紛取下，以充書案。甚至有攜得棕墊一張，踞地作文者，多士苦況，殆不勝言」〔註525〕。如天氣影響，光緒二年三月十七日江西臬司於南昌試院甄別經訓書院，「是日十點鐘時，天忽錯黑，約歷數刻之久，室內幾至無光，若重闉竄室則已。暗如黑漆，僅辨門壁而已，未幾雷電交作，大雨滂沱，陰氣稍開，陽光漸復，然自是天氣驟冷，陰雨迷蒙，積日不散。」〔註526〕光緒四年「三月十八日為江西按察使甄別經訓書院之期，亦在南昌考棚局試。而是日大雨傾注，赴試者先後參差，進出無定，其勢不能封門。故任方伯駐駕後，即將試題發交監院，飭先行懸出，以便眾覽，由是接卷者隨接隨散，藉免擁擠沾濡等患」。光緒七年二月初六日南昌東湖書院甄別，「是日雨雪兼作，寒氣砭肌，遂無人於考棚作文，夜間納卷者往來湖傍，風勢正猛，燈不能點，傘不能撐，帶水拖泥，殊為狼狽。」〔註527〕光緒二十一年二月二十日蕪湖道袁爽秋甄別中江書院，「是日恰值漫天大雪，應試諸君於凌晨時咸冠其冕而藍其衫，伺候於門墻之外，雖不至立程門之三尺，卻亦厚可沒脛。俄聞鑼聲鞺鞳，喝道聲喧，則袁觀察已命駕而來，降輿升堂，督同監院王廣文點名給卷，局門出題，諸生方入坐搆思，其奈雪花飄拂等於落紅成陣，而中書君即墨侯亦以冰為骨，不任驅使。觀察目睹情形只得仍令諸生攜卷歸去，但限以本日繳卷耳。」〔註528〕

光緒十二年衛榮光由江蘇巡撫調任浙江巡撫，鑒於「江寧、蘇州等處書院甄別向在考棚局試，蓋以人既眾多，非考棚不足以容也。杭州紫陽、崇文、敷文三書院從前章程本甚嚴密，甄別之期亦在考棚局試，近數年來日就廢弛，每年甄別往往散卷，殊不足以昭鄭重。」光緒十三年二月甄別，「遂援蘇州章程，借學憲衙門」局試，學憲衙門亦稱、學臺衙門、學署，中有考棚，「文場十間，約可容千數百人」〔註529〕。當日甄別情形：

〔註525〕《紫陽甄別》，《申報》1885年4月2日，第2版。
〔註526〕《章門雜述》，《申報》1876年4月29日，第3版。
〔註527〕《章江雜志》，《申報》1881年4月3日，第2版。
〔註528〕《鳩江煙雨》，《申報》1895年3月29日，第2版。
〔註529〕鍾毓龍：《說杭州》，第286頁。

初六日黎明，點名烏門後，出題蓋戳，酉刻繳卷。是日三大憲鳴騶列仗，到院點名。至八點鐘始到齊，撫憲考敷文居中，藩憲考崇文居左，臬憲考紫陽居右，分三路用序進牌，在二門下按次點名，接卷之時，以前一日所分卷票為憑，如無卷票不得接卷。惟紫陽生童補到極多，絡繹不絕，故填卷均經接去。撫憲點畢後，即將餘卷並崇文餘卷，隨身帶去，臬憲亦遂動身。許方伯帶三委員並三監院在內監場，迨封門出題時已午正矣。方伯體念備至準改至亥刻繳卷繳時按卷給飯食票錢七十文此款即院中向有之飯食也。場內尚稱安靜，惟撫憲定章，敷文生坐堂上，崇文坐東文場，紫陽坐西文場，條例雖嚴，而各生東瞻西望，未能恪守定章，所帶抄手又招呼友朋，談笑不止，頗亂人意耳。〔註530〕

光緒十四年因「學憲住在內署，諸多不便，」〔註531〕三書院甄別課及朔課遂改在貢院進行。〔註532〕然七月十六日決科仍在學院考棚進行〔註533〕，光緒十五年二月初六日甄別，亦在學院考棚進行。〔註534〕光緒十五年三月浙江巡撫許應鑅意欲杭州三書院各赴書院考試，但因諸書院情形，未能成形，仍舊於學院扃試，具體而言：

許方伯課試書院，原擬在各院扃門考試，從此著為定章。初二日傳齊監院面諭情由，經監院稟稱，紫陽近在太廟巷，城中人按月赴考，尚非難事。崇文雖在岳墳，然上城者出湧金門，下城者出錢塘門，一葉扁舟，即可到院。惟敷文在萬松嶺上，距城窵遠，若須每月赴考，似非體恤寒士之意。許方伯聞監院言，深以為然，稱善者再。因言學院本是試士之地，但不進至二門以內，則亦不致驚動使者，使者教育人才，自無不樂與有成，故仍照甄別章程，同在學院扃門考試。惟童生均到學署與生員同考，不似甄別之各赴各院矣。此次方伯考敷文，盛廉訪考崇文，豐都轉考紫陽仍分三門黎明點名云。〔註535〕

〔註530〕《甄別認真》，《申報》1887年3月7日，第2版。
〔註531〕《聖湖芳信》，《申報》1888年3月12日，第2版。
〔註532〕《虎林紀事》，《申報》1888年3月26日，第3版；《蘇堤春色》，《申報》1888年4月28日，第2版。
〔註533〕《錢江潮信》，《申報》1888年8月21日，第2版。
〔註534〕《杭事雜錄》，《申報》1889年3月11日，第2版。
〔註535〕《泉唐紀事》，《申報》1887年4月4日，第2版。

然書院局試受限於多方面的情形，三書院學院局試，「分三路點名，地狹人多，頗形擁擠。每當陰雨之時，與考生童不免拖泥帶水，困苦難堪。」光緒十七年正月廿八甄別情形：

> 當時天氣晴明，並無擁擠喧嘩情事。敷文共九百餘卷，崇文與敷文相若，札陽八百餘卷。考棚坐號不敷，後至者幾無容足地，故甬道兩旁亦設考桌考□。至午初，天忽微雨，急將桌凳運至大堂川堂及儀門下，人聲嘈雜，石印書拋葉滿路。既經雨打，又被踐踏，字跡模糊，不能辨認，向所恃為忱中秘者，至此盡無，所恃幾如學語嬰兒覓母不得，號咷欲死，迨掃場已二砲將盡矣。〔註536〕

且書院局試之時，考生不遵守紀律之情形較為常見，光緒十九年正月廿四日甄別：

> 各生均在大堂守候，題目題紙一下，紛紛收拾考具，攜卷而出者十之二三。但門已封鎖，無從飛越，奮勇當先者，將二門左邊短板撬開。及至頭門，水料堅固，非握三寸毛錐者所能撼動，遂轉身向右邊提調官廳便門打通，於是進出者絡繹不絕。向章封門時用浙江巡撫部院封條，而此次竟用督學部院封條，考生未暇辨認。至已初，則見甬道上來往考生倉皇失色，急歸號舍告。同人曰：「宗師來矣，宗師來矣。」俄而陳六舟宗師帶同巡捕官，由大堂徐步至儀門，見門已撬碎，斷板殘木，紛紛滿地。當時不動聲色，即飭巡捕官傳仁、錢兩縣值日當差木工，趕緊修補。但甄別書院，係監院者承辦，不得已由監院傳院中書役先行補葺。正值築之登登，削之憑憑，適某考生之僕從自外奔入，不知其中原委，強欲由板縫鎖入，出言不遜，被書役將髮辮扭住，拖至大堂。言欲稟請宗師究治經，各考生再三勸□，其事遂寢是。日於未初放牌以後斗大開，門戶並不再行封閉，及掃時龜更已三躍矣。〔註537〕

且由於甄別人數太多，學院考棚坐號不敷，考桌考凳有向東城講舍借用者，兩地相隔七八里，雇人肩運，工食較大，光緒十九年遂改用船載，

〔註536〕《錢江卯色》，《申報》1891年3月19日，第3版。
〔註537〕《甄別紀事》，《申報》1893年3月18日，第2版。

藉省運費。〔註538〕光緒十八年正月二十六日三書院甄別情形較為詳細，茲總述如下：

唱點給卷：是日黎明諸生齊集，杭府先在頭中門旁設公案，將敷文第一牌考生二十人，有進站立階下，點齊一牌，然後隨牌序，進至二門。開點後，撫憲及藩臬兩司，升坐學院儀門。兩監院站立案旁，由書吏唱名，諸生應點而進，呈繳卷票，票上注明某院、某生，姓名與卷上合符者，方由監院將卷遞與諸生，無票者概不給卷。撫憲崧振帥前繳票接卷，接點第二牌挨次而進。某東左門則由候補府票太守百川點崇文書院，諸生西右門則由候補府錢太守溯時點紫陽書院。

敷文者共四十三牌，每牌二十名，計八百五十六人，歸撫憲崧考試，由中門面進。肄業崇文者共四十六牌，每牌二十名，計九百十三人，歸藩司考試，由東左門而進。肄業紫陽者共四十一牌，每牌二十名，計八百零六人，歸臬司黃考試，由西右門進。三書院點畢已鐘鳴八下矣。振帥及藩司、臬司在儀門稍坐，飭員監場並將題目紙交與各監院，監院寫題目牌上，限以時刻，蓋戳繳卷。三大憲俟頭二門對瑣後，先後呼殿回署。

場中情形：巡撫於甄別前三日剳飭各監院傳知考生各具衣冠，而考生竟用闊邊時式小帽或皮或呢者，上裝樓頂，混充大帽，統計三書院考生中真戴大帽者十之一二，小帽而裝樓頂者竟有十之八九雲。因天氣陰晴不定，甬道不能安置桌凳，遂致坐號不敷。後來者往往有兩號而三人合坐者，有將點名案桌移至詹下而四人對坐者，大堂暖閣前後左右，考生列坐。進場後約一點餘鐘，考生即將東左門縫板挖去，進出自如，不為重門所限。而監場各員及監院院差等亦無可如何，聽其紛紛□出，諸生之住於上城與考棚相近者，攜卷至家中，俟上燈時，遣入繳卷。

書院局試規程中有蓋戳之制，俟諸生生作起講後，由監院至考棚逐一蓋戳，往往考生尚未謄寫，蓋於空白卷上，虛行故事，而且爭先恐後，人聲嘈雜，各院各戳錯亂誤蓋，易生事端。此次監院院差在甬道上高聲傳知諸生，概不蓋戳，俟繳卷後一律補戳。

上燈時尚未繳卷，考棚中燈火珊珊，密若繁星。諸生繳卷後每卷給裕源錢莊紅紙票計錢七十文以代飲食。因考生伏案答卷，書籍衣著置之案側，未暇兼顧。時有宵小混入場中，竊取對象，考生遺失釘鞋雨傘者，指不勝屈。

其他：是日童生仍分三書院飭員點名命題散卷。因書院不准跨考兩院，故考生往往倩入代接課卷，同時完成數卷，至繳卷後將紅票七十文作為勞金。〔註 539〕

光緒二十年，「適降大雪，劉景韓中丞深憫考生苦況，准其散卷。」次年，時任巡撫廖壽豐「仍照上年章程，免其局試，」〔註 540〕此後三書院甄別則又不再嚴格局試矣，如光緒二十二年正月二十八日三書院甄別，撫憲甄別敷文，臬司甄別紫陽，均派委員點名給卷，「藩憲龍方伯本擬親臨崇文局試，後因撫臬二憲均未親臨，故未赴院」，亦派員點名給卷。〔註 541〕

書院局試，規程上似嚴格，而實踐之中，弊竇甚多，故而時人稱：

> 吾謂書院考課惟點名一事為最虛文。彼文忠敏捷之士，即使照學院儀門點名之例，接卷而入，不能復出，亦可帶子姪徒友數人，各頂一名。至坐處並無桌號，又難關防，使之不能接談，則仍聯坐一處，一人作之而諸手分鈔可也。而況多至數千人，點名之時，斷難約束整齊，徒見哄聚成圍，掀翻案桌而已哉。此不特考生有爭先恐後，誤接、撕卷之虞，即高坐而執硃筆者，亦苦於嘈雜矣。吾故謂此舉殊可不必，當其報名投卷時，既不能查其假冒，即使規矩嚴肅，亦不能絕諸弊端，孰若報名之時即發卷本人，至日止須出題，限時收捲，亦何有此煩難哉？〔註 542〕

書院整頓局試之事也不絕如縷，光緒四年寧波月湖書院甄別，時人知府宗源瀚制定生童分坐之規程，並嚴格局試，然亦效果不佳，具體而言：

> 寧波月湖書院甄別向例生童混坐，不分東西。今聞宗太守恐有槍代情事，命生員坐東文場，而儒童坐西文場，以示區別。初六日臨考時，鄞縣沈司馬及校官皆候於察院前，太守令各生童須挨牌由文欄徐入，生童不遵約束，有從旁越次以進者。太守悉令押回，務須從文欄挨次點名，於是眾口沸騰，如潮湧如海嘯，爭先恐後，竟將儀門擠落，幸內外有人托住不致壓下。太守遂飭役將門撤去，仍

〔註 539〕《書院甄別》，《申報》1892 年 3 月 1 日，第 9 版；《書院甄別紀事》，《申報》1892 年 3 月 8 日，第 9 版；《書院甄別》，《申報》1892 年 03 月 01 日，第 9 版。

〔註 540〕《甄別散卷》，《申報》1895 年 2 月 24 日，第 1 版。

〔註 541〕《書院甄別》，《申報》1896 年 3 月 17 日，第 9 版。

〔註 542〕《書院點名給卷不能認真說》，《申報》1879 年 4 月 4 日，第 1 版。

點名令分東西歸號云。及封門後諸生見卷面上各有住址空白候填，復下一示云如不填寫住址者不錄。及起講謄清蓋戳時，每人給以桃酥餅十枚，蓋非潤枯腸，特以充儉腹耳。〔註 543〕

三、課卷、課藝

（一）課卷

清朝地方科舉考試之中，按例由官署禮房備辦試卷，順治九年定規：「生童試卷，各照定式置辦，不許長短不齊。卷面三圈，上圈書府、州、縣，中圈，生員書廩、增、附、青、社及武生，童生填文、武童，下圈書習某經。接縫處，上用提調、下用儒學各印鈐蓋。」「卷面加浮簽，書姓名，黏第三圈下，旁留少許，以備填坐號。」〔註 544〕禮房置辦試卷，漸而形成卷費、卷戶之陋規。書院考課備卷之制，起初多由官備。乾隆三十八年山東濟寧州任城書院定規：「試卷，每月三次，俱係官為預備。嚮用竹紙刷印紅格，每頁十八行，行二十五字。乾隆二十六年，經山東學院韋奏准，嗣後試卷俱用白篆紙。每頁十二行，行二十字在案。今應查照新例。仍由監院官鈐蓋印，以昭慎重。其書寫榜示，分別張掛之處，仍照舊例辦理。」〔註 545〕卷費、卷戶等亦於書院考課中行之，如河北平鄉縣崇正書院於同治十三年規定：「每課自向卷戶買備課卷，每本定價制錢拾貳文。」〔註 546〕河北遵化州燕山書院光緒十一年定規：「生童課卷，每本制錢十文，由禮房備辦。」〔註 547〕

此外，有書院將官備與自備相結合者，如湖州愛山書院，同治八年規定卷費每課給錢三千陸百文，止備朔課九次，山長開課一次，遇閏照加一次，其餘望課之卷，均由生童自備。同治十一年改以「每課給錢貳千柒百文，望課亦由院備卷，通共十九課，計給卷費錢伍拾壹千三百文，遇閏照加，朔望兩課，計給錢伍千肆百文。惟額取過多，卷費不足，凡上課並未繳卷，即將下課之卷扣除，毋庸贅給。」〔註 548〕

課卷形式，山東濟寧州任城書院「嚮用竹紙刷印紅格，每頁十八行，

〔註 543〕《月湖書院甄別情形》，《申報》1878 年 4 月 12 日，第 2 版。

〔註 544〕《欽定學政全書》卷二十《生童試卷》。

〔註 545〕陸耀：《任城書院訓約》，鄧洪波主編：《中國書院學規集成》，第 806 頁。

〔註 546〕汪枚：《崇正書院章程》，鄧洪波主編：《中國書院學規集成》，第 40～41 頁。

〔註 547〕繆荃：《燕山書院條規》，鄧洪波主編：《中國書院學規集成》，第 55～56 頁。

〔註 548〕《愛山書院加課貧生章程》，鄧洪波主編：《中國書院學規集成》，第 381 頁。

行二十五字。乾隆二十六年，經山東學院韋奏准，嗣後試卷俱用白篆紙，每頁十二行，行二十字，在案。今應查照新例，仍由監院官鈐蓋印，以昭慎重。」〔註549〕因課試形式之不同課卷形式略有差異，浙江敷文書院於道光十六年設孝廉月課，「甄別之日，人數未定，應令各舉人自帶供給，即用書院卷為試卷」，此後則「試卷內用奏本紙，紅格刷印，直行，紙頁計足一文一詩一論之數，卷面朱印『敷文書院孝廉月課』字樣，監院印用鈐記，以杜更換，即委令敷文書院監院辦理。」〔註550〕。廣東應元書院為同治八年廣東布政使王凱泰創設，專課闔省舉人，每月兩課，官課定初二日，八股試貼外，兼課古學、策論、賦。師課定於十六日，課八股試貼。其中課八股試帖，「卷皆用白折謄寫，按照翰林院式。」古學課，或課賦或策論，「用殿試卷謄寫」。〔註551〕

圖 2-1：金山縣柘湖書院課卷及卷票〔註552〕

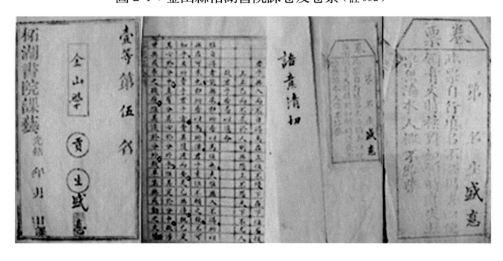

〔註549〕陸耀：《任城書院訓約》，鄧洪波主編：《中國書院學規集成》，第806頁。
〔註550〕《敷文書院增設孝廉月課章程》，鄧洪波主編：《中國書院學規集成》，第307～308頁。
〔註551〕《應元書院章程》，鄧洪波主編：《中國書院學規集成》，第1307～1308頁。
〔註552〕《清光緒柘湖書院貢生考試卷並附該考生卷票一枚》，盛世收藏網，http://bbs.sssc.cn/thread-4361235-1-1.html，2018年2月28日。

圖 2-2：江西瀲江書院課卷〔註 553〕

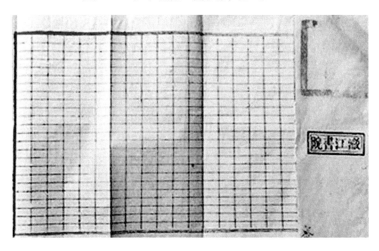

（二）繳卷

書院扃試，大抵限制同日或次日午前繳卷，而散卷時，則繳卷之限各有不同。書院或因課試內容而已，如課試八股試貼及經古學之差異，繳卷期限不同。金陵惜陰書院課試經古，散卷規定「五日交卷。」〔註 554〕光緒十年，湖南龍潭書院規定，「每月三課，逢五日為課期。初五、二十五課四書文及試帖各一藝，限本日繳卷。望日課經藝及雜體文並古近體詩各一藝，限三日繳卷，不得任意延擱，致曠他功。」〔註 555〕寧波鄞縣鄮山書院光緒十三年定規「繳卷限以二日為度（作經古者，寬限一日）」〔註 556〕。

因住院與否及地理原因，繳卷或有差異。嘉慶八年陝西玉山書院規定，「每月大課兩次，定於每月初二日、十六日。每課四書文一篇，五言排律詩一首，申刻交卷，加有繼燭及攜卷出做者，定置末卷。每月師課兩次，定於每月初八、二十二日，凡在書院肄業者當日交卷，其有離城稍遠者，領題外作，次日清晨交卷，如有過辰交卷者，置末。〔註 557〕江蘇高淳縣尊經書院於光緒十五年定規，「外課每月十三日由山長命題，交與門斗分送諸生童，其門斗工

〔註 553〕中華古玩網，http://www.gucn.com/Service_CurioStall_Show.asp?ID=16118109，2018 年 2 月 28 日。

〔註 554〕陶澍：《惜陰書舍章程》，鄧洪波主編：《中國書院學規集成》，第 198～199 頁。

〔註 555〕《龍潭書院學約》，鄧洪波主編：《中國書院學規集成》，第 1212 頁。

〔註 556〕《鄮山書院條規》，鄧洪波主編：《中國書院學規集成》，第 355～357 頁。

〔註 557〕莊遠吉：《玉山書院規條摘要》，鄧洪波主編：《中國書院學規集成》，第 1654 頁。

食亦由院給發。惟交卷近鄉三日，遠鄉五日，由該生童等自行送院，聽候山長批閱。其取在前列者，本縣亦分別給獎，以示鼓勵。」〔註 558〕浙江台州府之正學、東湖、廣文書院於同治七年規定，「應課生童凡住院及在郡城者，限定當日三更交卷。倘遲至次日者，除不給獎賞外，並將應得膏火錢米扣除一日。其窵遠各生童，每於甄別後三日，赴監院公寓報明，現館某鄉某莊某家，離城若干里，仍由監院查明填注底冊，酌限交卷，逾限者扣除膏火。」〔註 559〕福建同安縣舫山書院於同治年間定規，「馬巷生童散處四鄉，非城市聚居者可比。凡有官、師課期，出題以後，統限三日內一律交齊匯繳，逾限概不送閱。若官長親臨到院，局門考試，限一日內呈閱，遲延一概不送。」〔註 560〕江西信州象山書院於同治年間定規「諸生逢課期，住院者限兩日繳卷，在院者限定三日繳卷，過期不錄。」〔註 561〕

　　繳卷亦有其定制，局試繳卷現場收繳，散卷則或繳官署禮房，或繳書院門斗、監院等。寧波鄞縣鄞山書院光緒十三年定規，課卷「繳到院中，受卷所當給收票（核對名冊，另加小戳，繳到之卷不得傳觀他人，以杜抄撮割卷等弊），匯交禮房呈送。卷面裁割者不送，卷面幹補者不送，逾限不收。」〔註 562〕

　　杭州書院官課之時，點名、收捲皆由官派委員充任。如同治十三年九月「臬司委初六日詁經精舍點名收捲差」〔註 563〕。十月「運憲委初二日敷文書院點名差」〔註 564〕。同治十四年二月初二日「候補府陳祖襄稟安，並請命題，赴敷文書院考試朔課收捲差。周李燮稟知奉藩憲委崇文書院點名差。朱志汾稟知奉臬憲委紫陽書院點名差，並奉憲委初六日詁經精舍點名收捲差」〔註 565〕。二月初三日「候補府陳祖襄稟銷敷文書院點名收捲差，呈繳課卷。周李燮奉藩憲委崇文，朱志汾奉臬憲委紫陽，俱稟銷各書院點名收捲差。」〔註 566〕

〔註 558〕郭在銘：《尊經書院章程》，鄧洪波主編：《中國書院學規集成》，第 210～211 頁。

〔註 559〕劉璈：《重定正學、東湖、廣文書院規條》，鄧洪波主編：《中國書院學規集成》，第 447～448 頁。

〔註 560〕《舫山書院條規》，鄧洪波主編：《中國書院學規集成》，第 576～577 頁。

〔註 561〕《象山書院章程》，鄧洪波主編：《中國書院學規集成》，第 696 頁。

〔註 562〕《鄞山書院條規》，鄧洪波主編：《中國書院學規集成》，第 355～357 頁。

〔註 563〕《浙省行轅事宜》，《申報》1874 年 10 月 22 日，第 5 版。

〔註 564〕《浙省撫轅事宜》，《申報》1874 年 11 月 17 日，第 5 版。

〔註 565〕《浙省撫轅事宜》，《申報》1875 年 3 月 16 日，第 6 版。

〔註 566〕《浙省撫轅事宜》，《申報》1875 年 3 月 17 日，第 6 版。

諸如此類。因各官分別選派委員充點名收捲差及閱卷差，弊竇叢生，光緒十三年「現在三書院事由衛大中丞統交許星臺方伯一手經辦，故每逢官課不論輪請何官，均須由方伯遴選委員監場收捲。委員、監院一切試事，亦均須先稟方伯請示。」〔註 567〕

在實踐之中，書院繳卷之規並未被嚴格遵守，延期收捲成為常例。光緒十三年杭州書院甄別課，因委員未按慣例延期收捲，導致未繳者過多，遭大吏責斥，時人亦稱其不通權變，具體而言：

> 敷文、崇文、紫陽三書院於上月二十八日甄別，崇文限戌刻繳齊，監院陸君格外認真，未及二砲，業已截止不收，將門緊閉，而諸生童之未及繳入者，咸徘徊於陸宅門首。一時愈聚愈多，竟將大門打壞，蜂擁而入。其時包封業已送去，陸君避匿不見，諸生童亦無可如何，惟有痛罵其為斯文敗類而已。事為龍方伯所聞，次日傳見監院，詢問情由，知未繳者竟有五百餘卷之多，方伯以監院不善調停，致令向隅者太眾。因准於三十日一齊續繳。蓋書院甄別例定戌刻繳齊，惟為時過促，各大憲體恤士子，不妨遲至亥刻。方伯之限戌刻者，無非循例以示限制，非真過此，雖佳文亦棄也。惟陸君係初充是差，不知通權達變，致為眾人唾罵，並遭方伯責備云。〔註 568〕

光緒二十年，此情形再度發生，具體情形為：

> 杭州紫陽書院四月朔課，杭嘉湖道委某員到院點名給卷，是日某員為某姓執柯，乃與監院楊君少山商酌，謂今日包封可否酉刻呈送，俟銷差，然後敢治私事。楊君似嫌酉刻太早，恐不能繳齊，改至戌刻。當時院役先已散歸，楊君回至下珠寶巷家中，並不往飭院役知會考生。至黃昏後，忽然飭價催取包封，而卷數僅得一百七八十本。重飭院役向考生催繳，合成二百餘本呈送憲轅，而其餘考生尚未知限期，仍照舊章至黎明送院役處，聞包封已去，係為監院所誤，各持卷至同善堂，與問罪之師，蓋楊君係同善堂塾正也。考生五六十人既入門，喧嘩嘈雜，竟有高聲辱罵者。楊君深藏不出，使人出為調停，謂諸君共有若干卷，另作包封呈送如何？初時考生疑其為退兵之計，以誑己也，及再三說合始各允從。考生既散，楊君

〔註 567〕《聖湖魚信》，《申報》1887 年 7 月 1 日，第 2 版。
〔註 568〕《准繳遲卷》，《申報》1896 年 3 月 24 日，第 2 版。

即乘輿往杭道衙門稟見，親自呈繳。〔註 569〕

此外，書院繳卷亦有零時改期之事。「向例紫陽書院師課散卷後，至次日十一二點鐘時齊集交卷，稍後片刻，便以遲交另閱，雖有佳文，不列優等。」光緒五年，「此次二月二十七日開館，以二十五日為正誼書院經古甄別之期，紫陽開館而正誼肄業之人尚有未及交卷者，故潘山長體恤諸生，准於二十八日抵暮交卷雲。」〔註 570〕

亦有書院比較特殊，如江西義寧州鳳巘書院於光緒元年設置卷箱，「書院置院箱一隻，箱蓋開縫，用鎖封固，鑰匙存山長處，每課將箱置放西廳門外。其課卷由送卷本人依限將卷親自投入箱內，俟限滿，由山長跟丁將箱托進，請山長開鎖閱卷。」〔註 571〕又如浙江東陽縣之東白書院，因除甄別試外，概不局試，故而專「設分題繳卷共五人，每月朔望二次，九個月計算，給錢三十六千文。」〔註 572〕

（三）答卷

書院課試主要為八股試貼，其目的在於訓練諸生科考之能力，則科舉考試中的諸多規範自然滲入考課制度之中，其中文字程序便為重要之內容，並且諸書院大抵皆建立了相關懲處制度，並將文字程序反覆重申之。山西岢嵐州州管涔書院於康熙六年規定，「非有大故不准給假，曠期者罰錢。短篇者罰錢，襲舊與雷同者罰視短篇之數，塗抹添注過五字以外者，與聚談同罰。命題訛一字者罰錢，篇中訛一字者罰錢，以再犯為率。」「罰金限次月即完，慳抗衍期者罰倍之，積少成多，用給紙墨薪燭之資，不得以潤筆為口實，祇供飲儲。」〔註 573〕河南開封府彝山書院於道光二十二年定規，「官、齋課錯平仄一字，錯押一韻，錯抬頭一處，俱罰銀一錢；不避御名、廟諱暨錯漏寫題目、詩全出韻者，正、副課罰每月膏火一半。」〔註 574〕此項罰款，加缺課之扣罰之款，「專作抄經紙張暨獎勵之用」，行之三年，道光二十五年改為「專作考

〔註 569〕《監院受審》，《申報》1894 年 5 月 20 日，第 2 版。

〔註 570〕《姑蘇近事》，《申報》1879 年 4 月 1 日，第 2 版。

〔註 571〕《鳳巘書院學規》，鄧洪波主編：《中國書院學規集成》，第 685 頁。

〔註 572〕《東白書院每年用款》，鄧洪波主編：《中國書院學規集成》，第 444 頁。

〔註 573〕袁鑛珩：《岢嵐管涔書院約法並敘》，鄧洪波主編：《中國書院學規集成》，第 88～89 頁。

〔註 574〕史致昌：《彝山書院重定章程》，鄧洪波主編：《中國書院學規集成》，第 883 頁。

古學一場獎勵。」山東棲霞縣霞山書院於光緒年間定規,「詩中失調一字,扣罰膏火制錢五十文。失黏一聯及押字出韻與遺押官韻者,罰口膏火制錢一百文。文詩命題錯寫及添注塗改者,罰扣膏火制錢一百五十文。示懲。扣款存簿。」〔註575〕光緒十八年義寧州梯雲書院定規,「考校為見真之時。雷同錄舊,固干功令,即有抄襲同題文數句,同題詩一韻,已屬懶惰偷安,務置附課末。至犯廟諱、御諱至聖諱及錯落命題、油污墨蠹、黏聯,詩失平仄、出韻、重韻,抬寫錯誤並寫別字至五六個者,俱置附課。」〔註576〕同治十三年,河北平鄉縣知縣王玫課試崇正書院,因課卷中不合式之卷眾多,其重申文字程序,發布告示稱:

> 為曉諭事,按查《科歲考磨勘條例》:
>
> 　一、試卷內不敬避廟諱、御名、先師孔子諱者,罰停鄉試兩科,發學戒飭。其有已經缺筆者罰停一科,仍戒飭。
>
> 　一、文理悖謬及鈔錄舊文,已補增廩者,均革去,存附。如係附生隨棚覆考,仍均戒飭。如非全篇鈔襲,罰停一科。
>
> 　一、文中字句疵謬,及引用後世事蹟並詩句雷同者,均罰停一科。
>
> 　一、詩策中應抬不抬,及抬寫不合,或抬寫塗改,或挖補抬頭,詩平仄失黏,出韻複韻及字句欠妥,對策不合口氣,並遺漏及策題書寫違式、策頂格者,均罰停一科,廩生發停廩餼一年。
>
> 　一、命題誤寫一字,並文中字句脫落錯誤者,罰停一科,廩生仍停廩餼一年。凡卷內空白挖補,或於夾縫中添寫一行,及謄真用行書者,均干貼例。功令綦嚴,正宜遵守,以故試官自免處分。遇有干犯前條,雖有佳文,輒擯棄不錄。諸生一時貽誤,後悔莫追,殊堪歎惜。
>
> 　茲本縣校閱崇正書院,觀風、甄別兩次,課卷其中合式者固多,而不諳禁例者亦復不少。謹按:高宗純皇帝廟諱,上一字用宏字恭代,然宏道、宏毅含宏等字,皆不得用寫宏字,不得缺末點。御名

〔註575〕《霞山書院章程》,鄧洪波主編:《中國書院學規集成》,第 796 頁。
〔註576〕《梯雲書院志》卷六,見魏萌萌:《〈梯雲書院志〉的整理與研究》,江西師範大學碩士論文,2016 年,第 228 頁。

下一字，右旁敬避，作享，然化淳、還淳等字，皆不得用享字，不得寫作享。已奉諭旨通行，自應敬謹遵照。又如該各卷內詩中箪誤箪、賞誤償、冷誤泠之類，不獨文義不同，而且音韻各別，至應、譽、聞、縱等字，雖有平仄兩音，而用各有當，純在臨文時自行斟酌。其一切應試體制，尤宜加意講求。合將《磨勘條例》摘錄數則，亟行曉諭。為此示仰該各生監等知悉。自後務於敬避、抬寫字樣，恪遵功令，並應究心文義。凡詩文中引用各字，略有疑義，概置弗用，庶不致自誤功名。本縣定當訪求通行程序，及韻辨、字學善本，提款購買分發，以為臨場之助。生等總宜細心體察，期副本縣右文愛士之苦衷。倘視為小疵，漫不經意，或於官師各課仍蹈前轍，除不取列外，定將該卷內干犯之處拈出，指名附榜揭貼。其官課已經取列者，師課即行分別降除，以示激勵。勉之，慎之，毋違。特示。

同治十三年九月十一日〔註 577〕

光緒二十年，時任廣州府知府張潤生課試羊城書院，「皆親自評閱，絕不假手賓寮」，「茲見課卷文體多乖，未能合式，爰手書教語，遍示生童，」其稱：

> 甄別取錄生童諸卷，多有才氣縱橫，駁雜不純之作，取其美質易成，非以此為制藝之正軌也。若諸生童不悟，轉相效法，以離奇光怪為工，大失不佞之意。制藝代聖賢立言，大非易易，至其體格，謹嚴多所禁忌，亦非盡曲儒之見也。誠欲納聰明才雋之士於重規疊矩之中，使之無敢放佚，為文如此，為人亦如此。故功令以之取士，歷久不廢。近日文格亦稍凌夷矣，矯空疏靡曼之弊流，而為牛鬼蛇神，枯菀雖殊，僂越則一。究其乖舛，更僕難終先正諸名大家，類能通經史詞賦，試取其文澄心讀之，可以悟古人之所以得，今人之所以失也。聖賢之義蘊，不得東拉西扯，捨題為文，言為心聲，不可不慎。不佞責望於諸生童者甚厚無窮，茲與諸生童要約，以後作制藝，必須遵先正法則，即此文藝之末，尚不免俯仰依人，冀幸詭

〔註 577〕汪枚：《示崇正書院肄業生童條例》，鄧洪波主編：《中國書院學規集成》，第 41~42 頁。

遇其他復何望乎？一得之知，敬以相質，他日公暇，尚欲與諸生童
樽酒細論也。

知廣州府事張曾賜教〔註578〕

（四）閱卷

清初書院考課閱卷，並無固定之規範，如湖北黃岡問津書院於康熙四十六
年定規會文「人之好尚不齊，見解自別，而理脈則一也。會文公請前輩到院。
鍵門批閱，憑其去取，必有一種識見出人頭地，倘自是不服。妄肆譏談，貌受
心非，勢難取益，況怒於言怒於色乎？虛受者當不其然。」〔註579〕其後則在實
踐之中漸而形成相對固定之規制，如浙江寧波之崇實書院於光緒十四年定規，
「官師課卷務宜速為評閱，大約上月課卷下月出案，准在二十日前，毋使積壓，
以懈士心。」「官課卷由本道閱定，師課卷由山長閱定，先期專丁封送，俱由本
道填寫卷面名次，發禮房寫案送稿，過朱蓋印後，再並課卷飭發禮房轉交司院，
實貼書院照牆。」〔註580〕另則書院閱卷時廣泛使用彌封法，如湖南寧鄉縣郴侯
書院同治二年定規，「考書院並月課，原為評定甲乙，以示鼓勵，其卷面考名，
必先用彌封，另遞謄錄，庶真才始出，弊竇不生。」〔註581〕

杭州書院官課閱卷，「繳卷以後均派委即用大挑各州縣員赴署校閱，以昭
公道而拔真才」〔註582〕，如同治十三年八月六日「王在隆、郭椿俱稟知奉藩
憲委閱敷文課卷差」。九月初六日「臬司委閱敷文課卷差」〔註583〕。十一月
十九日「嘉湖道委閱敷文書院課卷差」〔註584〕，所委者為「候補府童光澤；
前署德清縣吳；即用縣高桐、朱鑒章；候補縣蔣煦」，諸人於二十一日銷差。
〔註585〕又如光緒二十三年浙江巡撫甄別敷文書院，「二月初二日撫憲考試敷
文書院，甄別生童課卷計共一千八百餘本。廖中丞因詁經精舍、孝廉堂考試

〔註578〕《賢守論文》，《申報》1894 年 6 月 26 日，第 3 版。

〔註579〕鄒江遹：《問津書院會約》，鄧洪波主編：《中國書院學規集成》，第 1020 頁。

〔註580〕薛福成：《崇實書院章程》，鄧洪波主編：《中國書院學規集成》，第 352～353
頁。

〔註581〕方其義：《郴侯書院凡例並規條十三》，鄧洪波主編：《中國書院學規集成》，
第 1209 頁。

〔註582〕《浙省書院課士認真》，《申報》1874 年 12 月 14 日，第 3 版。

〔註583〕《浙省行轅事宜》，《申報》1874 年 10 月 22 日，第 5 版。

〔註584〕《浙省撫轅事宜》，《申報》1875 年 1 月 5 日，第 6 版。

〔註585〕《浙省撫轅事宜》，《申報》1875 年 1 月 7 日，第 5 版。

在即，遂於初四日特委候補縣寧大令本瑜、陳大令桐翰；大挑縣王大令啟文、陳大令宗器；即用縣李大令菜、張大令介祿、張大令庚銘、葉大令南金入署校閱，已於初六日銷差，大約日內即可發案矣。」〔註586〕

　　亦有官吏對待考課之事極為認真，或親自閱卷，或親率督率委員、幕友閱卷，或於委員閱卷後復校。光緒六年杭州敷文書院甄別，「浙撫譚中丞甄別敷文書院極為認真，聞自委員評定後，中丞復加校閱，嚴定棄取，然後發案。」而此次甄別「在院生童共計有七百餘卷，而投冊請考之卷數尤過之」，「共錄取生員三百名，童生一百名」〔註587〕。僅憑一人之力，勢不能盡閱課卷，故不得不借助於委員，而委員閱定之後再加校閱，在時論看來，已屬認真。光緒十三年四月時任浙江按察使蕭杞山「當公餘之暇，親自披閱試卷，為之講究義理、斟酌字句，每卷均有批改」，所考敷文書院四月朔課至五月十一日仍未能出案。〔註588〕光緒十三年金陵書院考課，江寧布政使許振禕親自閱卷，具體而言：

> 金陵鍾山、尊經兩書院每屆官課，必延候補之正途州縣，第其甲乙。然天下事豈能盡如人意，每一案出，譽之者居其半，毀之者亦居其半，於此見作文固難，衡文更不易也。去冬許方伯量移來，寧都人士之懷才欲試者，以整飭書院請，且羅列歷來狼狽為奸，與夫書斗割卷、冒名諸弊。向章制府以二月甄別兩院，例請閱卷者二十餘人，先由藩署列名。上屆方伯只准飭傳五人，三月初二又為方伯官課，是日方伯親蒞下江考棚點名給卷，至初十日出案。傳聞此次由方伯親自裁定，故所取者無箇鬮洪麻之奇僻云。〔註589〕

　　光緒十七年，因「各處書院甄別、或季課、或月課，向多巨紳顯宦，遞送名條，以致寒士向隅，真才屈抑。九江濂溪書院自李亦青觀察、鮑伯熙太守蒞任以來，力振頹風，破除情面，向時積弊，一洗而空。其閱卷也，眼定無花，胸中有竹，每一案出，士論翕然。今年書院經鮑太守於二月初在考棚甄別五邑生童，連日悉心校閱，評定甲乙，至二十二日放榜，共取二百名送書院肄業，列前茅者皆一時知名之士。」〔註590〕

〔註586〕　《西湖春汛》，《申報》1897年3月17日，第1版。
〔註587〕　《甄別認真》，《申報》1880年4月2日，第2版。
〔註588〕　《聖湖魚信》，《申報》1887年7月1日，第2版。
〔註589〕　《士論翕然》，《申報》1887年4月16日，第2版。
〔註590〕　《書院放榜》，《申報》1891年4月12日，第2版。

光緒十八年，「張石琴太守考試東城講舍，兩委員□奪案首，遂致用武。太守聞之，即將各卷收回，親率幕友重定甲乙，所取前列皆係知名之士。」〔註591〕光緒十九年，時任浙江臬司甄別紫陽書院「特委同鄉中即用大挑四員，再三諄囑，弗稍徇情。詎料方伯入內，各員急將靴頁內，無數名條，逐一查檢。乃方伯去而復出，各員收藏不及，方伯見此情形，立加申斥，並將四人辭去，親率幕友校閱，所取亦甚平允。」光緒二十年，時任按察使王心齋亦於紫陽甄別後，「請假在署親自校閱」。〔註592〕「浙江紫陽書院甄別卷由署臬憲王廉訪親自校閱，歷二十餘日尚未校畢。諸生童鵠候已久，至二月廿七日發案，計取生卷四百八十名，童卷二百十名，前列各卷皆係知名之士。出案雖遲而取捨平允，諸生童咸頌廉訪之公焉。」〔註593〕光緒二十年崇文書院甄別閱卷：

> 茲聞方伯當課卷呈繳之第六日，飭傳即用及候補知縣十四員，辰刻進署，在花廳陳設几席，東西對坐，方伯則獨設一席在右楹下向上坐。每員各得八十餘卷，分兩束，第一束閱畢，即送方伯前，而方伯亦當堂翻閱一周。至午刻備席四筵，十二碟四小喫，六大菜，方伯作東道主坐末席。筵既散，復就位如初，至酉刻各員均已閱畢，方伯略談片刻，即起立送客。將生童各卷帶至上房，復詳細評閱，遇有雷同語者，雖已列前茅，概遭摒棄。遭摒棄者，若文理清通，仍加評語錄取。蓋方伯深知閱卷弊竇，故自辰至酉，若形影之不離。即有紅條請託，各人分閱，亦不能抽掉，復恐有含糊草率等弊，故評閱委之於人，而棄取仍操之於己。當發案之日與試士子莫不頌方伯之公明，錄之為衡文者法。〔註594〕

光緒二十一年「浙藩趙展如方伯甄別崇文書院，於初三日委正途知縣校閱，當日閱畢。次日由方伯親定甲乙，將飭書交填榜，詎料前列卷內，計有雷同卷五本。方伯以去取未能平允，因另委府班數員覆校。」〔註595〕「敷文書院由廖谷帥甄別即委金華縣陳明府，即用縣鄭維翰、王家□、□曾、張介祿。大挑縣范澤溥、蕭逢源、李思敬校閱課卷。聞共取生童五百餘卷，尚未出案，

〔註591〕《親校課卷》，《申報》1894年4月9日，第9版。
〔註592〕《親校課卷》，《申報》1894年4月9日，第9版。
〔註593〕《六橋煙柳》，《申報》1894年4月12日，第2版。
〔註594〕《西泠泛棹》，《申報》1894年4月1日，第3版。
〔註595〕《課士紀聞》，《申報》1895年3月13日，第2版。

蓋谷帥尚須親定甲乙也。〔註596〕臬司聶仲芳甄別紫陽書院，「因正途人員先為撫藩二憲委閱課卷，是以未曾校閱。至十一日各員均已銷差，廉訪即委十二人分校，親自督率，當晚閱學，次日評定甲乙，十四發案，計生員取三百四十名，童生一百六十名，其用紅條請託者當亦無所用之也。」〔註597〕

　　亦有官員委任專員負責校閱課卷。光緒十五年到十六年間，歐陽中鵠佐幕於時任江西學政龍芝生，兼校經訓書院課卷，「眉批總批，詳晰指示，時時以漢學、宋學相勸勉，兩閱星霜，人才蒸蒸日上，教澤於是為不朽矣。」〔註598〕光緒十七年，署理兩江總督沈秉成「因念寒焉生涯，大半仰資膏火，閱卷一節擬不假手於候補各員，特延一名手，認真校閱，以革弊端而鼓士氣。」「所延請閱卷者聞係浙西名手朱桂卿太史也。」〔註599〕另有以閱卷為業者，如吉城，光緒二十三年，吉城受時任山東沂州府知府丁立鈞（字叔衡，號恒齋）聘請，遙領沂州府書院閱卷事宜，歷時三年。二十五年，時任江蘇學政瞿鴻禨聘丁立鈞掌教江蘇江陰南菁書院（二十七年改為南菁高等學堂），丁氏再次延請吉城遙領南菁書院閱卷事宜，直至光緒二十八年丁立鈞病逝止。

　　師課閱卷，則自然由山長掌握，並有其較為固定之規制，如高淳縣學山書院於道光八年定規，「山長校閱課卷，有能於逐卷紕繆之處，或一對，或一段，或一篇，改抹精當，不遺餘力，固為可貴。即或力有不能，亦必將優劣之所以然分別細批，使閱者了然，方有裨益。不得泛用套語，同於張冠李戴。」〔註600〕山長將閱卷託給門生子弟亦為常事，如宋恕光緒十三年隨孫鏘鳴來到龍門書院襄校課卷，後亦隨襄校鍾山、求志等書院課卷。光緒二十年代孫鏘鳴閱求志書院癸巳冬季卷，並代出本年秋季史學、掌故二齋課題，收脩金二百六十七元七角，從此之後求志書院史學、掌故二齋之出題與判卷皆宋恕所為，直至光緒二十七年孫鏘鳴病逝為止。〔註601〕然山長閱卷之權，有時亦不免為官員所侵，光緒四年孫鏘鳴主講鍾山書院，與時任兩江總督沈葆楨發生齟齬，「渠田先生主講鍾山書院山長，取課卷前十名，葆楨不獨顛倒其甲乙，

〔註596〕《武林紀要》，《申報》1895 年 3 月 17 日，第 2 版。
〔註597〕《南屏曉鐘》，《申報》1895 年 3 月 20 日，第 2 版。
〔註598〕《臨別贈言》，《申報》1891 年 1 月 3 日，第 2 版。
〔註599〕《甄別改期》，《申報》1891 年 3 月 19 日，第 2 版。
〔註600〕《學山書院規條》，鄧洪波主編：《中國書院學規集成》，第 207～208 頁。
〔註601〕胡珠生編：《宋恕集》，北京：中華書局 1993 年版，第 205 頁、第 1113 頁。

且於渠田先生批後加以長批，且有指責渠田先生所批不當者。葉田先生遂憤然辭館歸。」〔註602〕

　　另有一種閱卷規制較為特殊，即專設襄校閱卷，此制淵源甚久，如康熙七年，江西白鹿洞書院專設副講，「主批閱文字，辨折疑義。合無禮聘本省通五經、篤行誼者為之。」〔註603〕然襄校制度因張之洞而於晚清流行開來。光緒八年時任山西巡撫張之洞與學使王學莊於山西太原創建令德書院，「設襄校一員」，「由藩司、冀寧道於通省各教官及候補各教官內按年遴選，詳明派委。」「每月逢一、六午前間，襄校面考前五日所讀經史，二十歲以上者默寫，二十歲以下者抽背。」〔註604〕令德書院聘楊篤為襄校兼監院。張之洞創設之廣雅書院，「設分校四人，經學、史學、理學、文學，分門講授，以代院長之勞。各衙門官課，仿學海堂之例。統歸四分校代閱，詳加評點，分擬各門名次，仍送各衙門覆核·合定名次發榜。齋課亦由四分校評閱，各擬名次，送院長覆閱，合定發榜。官課齋課，分校原擬各門，次第覆閱，均無妨更動。」〔註605〕分校之職責，任講授、評閱之責，而以院長總其成，相當於院長的助教。分校的人選，張氏主「專取諸學貢人員，不選通籍之人，庶與院長各位有所區別維繫，並專取諸兩粵本省之人，不及別省之人，庶於諸生言語可以相通，講解較易為力。」分校是由書院提調，備具書幣延聘，有月脩、伙食諸費。每月惰金銀四十兩，伙食銀十兩，共五十兩。〔註606〕其中歷任分校有經學分校黃濤、陳慶龢、漆葆熙，史學分校林寶庚，理學分校馬貞榆，文學分校黃紹昌、江逢辰等。〔註607〕

　　此制亦於湖北經心書院、兩湖書院，四川尊經書院行之。然分校之制，爭議較大，論者甚至認為其直接導致了山長制度之廢除，劉成愚稱：「廢山長制度而為分校制度，師道不尊矣」，其轉述陳頌萬之言，稱：「吾不料中國千年山長制度，竟喪於張之洞之手，中國此後無師矣。」劉氏認為，「張之洞狃

〔註602〕劉禺生撰；錢實甫點校：《世載堂雜憶》，北京：中華書局1960年版，第25頁。

〔註603〕廖文英：《白鹿洞書院申詳減租文並新規》，鄧洪波主編：《中國書院學規集成》，第671頁。

〔註604〕《令德書院章程》，鄧洪波主編：《中國書院學規集成》，第74～75頁。

〔註605〕張之洞：《廣雅書院學規》，鄧洪波主編：《中國書院學規集成》，第1310頁。

〔註606〕周漢光：《張之洞與廣雅書院》，朱漢民主編：《中國書院》（第二輯），長沙：湖南教育出版社1998年版，第252頁。

〔註607〕周漢光著：《張之洞與廣雅書院》，第327頁。

於三代以官為師之制，陰遂其惟我獨尊之懷」，於廣雅書院設分校制，於兩湖書院不敬山長，又於湖北「盡廢山長為監督」，「分校、山長拂袖而去者，經心書院山長譚仲修，江漢書院山長黃翔人（黃侃之父，四川布政使）；餘皆降格相從，天下無山長矣。」〔註608〕

圖 2-3：江西吉安陽明書院課卷及批閱〔註609〕

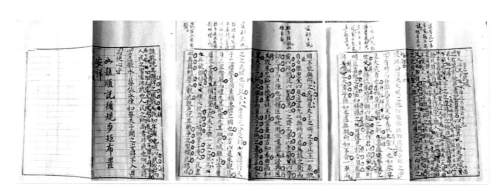

（四）課藝散佈

清代中前期，書院課藝傳播大抵限於張貼、傳閱、刊刻等，書院章程中大抵皆有類似的規定。書院課藝最簡捷的傳播方式即為張貼、傳閱，如湖北黃岡問津書院於康熙四十六年定規，「閱卷發案畢，其優等應謄者領卷歸，各自繕寫四本，照原批點裝訂，送至書院匯齊，分上下東西四路，酌期遞傳，以示欣賞。」〔註610〕乾隆二十八年陳宏謀定嶽麓書院條規，「每次課卷發下，教官以次訂為一本，令諸生轉相閱看。看畢，然後各自領歸。名次列後者，閱前列之佳卷批點，即以廣自己之識解，不可生忌刻之心，而以為不欲看也。前列者亦應閱落後之卷，以知此題文原易有此疵病。此孔子擇善而從，擇不善而改，無往非師之道。三人行且然，況同學至數十人，其師資不更廣乎？」〔註611〕福建南安縣詩山書院於光緒十八年年定規「每師課，其超等、上取及小課所作，由山長擇其最優者交董事，推書手抄貼，以便觀摩。」〔註612〕光緒年間，江西寧岡縣龍

〔註608〕劉禺生撰；錢實甫點校：《世載堂雜憶》，第 48～49 頁。

〔註609〕中華古玩網，http://www.gucn.com/Service_CurioStall_Show.asp 跡 ID=16117849，2018 年 2 月 28 日。

〔註610〕鄔江遐：《問津書院會約》，鄧洪波主編：《中國書院學規集成》，第 1020 頁。

〔註611〕陳宏謀：《申明書院條規以勵實學示》，鄧洪波主編：《中國書院學規集成》，第 1044～1045 頁。

〔註612〕《詩山書院章程》，鄧洪波主編：《中國書院學規集成》，第 597～599 頁。

江書院定規：「凡官師兩課，正取前三名，時文刷褙院壁。」〔註613〕

　　張貼傳閱後，則有選刻之制。書院課藝刊刻之制源遠流長，以清代而言，江西白鹿洞書院於順治年間定規，「每月約刊會文十篇，共費銀三兩，每年共銀三十六兩外，刷印紙張銀十兩，二項共費銀四十六兩。」〔註614〕康熙七年定規：「查款內每會刻文十篇，共費銀三兩，歲支三十六兩。刷印紙張銀十兩。今查會文定刻十篇，未必俱可傳世，似宜拔其有骨品、有脈理、有先正之體裁章法者選刻，庶不失為天下第一大書院人文。每年匯刻一卷，附於天下宗師考卷後，以公海內，其刻資紙張照例支銀四十六。如無名世真文，即不必枉災梨棗，以耗物力，此銀留候修志之用。」〔註615〕湖南瀏陽縣獅山書院於道光年間定規，「課卷取前列者，由院長發延英閣共閱，以資觀摩。」「每課詩文及經古、策論、詞賦、遇有佳構，院長於卷面簽注『另謄送閱』字樣，存藏書樓待選付梓。」〔註616〕山東武城縣絃歌書院於道光年間定規，「課卷取列超等，留存監院處，每屆年終敦請山長校閱一番，拔其優者刊為《絃歌書院課藝》。年復一年，匯而成帙，庶幾觀摩有自。」〔註617〕安徽桐城縣之桐鄉書院於道光年間定規，「超等生監、上取童生，前十名領卷之時，將原卷發還外，另與空卷一本，將原文並原評錄稿送交書院，日久匯采刊刻。」〔註618〕

　　廣東學海堂於道光六年定規，「課卷可備選刻者另鈔一冊，由學長收存，俟可以成集之日，照《學海堂初集》例，選改發刻。」〔註619〕江寧惜陰書院道光十九年規定，「每次課卷監院飭發諸生閱後，仍匯齊由山長選擇其文理較優者，送督署禮房繕謄清稿，以便督院隨時鑒定。可為程序者，諭令梓人吳太和住院刊刻成集，以彰古學。每年額給刻刷紙板工費銀一百二十兩，管理碑板書籍，以專責成，庶免散失，以垂永久。」〔註620〕道光二十六年東林書院定規，「甄別內課卷並每課超等卷，俱訂存書院，至下次課期給該生同閱後

〔註613〕《龍江書院章程》，鄧洪波主編：《中國書院學規集成》，第749頁。

〔註614〕蔡士瑛：《白鹿洞洞規》，鄧洪波主編：《中國書院學規集成》，第669頁。

〔註615〕廖文英：《白鹿洞書院申詳減租文並新規》，鄧洪波主編：《中國書院學規集成》，第671頁。

〔註616〕《獅山書院學規》，鄧洪波主編：《中國書院學規集成》，第1143頁。

〔註617〕《絃歌書院新定條規》，鄧洪波主編：《中國書院學規集成》，第821頁。

〔註618〕《桐鄉書院章程》，鄧洪波主編：《中國書院學規集成》，第465～466頁。

〔註619〕阮元：《學海堂章程》，鄧洪波主編：《中國書院學規集成》，第1290頁。

〔註620〕陶澍：《惜陰書舍章程》，鄧洪波主編：《中國書院學規集成》，第198～199頁。

收存，以備山長選刻。」〔註 621〕菊坡精舍於同治九年定規，「課卷前列可備選刻者，另鈔一冊，由監院收存，挨集有成數，酌議送呈操選政者選改發刻，卷仍隨時散給各生。」〔註 622〕福建致用書院同治十二年「每課，山長擇高等佳篇，於各藝上標明「錄送」字樣，由監院另錄送呈，俟山長選訂後，彙刊成帙，各衙門分送一部，在院者亦各給一部。」〔註 623〕湖州安定書院光緒元年定規，「考取前列各卷，向係本生自錄副本，存備選刻。今議請山長及監院精選發謄二套，一貼書院，一仍存監院處。每課雇人謄錄，給紙筆錢伍百文。課卷向係隨案發還，今選錄需時，前列各卷應行暫存，俟發案半個月後領卷。」〔註 624〕浙江寧波之崇實書院光緒十四年定規，「前列課卷可備選刻者，由本道及山長於篇首注明，該生用文格抄呈，並錄評點，以便選刻。」〔註 625〕寧波鄞縣鄞山書院光緒十三年定規，「每逢官課、院課，生童拔取超上一二名者，將文之精義於眉批標明，加以圈點。總評出案後，由山長令司事照原文原批原圈謄出，黏貼院中儀門前，既使作者踊躍加勉，並可為多士觀摩。其原卷逢發膏火、花紅時按名面交，不得久留，並不得分閱散失。」「錄取前十名，課卷抄呈山長，選定備刻試藝，如肆業生童中有願自刻者，聽。」〔註 626〕河南豫南書院為光緒十七年由時任南汝光淅兵備道朱壽鏞創設於信陽，書院定規：「諸生課卷，俟榜發，向各監院領回。其超取佳作，先由監院飭發禮書照繕二份，一份存院，以備選刻。一份張貼講堂，有目共賞。」〔註 627〕

　　另外，亦有書院規定課卷須送大吏查閱，如山西陵川縣望洛書院乾隆十四年規定每月朔望所課之文，館師閱定交送到縣，縣令親定甲乙，按季將取拔優卷，就近送府查驗。〔註 628〕乾隆二十八年陳宏謀定嶽麓書院條規，「不拘何衙

〔註 621〕《詳定東林書院規條》，鄧洪波主編：《中國書院學規集成》，第 249～250 頁。
〔註 622〕《廣州菊坡精舍章程》，鄧洪波主編：《中國書院學規集成》，第 1302～1303 頁。
〔註 623〕王凱泰：《致用堂章程》，鄧洪波主編：《中國書院學規集成》，第 550～552 頁。
〔註 624〕郭谷齋：《參訂安定書院章程》，鄧洪波主編：《中國書院學規集成》，第 377 頁。
〔註 625〕薛福成：《崇實書院章程》，鄧洪波主編：《中國書院學規集成》，第 352～353 頁。
〔註 626〕《鄞山書院條規》，鄧洪波主編：《中國書院學規集成》，第 355～357 頁。
〔註 627〕朱壽鏞：《豫南書院章程十條》，鄧洪波主編：《中國書院學規集成》，第 959 頁。
〔註 628〕陳封舜：《望洛書院條規》，鄧洪波主編：《中國書院學規集成》，第 83～87

門及館師課卷，出榜給賞之後‧即封送本部院閱看，再發諸生輪看、分領。」〔註629〕江西友教書院於乾隆五十四年由時任布政使王昶定規：「課期發案後，監院將超等前三名文字收起，俟年終呈送本司，擇其尤者刊刻。」〔註630〕

　　雖然各書院大抵皆規定課藝傳閱、刊刻之制度，然大抵皆廢弛矣。如嘉慶二十四年總督蔣攸銛定《錦江書院條規》，「官課課卷批發後，由監院教官匯釘成帙，送掌教存貯公所，令諸生公同閱看，俾知前列之文各有佳處，以收相觀而善之益。俟下月官課發卷之時，則為日已久，閱者已遍，始准領回前月課卷，不得先期私自抽去，致閱者於棄取優劣之故無從識別。」〔註631〕然而至道光十二年重定《錦江書院章程》時，「無論官師課，一經發案，諸生即將課卷紛紛抽回」，則收存課卷，公同閱看之制廢弛矣。因此之故，在新定《錦江書院章程》中規定「嗣後書院課卷不准用折疊紙，以便匯釘，每課超等卷，監院釘成一冊，收貯講堂。諸生到院觀閱，不得私自抽取，山長亦可隨時選刻。」〔註632〕道光二十八年琦善定《錦江書院章程》，規定：「每課官課卷批發後，由監院匯定成帙，存貯公所，令諸生閱看，俾知前列之文，各有佳處，俟下月官課發卷時，閱者已遍，始准領回。其在超等前二十名者，令各生自行謄錄，交監院存貯匯定，俟山長選刻，庶公同閱看，有所觀摩。」〔註633〕道光初年鄧廷楨巡撫安徽時，安慶敬敷書院諸生請刻書院課藝，稱：「書院之文不刻者七十年，請公用他省例，許刻而為序之。」〔註634〕

　　時至晚清，以報刊雜誌為代表新式傳播媒介不斷發展，成為書院課藝的重要傳播媒介，以格致書院課藝為例，除了傳統課藝集之形式外，《申報》先後刊載十九篇，《萬國公報》刊載五篇，甚至有一篇被翻譯為英文刊載於《北華捷報》。此外，各類經世文編類書籍廣泛收錄，如陳忠倚主編之《皇朝經世文三編》收錄格致書院課藝共102篇；甘韓主編《皇朝經世文新增時務續編、

　　　　頁。
〔註629〕陳宏謀：《申明書院條規以勵實學示》，鄧洪波主編：《中國書院學規集成》，第1044～1045頁。
〔註630〕王昶：《友教書院規條》，鄧洪波主編：《中國書院學規集成》，第625頁。
〔註631〕蔣攸銛：《錦江書院條規》，鄧洪波主編：《中國書院學規集成》，第1448頁。
〔註632〕《錦江書院章程》，鄧洪波主編：《中國書院學規集成》，第1449頁。
〔註633〕琦善：《錦江書院章程》，鄧洪波主編：《中國書院學規集成》，第1451頁。
〔註634〕管同：《刊刻敬敷書院課藝序（代）》，李國鈞主編：《清代前期教育論著選》（下冊），第449頁。

新增洋務續編》收錄課藝 10 篇：邵之棠主編《皇朝經世文統編》收錄課藝 3 篇；何良棟主編《皇朝經世文續編》收錄課藝 11 篇等等。〔註635〕

四、待遇、獎懲

書院肄業，其待遇多種多樣，主要包括膏火、花紅、住院等等。清初，書院大抵為住院肄業，故而各種待遇較為完備，如雍正初年，金陵鍾山書院肄業諸生之待遇包括諸生房間，「每間闊大，可住二人。若偶然人少之時，或一人住一問，各從其便。」諸生日給，「每月米三斗，紋銀九錢，充薪蔬油鹽。」諸生賞格，「每月兩課，特等賞銀五錢，壹等賞銀四錢，貳等名前賞銀三錢。」諸生器用，「每間木床二大張，書架二座，桌凳俱全。」公眾庖廚，「在東西兩邊，其廚中鍋缸及刀劃之類俱全，有願小鍋獨治爨者，聽各人自便。」炊汲力役，「各號舍俱派定有人，每役月給工資三錢，米三斗。」〔註636〕

然而隨著考課漸漸成為書院主導性建制，書院待遇逐漸以考課制度為中心發生多全方位的變化，以湖南寧鄉縣玉潭書院為例，該書院為乾隆十九年重修，至乾隆四十二年始添設膏火之制，「議每月每名給銀四錢，以二十名為定」，諸生皆須住院肄業。然漸而諸生多不住院肄業，依舊領取膏火，嘉慶六年定規，「嗣後有正課不入齋者，歸入附課，即以附課居齋列優等者補之。」〔註637〕然行之未久，即廢弛矣。咸豐年間，因經費稍充，書院添設月米之制，生童正課每名月米三斗，然不住齋者領取月米者，依舊有之，故而書院同治年間定章，「惟嗣後有已取正課，或以教讀他故，不願入齋者，其月米即以附課居齋列優等者補之。」然書院「乃向來一經取課，無論居齋與否，具得領膏火，已屬非宜。而沿習既久，今亦仍之。」〔註638〕則實踐之中，生徒待遇完全由考課取錄決定矣。

（一）膏火、加獎（花紅）

膏火者，本指膏油燈火，用以稱官府、學校或書院發給肄業生徒的津貼費用。書院膏火之設，原為住院者聊助薪水燈油之費，後代指書院為肄業生

〔註635〕劉明：《〈格致書院課藝〉研究》，上海社會科學院碩士論文，2015 年。
〔註636〕湯椿年撰：《鍾山書院志》卷之八，趙所生、薛正興主編：《中國歷代書院志》（第七冊），第 534～543 頁。
〔註637〕張思炯：《玉潭書院事宜》，鄧洪波主編：《中國書院學規集成》，第 1129 頁。
〔註638〕周瑞松：《玉潭、雲山兩書院條規》，鄧洪波主編：《中國書院學規集成》，第 1130 頁。

徒提供固定收入。花紅者，本指士子中舉或中進士之後的獎賞，書院花紅即書院考課取錄後之獎賞。按班書閣所述，「膏火者，按月支給，以食肄業正課副課之生徒者也；獎賞者，無論正副外隨，擇課藝之佳者，以賞之者也」〔註639〕，大體亦不謬。書院膏火、花紅之多寡視其地方之大小及貧富，以一省而言之，則省會書院較他地為盛，以天下而言之，則以揚州諸書院為盛，具體而言：

> 溯查書院之最大者，惟有鹽務省分，其立法與月給膏火、花紅，章程較別處為善。蓋鹽務中抽提經費，或由商人捐輸發出生息，而運使為之出入。國家盛時，鹽課為帑項大宗，商家殷實捐輸，皆成鉅款，歲息之厚，以充延師之束脩，月課之獎勵，自獨優於他處。其餘雖大省分而無鹽務者，決不如其豐腴也。若夫府、州、廳、縣仿行其法，紳捐官助，以及酌提地方閒款生息以充經費者，則更視其地方之大小、肥瘠而分其優劣之等。至有歲不過一二百金，諸生所得每課止百文錢者，以是云教養難乎？不難宜乎？外府諸生，咸以省中書院為可以託足，而爭相趨赴也，雖然諸生亦云苦矣。鹽務所在，如揚州安定、梅花兩書院首屈一指，試到超等有終年得百餘金者，豈不較館脩為豐厚。然限於方隅，不能胥天下之士而盡收之。若別省大憲輪課之處，則院中額給膏火超等，自二十名至六十、八十名不等，優者一兩次者，亦不過數錢。其能列前茅者，大憲另給花紅重，則自三五兩至兩許，輕則案首亦止二兩銀耳。統計文詩優者，終歲十餘課；合之亦僅得三四十兩而已。而其間肄業者，輒數百人，又焉能無試不優等乎？竊謂教養之意朝廷雖若甚厚，而天下寒士實多，既不能遍給以贍之，則何如創立良法，無使諸生終歲僕僕以博此無定之微利也。〔註640〕

在實踐之中，書院膏火、加獎之情形大抵有三。清初，由於書院規制以住院肄業為中心，故而皆有膏火之制，而加獎則付之闕如，或因時因事而興廢，多未成規制。而隨著考課逐漸佔據書院規制之主導性地位，書院規制圍繞考課重新進行調整，加獎逐漸制度化，並進而將膏火、加獎等合併作為諸生考課之獎賞，雖存膏火之名，而實質上無膏火之制矣。然而理想形態中的

〔註639〕班書閣：《書院生徒考》，《女師學院期刊》1933年第3卷，第1期。
〔註640〕《論書院立法》，《申報》1881年4月21日，第1版。

書院規制，仍然是住院肄業與考課相結合，即在獎賞上為膏火及加獎相結合者。

膏火及加獎皆有者，如道光十七年河北龍崗書院，「生監取在前十二名，每名月給膏火大錢五百文。每月膏火，以初二日官課為定。其餘附課，俱無膏火。每月館課，超取生童獎賞二千文。官課獎賞，應縣自備。凡官課既取，應給膏火。館課不到者，罰膏火半月；兩散課全不到者，扣除四分之一。」〔註641〕道光十七年江蘇海州敦善書院，「向來膏火二十名，無分生童，每人按月給銀九錢，並無花紅、飯食。」道光十九年「定為正課二十名，副課二十名。正課生員每月膏火銀一兩二錢，副課一兩。正課童生每月一兩，副課八錢。住院生童以十二名為率，各採取定正課、副課膏火照加一倍，均扣除正、臘兩月，每年照十個月開支，其有不在取定正、副課之列者，無論生童作為外課，不支膏火。每月官課花紅約銀四兩，飲食十二桌，約銀八兩。如在停課期內，按月停支。」〔註642〕

湖南瀏陽縣獅山書院於道光年間定規，「甄別定額，生監正課十名，副課十名，童生正課二十名，副課二十名。」「書院每年以二月初十啟館，十月初十散館。其生童膏火以八個月為率，正課每名每月錢八百，共六串四百，米三斗，共二石四斗；副課每名每月米三斗，共二石四斗。」「不住齋生童，正課每月錢八百，無米，副課米減半，每月一斗五升，均須滿足八課，少則按月扣除。」「每月十三日堂課。生監超取五名，獎錢一串五百，童生上取十名，獎錢二串。初三、二十三館課，超取五名，獎錢六百；上取十名‧獎錢九百。逢八散課，超取三名，獎錢二百四十；上取五名，獎錢三百六十。」〔註643〕

廣東應元書院為同治八年時任廣東布政使王凱泰創設，專課闔省舉人，「每歲二月望前，由監院官稟請督撫兩院親臨甄別，」取列內課三十名，外課二十名，附課五十名，送院肄業，並給一月膏火，內課月給銀三兩，外課月給銀二兩，附課不給。「每年三月初二日開課，至十二月初二日止，並甄別共二十課。」每月兩課，官課定初二日，考八股試貼，同時兼課古學、策論、賦，限下期課試時交卷。師課定於十六日，課八股試貼。每月膏火由初二日

〔註641〕《龍崗書院章程》，鄧洪波主編：《中國書院學規集成》，上海：中西書局2011年版，第13～14頁。
〔註642〕《敦善書院條規》，鄧洪波主編：《中國書院學規集成》，第214～215頁。
〔註643〕《獅山書院條規》，鄧洪波主編：《中國書院學規集成》，第1142～1143頁。

官課為定。至於獎賞，則文課第一名一兩，二、三名各八錢，四、五名六錢，六至十名各四錢，每課共五兩八錢。古學課亦每課五兩八錢賞錢，具體獎賞額數無常例，隨時酌定。此外，又有缺課懲罰之規定，古學課不繳卷，扣本月膏火之半。師課不到，扣本月膏火之半。甄別取列後，官師課兩次不到，如再應課時取列內外課，扣本月膏火之半。如三次課不到，再經取列，扣本月一月膏火，俟下次考課取列，再行照給。〔註644〕

海門廳獅山書院於「光緒十二年，定歲官課五，師課五，春以三月開課，秋以九月開課。每課生內課額二十名，外課額三十名；童內課額三十名，外課額六十名。童每內課一名，給膏火錢六百；外課一名，三百。生童第一名，俱給獎賞錢壹千；二三名，八百；四五名，六百；六至十名，四百。官師課膏火獎賞，皆由院給發，師課兼試經解古學，曰小課。生童額各十名，但給獎賞，無膏火。」〔註645〕

有膏火無加獎者，如江蘇高淳縣學山書院於道光八年定規，每月初二日縣中官課，分別生童，去取內課各十五名，外課各十五名，給以膏火錢文，均於十八日院課之後，赴院領取。其有院課不到者，准該董事將膏火扣除。「內課生員十五名，每月每名膏火足錢壹千八百文，第一名加足錢貳百文。」「內課文童十五名，每月每名膏火足錢壹千貳百文，第一名加足錢貳百文。」「外課生員十五名，每月每名膏火足錢玖百文。」「外課文童十五名，每月每名膏火足錢陸百文。」每月十八日院課，山長取列生監超等、特等，童生上卷、次卷，不拘定名數。〔註646〕

無膏火而有獎賞者，如河北南宮縣之東陽書院因「經費不敷，膏火缺如」，「前列生童，按名分給，第一名生童，獎賞京錢一千文，二名以下，獎賞四百文。」〔註647〕江寧惜陰書院，因依託於鍾山、尊經書院而設，因此無膏火而僅有加獎，「每課入式之卷，超等第一名給優獎銀四兩，二、三名各給銀三兩，四、五名各給銀二兩，六名以下至末，皆給銀一兩。」〔註648〕江蘇寶應縣畫

〔註644〕《應元書院章程》，鄧洪波主編：《中國書院學規集成》，第1305～1308頁。

〔註645〕光緒《海門廳圖志》卷十三《學誌》。

〔註646〕《學山書院規條》，鄧洪波主編：《中國書院學規集成》，第207～208頁。

〔註647〕周栻：《東陽書院新定規程》，鄧洪波主編：《中國書院學規集成》，第36～37頁。

〔註648〕陶澍：《惜陰書舍章程》，鄧洪波主編：《中國書院學規集成》，第198～199頁。

川書院於道光年間規定，「生員超等一名，優獎錢一千文；第二至第十名各八百文；特等二十名，各五百文，俱足串。其一等與隨課生員俱無優獎。童生正取一名，優獎錢八百文；第二至第十名各五百文；次取二十名，各四百文，俱足串。其附取與隨課童生俱無優獎。」〔註649〕湖州愛山書院，朔課獎賞稱膏火，望課獎賞稱花紅，實際上即有獎賞無膏火，同治十一年《議定愛山書院章程》規定：

> 一、朔課膏火生員超等二十名，每壹千貳百文；特等六十名，每捌百文。童生上取二十名，每陸百文；中取三十名，每肆百文。一年十課，共計錢玖百陸拾千文，隨課升降，遇閏照加一課，計錢玖拾陸千文。
>
> 一、望課花紅生員五十名，第一名壹千肆百文，二名至五名每壹千貳百文，六名至十名，每壹千文，以後十名每捌百文，十名每陸百文，十名每肆百文，十名每貳百文。童生三十名，第一名捌百文，二名至五名每陸百文，六名至十名每肆百文，以後十名每三百文，十名每貳百文。一年十課，共計錢肆百肆拾肆千文，隨課升降，遇閏照加一課，計錢肆拾壹千肆百文。〔註650〕

上海求志書院，格致書院，寧波辨志書院等皆無膏火之制，僅根據每次考課而取錄獎賞之。另有如光緒廿三年初杭州開辦中西學堂，「經費係由各書院朔課例獎及東城講舍膏火撥用」〔註651〕，此後「東城書院由各生自行備卷投考，仍請府縣尊輪流校閱，列前茅者給予獎洋，其膏火則已一例裁撤矣。」〔註652〕。

有規制較為特殊者，如廣東廣雅書院，其膏火按照籍貫略有不同，光緒十五年，正課生監每名每月給原籍廣東省五兩、肇慶府者六兩，其餘各屬為十一兩，均按十一個月計。考課獎賞，超等十二名，每名獎三兩；特等獎二十四名，每名獎二兩；其餘七十名以內者，每名獎一兩。〔註653〕

書院膏火及加獎除獎勵銀錢之外，另有膏火穀、米等等，如山西潞安府

〔註649〕 《畫川書院章程》，鄧洪波主編：《中國書院學規集成》，第220頁。
〔註650〕 《議定愛山書院章程》，鄧洪波主編：《中國書院學規集成》，第378頁。
〔註651〕 《之江近事》，《申報》1897年2月25日，第3版。
〔註652〕 《西學振興》，《申報》1897年2月11日，第2版。
〔註653〕 周漢光著：《張之洞與廣雅書院》，第346～347頁。

上黨書院光緒八年定規,「生員分超、特、壹等,童生分上、中、次取。額定超等十六名,每名月給穀一石;特等十二名,每名月給穀五斗;上取十六名,每名月給穀七斗;中取十二名,每名月給穀四斗。」此外,「超等住齋肄業者領穀之外,每名月給銀八錢,特等六錢,上取六錢,中取四錢。」〔註654〕浙江台州之正學、東湖、廣文三書院規定:

> 正課住院者,月給食米三斗,膏火錢生員壹千文,童生六百文。副課住院者,月給食米三斗,膏火錢生員四百文,童生二百文。不住院者只給膏火錢,不給食米。如係舉人暨優、拔、副貢考取內課,應給錢米另照生員量加一倍。惟甄別第一名生童,無論住院不住院,所定錢米從優全給,以示區別。其或舉貢生員自願赴院肄業者,即未列正副課內,舉人暨優、拔、副貢,月給食米三斗,生員減半,仍責成該監院按月查明住院應給錢米名數,開折分報。〔註655〕

四川新都縣龍門書院有膏火穀之制:

> 文生正課八名,每名膏火穀四斗,附課八名,每名膏火穀二斗五升,一等四名,每名膏火穀一斗。正課第一名獎穀一斗五升,第二、三名獎穀一斗,第四名獎穀八升,第五名獎穀五升,以下無獎。童生正課十六名,每名膏火穀三斗,附課三十六名,每名膏火穀二斗,一等六名,每名膏火穀一斗。正課第一名獎穀一斗二升,第二、三名獎穀八升,第四名獎穀六升,第五名獎穀六升,六名至十名獎穀五升,以下無獎。〔註656〕

在實踐之中,書院膏火多為籌款生息或田租等收入給發,較為固定,而加獎則較為隨意,課之加獎皆須官員捐廉,冷暖不均,以杭城諸書院而論,同治元年蔣益澧調任浙江布政使後,「最重文士每值月課獎賞多至二百餘洋」。光緒十年劉秉璋「甄別敷文書院,發案之日,慨捐廉俸百洋,以為獎賞,凡超等之生皆與焉。及甄別詁經精舍,又捐百元,雖列外課,亦拜一元之賜。最後甄別孝廉堂,亦以百洋作獎。一時士論翕然,頌聲載道。」〔註657〕為免諸生厚此薄彼,故而大吏籌款生息,作官課固定之加獎,則加獎亦制度化。光緒

〔註654〕 何林亨:《上黨書院章程》,鄧洪波主編:《中國書院學規集成》,第81頁。
〔註655〕 劉璈:《重定正學、東湖、廣文書院規條》,鄧洪波主編:《中國書院學規集成》,第448頁。
〔註656〕 《龍門書院碑記》,陳谷嘉,鄧洪波主編:《中國書院史資料》,第1207頁。
〔註657〕 《嘉惠士林》,《申報》1884年4月14日,第2版。

十一年時任浙江巡撫劉秉璋將籌備海防經費餘款六萬兩，存典生息，作為五書院加獎。每月每院可得百元，「以三十元歸望課，七十元歸官課，按數獎給」。光緒二十一年，因中日戰事，浙省擬將此款提作海防軍需，時任浙江巡撫廖壽豐「深憫寒士艱難，驟革此獎，各生童未免向隅。乃與趙展如方伯商酌，提作息借商款項下，由藩署給息，按月七釐，則軍需既有所資，而例獎仍不停給」。即浙省雖將挪用此款，但由藩屬按月給息，則例獎仍照舊維持。光緒二十二年廖壽豐為創設求是書院，將此項經費移用，「望課仍照舊例，朔課由主試官憲捐廉給獎」，即將五書院朔課例獎移作求是書院使用。〔註658〕

　　書院膏火、花紅之發放，自有其一套規制，如雍正初江寧鍾山書院定規，「每月月課，掌教閱定，分別等第，開單同卷送督院校閱，發還原卷。令江寧府按照名字，將獎賞銀封好，寫明某生姓名，前一日曉諭諸生。屆期該府親行面給，不得假手胥役。每月食米並薪水銀兩，於每月初二日該府散給過後，一面具折報督憲。至季終，將分給過食米、薪水、獎賞若干，造冊報本司備案，呈送督、撫各部院核銷。」〔註659〕江西餘干縣東山書院於道光二十九年定規：

> 書院刊有課簿及膏火獎賞票版，存留禮房。每年甄別前該禮書刷印成本，送簿蓋印，按課照錄正副名次，填入簿格。齋課有一次及兩次不到者，膏火分別扣除，不得混冒。三課發榜後，該禮房按簿核對明確，將應領膏火、獎賞數目填寫票內，另開清單，夾票送署蓋戳，俟次月官課日散給生童收執。該首事隨即請領查，有票上姓名錢數挖補塗改者，不准發給。〔註660〕

　　杭城諸書院「膏火銀兩向由監院領到後，飭書辦至錢鋪換取錢票，分給各生童」〔註661〕。書院大抵皆實行卷票之制，以保證膏火發放時不出誤差，如安徽涇縣之涇川書院道光十三年定規：「生童膏火，各有印票一紙，初次局課交卷時親領，其散課膏火亦在局課交卷時親領，以杜侵冒。倘票失落，必

〔註658〕《累及寒儒》，《申報》1895 年 3 月 10 日；第 1 版；《例獎未停》，《申報》1895 年 4 月 30 日，第 2 版；《加惠士林》，《申報》1897 年 7 月 11 日，第 2 版。

〔註659〕湯椿年撰：《鍾山書院志》卷之六，趙所生、薛正興主編：《中國歷代書院志》（第七冊），第 534～535 頁。

〔註660〕常山鳳：《捐置東山書院膏火經費善後規條》，鄧洪波主編：《中國書院學規集成》，第 723 頁。

〔註661〕《吳山立馬》，《申報》1899 年 12 月 13 日，第 2 版。

須核實發領，毋俾後有執票至者互相爭領。」〔註662〕浙江鄞縣鄞山書院於光緒十三年定規，「散給膏火、花紅，按照發案日半月為期，如十二日出案，準以下月朔，二十七日出案，準以下月望，即將錢票黏在卷面，俱於課期點名散卷時隨發，如有臨點不到者，監院同司事另將姓名並數目登簿暫存，俟下期補發。」「所發錢票向莊收取，俱足串大錢，不折不扣。」〔註663〕

（二）獎懲之法

書院依據生徒考課成績而進行獎懲之制度及實踐由來已久，粵秀書院約於乾隆初年，即實行格冊登注之法，「院內設格冊，凡入院課文者，人占冊一篇，篇分九格，計每月三課，畢一季而得九課，各將其遞課考取名次，按月登注，俟九課並訖，列單同冊送撫部稽核。如有三次不見取錄者，則撫部為之親試一次，察其文理實無進益，不堪造就，即摒退別補，否則留之，以俟再課。」〔註664〕嘉慶十年粵秀書院定規：

> 一、肄業諸生，向例每年仲春月前考課一次，以作甄別，本部堂、部院預先示期，令諸生童自赴監院報名投卷候考，俟榜發取錄有名者，方許入院居住，此一年大甄別也，……一年內課試每月三期，諸生有連考三次後五名，正課降外課，外、附課俱除名。若諸生中有連考優等三次者，外課升正課，附課升外課，准其有缺挨補，以示懲勸，使諸生爭自濯磨，以期文風日上。

> 一、各生童隨課補考，將試卷送本部院評閱，如果文理優長，分別錄取，准其候補正課、外課。俟應考三次之後，遇有正課缺出，先將此項候補正課生童撥補一人，次將外課連考三優者升補一人，挨次輪流間補；外課缺出，先將此項候補外課生童撥補一人，次將附課連考三優者升補一人，亦如正課挨次輪補。如無連考三優者，即盡候補之人撥補；如無候補者，亦盡連考三優之人升補。如兩項均無或俱補竣，再有正課缺出，准以甄別所取之外課挨名升補；外課缺出，准以甄別所取之附課挨名升補。其請領膏火，詳候核轉批准發院，未免稍逾時日，准以監院請領起文之

〔註662〕《涇川書院規條》，鄧洪波主編：《中國書院學規集成》，第506頁。
〔註663〕《鄞山書院學規》，鄧洪波主編：《中國書院學規集成》，第356頁。
〔註664〕梁廷枏：《粵秀書院曆議考課》，鄧洪波主編：《中國書院學規集成》，第1254頁。

日起支，以示優恤。〔註665〕

福建鼇峰書院於嘉慶十八年定規，改革升降之法：

> 舊例升降之法，以官課兩次前三名兼館課一次考取前三名者，
> 准陞官課，兩次考列後三名者兼館課一次考列後三名者予降。但如
> 此限定，則升難而降亦難。且若官課春間考取一次前三名，冬間考
> 取一次前三名，館課雖屢列在前，猶不能升也。官課春間考一次後
> 三名，冬間考一次後三名，館課雖屢考在後，猶終不降也。所以近
> 年未有因考黜降之缺。嗣後應無論官課、館課，但係內課三次考列
> 後拾名者即降為外課，外課三次考列後拾名者即降為附課。外課三
> 次考列前拾名者即升為內課，附課三次考列前拾名者即升為外課。
> 童生無論官課、館課，但凡正課三次考列後五名者即降為附課。附
> 課三次考入上卷者即升為正課。〔註666〕

道光九年升降之法更為詳細：

> 鼇峰生監，如有合計官課、館課三課考在超等十名前，兩課考
> 在超等五名前者，不須接連，外課准升內課，其附課准升外課；如
> 有合計官課、館課三次考在一等二十名末，兩次考在一等十名末者，
> 不須接連，內課即降外課，其外課即降附課，至附課則冊內除名。
> 童生如有合計官課、館課三次考列八名前，兩次考列五名前者，不
> 須接連，附課准升正課，又合計官課、館課三次考在又次取八名末，
> 兩次考在又次取四名末者，正課降為附課，其附課則冊內除名。生
> 監每課考在一等二十名末者，查明內、外課共若干名，每名將全月
> 膏火罰扣三分之一，以為加賞考列十名前之人。鼇峰童生每課考在
> 又次取十五名末者，查明正課若干名，每名將全月膏火罰除三分之
> 一，以為加賞考列八名前之人。〔註667〕

道光三年江蘇宿遷縣鍾吾書院定規，「書院每課等次應由監院立簿登記，
四課三優者隨課升附課，附課升正課。四課三劣者，正課降附課，附課降隨
課。其間有三課不到除名及抄錄成文除名者，以次遞補，隨課缺出，即由監

〔註665〕衛齡：《粵秀書院條規十八則》，鄧洪波主編：《中國書院學規集成》，第1248
　　　　～1249頁。

〔註666〕《嘉慶十八年核定章程》，鄧洪波主編：《中國書院學規集成》，第536頁。

〔註667〕《道光九年核定章程》，鄧洪波主編：《中國書院學規集成》，第547頁。

院移縣，出示考取。」道光八年東林書院定規，「升降之法遵照紫陽書院，兩官課一師課連考超等，外課升內課，附課升外課。不論正額廣額，有缺即補。如無三課之憂者，以四課三優升補。三課後十名，降不支膏火附課。遇有缺出，如無三優應升者，內外課挨次升補。」〔註668〕安徽祁門縣東山書院咸豐二年定規，「未有膏火之生監，有能連取三次超等前五名者，獎給膏火壹半，如四次又取超等前五名，獎給膏火全數。其本有膏火者，課文接連三次不錄，扣除膏火壹半，四次不錄，膏火全扣不給。童生仿此。」〔註669〕

咸豐年間，揚州府孝廉堂、安定、梅花及廣陵書院，「三年一甄別，四書文二首，試律一首。常課四書文一首，試律一首。其膏火之數以甄別之年正附隨課為斷。正附隨課各百名，每名每月膏火，正課各三兩，附課各一兩五錢，隨課無膏火。正課前十名給優獎銀各一兩，十一名以下各五錢。」另每月初二日鹽運使官課合正附隨而課之，分超、特、一等，各有獎勵。「正課取一等後五名，降至附課。附課取超等前五名，升正課。」另有每月十六日山長課，優獎銀約同官課。中經戰亂，諸書院停課十餘年。同治初間，書院次第興復，「其正附隨課名目如舊，以月試等第為升降，罷三年甄別之法。」〔註670〕

浙江平陽縣龍湖書院於同治二年定規，「如內課生童三次不列等不錄取，或一次曠課兩次不取，並兩次曠課，俱降為外課，停給膏夥。若後有兩次接連取超特等，童生接連取上中者，仍升入內課，按月給膏夥，與外課諸生稍別。外課有三次考取超等上卷者，准入內課，按給膏夥。惟課卷憑文拔取，無分內外，一律給獎，即示鼓勵。」〔註671〕浙江台州府之正學、東湖、廣文書院於同治七年規定，「凡正課生童一連三課取超等，上取前五名者，加膏火一倍。一連三課在特等中取者降副課，一連三課在壹等次取者降附課。或兩課壹等次取，一課特等中取，或兩課特等中取，一課壹等次取，均只降副課。其副課生童一連三課取超等上取者升正課，一連三課在壹等次取者降附課。其附課生童一連三課取超等上取者升正課，三課取特等中取者升副課，三課中有兩課超等上取、一課特等中取或一課超等上取、兩課特等中取者，均升副課。惟甄別第一名生童，如不曠課逾限者，應降之課量減一等。」此外，還在

〔註668〕《詳定東林書院規條》，鄧洪波主編：《中國書院學規集成》，第249～250頁。
〔註669〕《東山書院新立條規》，鄧洪波主編：《中國書院學規集成》，第487～488頁。
〔註670〕光緒《江都縣續志》卷十六《學校》。
〔註671〕余麗元：《院規告示》，鄧洪波主編：《中國書院學規集成》，第364頁。

制度上通過格式底冊及卷票以保證制度之執行，即規定「現經甄別生童，由府印頒格式底冊一本。每逢府縣既兩齋月課書榜時，隨於底冊各名下照填等第，轉交監院收存，以憑按次升降。其現收正副課生童，由監院照底冊印發格式卷票一張，查注住院、不住院，俾該生童憑票支領膏火錢米。每課發榜後持票領卷，由監院照底冊等第於各票上填明，加以圖記。查有應升應降，仍於票內詳注，隨時報府更票，一面傳知該院董照章起止錢米。倘應降不降，應升不升，一經查出，即著混填混給之監院、董事分別賠償。」〔註672〕

遼寧聚星書院於光緒八年規定：

> 一、特等生連考兩次超等者，即升為超等膏火；中取童連考兩次上取者，升為上取膏火；隨課生童連考兩次超等上取者，先升為特等中取膏火，再連兩次超等上取者，即由特等升為超等，中取升為上取膏火，以示鼓勵。

> 一、超等生連考兩次一等者，先降為特等膏火，再連考兩次一等者，即為無膏火。上取童連考兩次次取者，先降為中取膏火，再連考兩次次取者，即降為無膏火。

> 一、生童先考在超等上取者，後又連考三次超等上取，除應領膏火應得獎賞外，再加賞錢四弔，以昭激勸。〔註673〕

由於書院升降之法愈益複雜，執行困難，故而在實踐之中，出現諸多流弊。同治九年針對白鹿洞書院「但以文藝為憑率，合三次而論優者，或有定價，下者豈無變格，故往往有升無降缺，每至數月，無額可補」的情況，李鐸提出，將書院諸生的日常行為納入考核之中，其稱：

> 伏思書院立教之意，以經明行修為要則，獎賞尤宜在經行二端。經必待考課而見，行則徵於其平素而觀於其忽微。今就在書院而論，能閉戶潛修，累月不出者上也；能尺步繩趨，虛心求益者上也；能精勤刻勵，數課一律者上也。若飲食征逐，席不暖於館舍，面屢熟於市人，已非讀書本分矣。至於聯袂把臂，恃眾肆強，唆訟、包漕有其名，賭場、妓館有其跡，名教有慚，流品斯下。准此以為賞罰升降，而不專在於文藝之優絀，或足挽頹風而

〔註672〕劉璈：《重定正學、東湖、廣文書院規條》，鄧洪波主編：《中國書院學規集成》，第447～448頁。

〔註673〕《聚星書院條規》，鄧洪波主編：《中國書院學規集成》，第107～109頁。

上副乎雅化也。〔註674〕

　　然更多的書院則選擇了隨課升降之制，高郵州珠湖書院「光緒四年恩貢生萬山松等稟請改章，仿照蘇州、江寧、揚州各書院課例，按期隨課升降」，光緒五年知州定章，「每月內外課膏火以官課所定之甲乙為準」，「如館課不到，照揚郡章程，扣曠半月」，允准不在院生員隨課投考，但僅限三次。〔註675〕山西潞安府上黨書院光緒八年改章，「本應以甄別取錄送院肄業定為一年膏火，第恐一日之長不無幸獲，轉令有志者向隅，仍照舊甄別，只給一月膏火，以後按本府月課取給，以資鼓勵。」〔註676〕廣東韓山書院甄別定期十月二十日，先廿日曉示諸生。書院每月三課，一道課，二府縣與分司輪流，三山長專課。光緒二十八年改革章程，「又向章生童經第一課取入正附課者，即領長年膏火。現擬明年起均改為隨課升降，俾可使及時陶淑人才。」「院生向多冒名頂替之弊，每課所取，往往名非其人，且止評課卷，亦屬一日之短長。此後住院各生應各備折記，每月將所閱某書某卷，記其所得所疑，至月終匯呈山長批閱，與課卷參合，為升降之法，且藉此山長亦可與院生接洽。」〔註677〕然隨課升降之制亦有其流弊，時人稱：

　　　　查書院章程從前皆定額若干名，而以甄別所取名次為斷，譬如取超等者，終年不列三等，則終年皆得超等之獎。如幾次列三等，則降為特等，而以後屢列超等者補之，然總以第一次列入超等為便宜，故應試者皆爭甄別之取捨，而其餘不甚關得失焉。其後大憲最為變通，恐無以鼓勵文字平庸之士，乃改為隨課升降，而後諸生所得逐月不同，而每課卷數不相上下，在鼓勵固應如是，然獨不思如此升降而所得更薄乎？〔註678〕

（三）住院規制

　　清初諸書院皆須住院肄業，故而住院規制頗為詳細。江蘇鍾山書院於雍正初年定規：「肄業諸生，令其自爨。每名日給米一升，蔬菜、薪水、燈燭等項銀三分。」後改以「每月米三斗，紋銀九錢」。「每號舍一間，應令兩生員同

〔註674〕李鐸：《白鷺洲書院程管見》，鄧洪波主編：《中國書院學規集成》，第741頁。
〔註675〕光緒《再續高郵州志》卷一《輿地志・書院》。
〔註676〕何林亨：《上黨書院章程》，鄧洪波主編：《中國書院學規集成》，第81頁。
〔註677〕丁寶銓：《韓山書院章程》，鄧洪波主編：《中國書院學規集成》，第1384頁。
〔註678〕《論書院立法》，《申報》1881年4月21日，第1版。

居。每人各給床一張、桌一張、椅一張、竹書架一張，其餘什物，俱令諸生自備。」此外，亦有若干學業要求，如「每逢朔望，諸生同師長拜先師禮畢，即向師長一揖，同學諸人即於其地，總相對一揖。」「今定朔望飯後，為會講之定期。諸生聽擊雲板響聲，即齊集講堂，一揖侍坐敬聽，毋得參差喧撓。所定初六、十二，為會課之定期。是日三梆，比平常更早。黎明即響雲版，以便諸生齊集領題。令作者舒徐思索，得以盡一日之長。」若干紀律要求，如「凡肄業諸生，或有事歸家，或尋訪同人，須出門一二日者，必稟明掌教，並副掌教，查明告假幾日，註冊後，方准出院。告假至半個月以外，副掌教具稟江寧府，轉報本部院，批允方行。若寂然而去，不稟師長，查出記過一次。記過至三次者，斥逐出院。副掌教不得扶同徇隱。」要求諸生愛惜公物，「在內書生及所用僕役，宜潔淨愛護，不許污壞門壁。四時謹慎火燭，毋致貽誤。」「萬不得管人詞訟、與人鬥毆，及市肆酗酒、茶話。……倘不我從，即斥出院。」〔註679〕雍正三年正月江督出牌示，嚴格要求肄業生徒住院肄業，「牌示書院肄業諸生知悉，照得書院開館二月中旬，今有歲事已畢，情願先期住院者，徑赴江寧府稟明。如果專心肄業，本部院自當刮目相待。如有入院領給薪水之後，鍵戶私回，或在外游蕩，不務正業者，一經查出，定行擯斥。慎毋自誤。切囑。特諭。」〔註680〕

福建鼇峰書院乾隆年間定規，「各生住院肄業者，其飯食銀兩於住院日起支，不得全月支給。倘住院後又復出院，仍行扣除。」「該生等廩人既豐，自應在院肄業，互相濯磨。如任其空名支給，則經費虛靡而書院中弦誦寥寥，似非核實辦公之道，應請飭令監院官，據實察報是否住院屬實，本道亦每月抽查一二次，如有現行連查三次房貼某名而人實不在內者，除將監院官記過外，該生飯食銀兩即停止支給。」〔註681〕嘉慶七年定規：

  一、查住院肄業生監，監院官匯冊詳報，童生概不准住院。其住院生監每人各設課程簿一本，每頁十日，每日將早、午、晚三時讀過何書，誦過何文，遂一登載簿內，以備院長逐日抽查背誦，司道亦每月抽查一二次。如不能成誦，量予懲戒。其有並未告假不在

〔註679〕湯椿年撰：《鍾山書院志》卷之六，趙所生、薛正興主編：《中國歷代書院志》（第七冊），第530～540頁。

〔註680〕湯椿年撰：《鍾山書院志》卷之六，趙所生、薛正興主編：《中國歷代書院志》（第七冊），第537頁。

〔註681〕《鼇峰書院原定章程》，鄧洪波主編：《中國書院學規集成》，第533頁。

書院者，除將監院官記過外，該生分別懲辦。

一、查住院肄業諸生，理宜閉戶潛修。近來學規廢弛，或在外處館，空名冒支飯食；或始到獨住書舍，繼則依親棲託，漸至招邀儔侶，群隊出入，飲博喧爭；或藉刀筆，逞訟干預公事。種種不法，實屬有玷學校。應責成監院官不時稽查，倘有前項犯規者，即行據實稟究。若諸生中有出名具控案件者，必係逞身好訟之徒，即將該生驅逐，其膏火、飯食銀兩全行扣除。如係被人株連應行質訊者，即令搬出，聽候質訊，俟案經審結，方准復入，其膏火、飯食銀兩應於出院之日截止。更有甄別考取無名生童潛匿書院肄業者，監院官即行斥逐，毋許占住房舍，以杜擾亂。

一、查現行事例，內、外、附各生童有因考試回籍，或省親、患病等事，具稟告假者，福州府屬限假一月，興化、延平二府限假兩月，泉州、漳州、建寧、邵武四府並龍巖、永春二州屬限假二三月，汀州府屬限假四月，臺灣府屬限假五月，逾限扣除。其應領膏火、飯食銀兩，於告假截止，仍於銷假日起支。其住院諸生，每旬准假一日，每月准假三日。如逾三日外，曠一日，扣五日膏火、飯食銀兩，以次遞增。

一、院內設立號簿兩本，一本存院長處，一本存監院處。凡有告假，先向院長稟明登記，次向監院稟明登記。晨出晚入，即在簿上注明。以每日辰刻開門一次，許諸生買菜蔬；申未開門一次，許諸生買油燭。餘皆封閉，鑰存監院處。晚上逐房查點，如不在院，立即根究懲辦，監院毋得徇隱。〔註682〕

嘉慶八年因「住院飯食，事關諸生柴米之需，少則不敷動費，多則易啟夤緣浮冒之弊，司道酌中核定，每名月給飯食銀壹兩肆錢，僅足柴米之費。凡有生監願住院者，均於開館後赴糧道衙門呈報，糧道酌定名數，報明兩院備案。」〔註683〕嘉慶十年定規，「住院生監從前並未定額，今官課生童已議增額，其住院生監亦應籌定，請將住院之生監定額八十名，每名照舊月給飯食銀壹兩肆錢。遇有鄉試之年，於八十名定額之外，再加增四十名，未遇鄉

〔註682〕　《嘉慶七年詳定章程》，鄧洪波主編：《中國書院學規集成》，第534～535頁。
〔註683〕　《嘉慶八年詳定章程》，鄧洪波主編：《中國書院學規集成》，第536頁。

－219－

試，不准逾額。並飭監院官嚴查，如有不應住院之人員，混入院居住，該監院官隨時稟報，以便扣除。」〔註684〕嘉慶十八年「舊例內課住院者加給火食銀一兩六錢，月共銀九十六兩，乃日久弊生，徒滋靡費。嗣後應將此項火食銀每月九十六兩勻入膏火項下。內課一名原一兩四錢，增入九錢，作二兩三錢；外課一名原一兩二錢，增入七錢，作一兩九錢。其住院不住院，一聽內、外課及附課諸生之便，概不更給火食。」〔註685〕湖北歸州丹陽書院嘉慶二十二年定規：

> 一、每歲二月初旬，本州考取收錄，額取內課生員十名，童生六名，送院肄業。均須在院住宿。每月給與膏火，以資養贍。如遇家有婚喪大事，應領膏火仍按月支給，以示周恤。倘取在內課，不在院住宿，首士學長稟明，即扣除膏火，改為外課。

> 一、考取內課外，另收錄外課生員二十名，童生十二名。如遇內課缺額，即以拔補。在城在鄉聽其自便。如有自備資斧，願從山長肄業者，每值月課，准其領題作文請山長講改。官課亦得從眾考試，一律給賞。但此刻書院房屋尚少，須盡內課居住。俟將來增修房屋，方准外課入院住宿。」〔註686〕

河南開封府彝山書院於道光二十二年定規：

> 一、膏火每年定正課四十名，每名一兩，副課六十名，每名四錢。住齋僅外州縣諸生，至多三十名，每名給薪水銀四錢。

> 一、住齋諸童無論外縣及本縣，均須正課三人連名互結，並齋長之結，存監院處，註冊備查。遇該童有犯規之處，除不准住齋外，仍責懲原互結，以昭慎重。

> 一、住齋肄業，不准飲酒、歌唱、喧囂，違者，准齋長稟明監院，立即逐出。齋長迴護，一經查出，罰該齋長一月薪水。

> 一、住齋肄業，自應詳定課程，清晨溫經限千字，飯後臨帖、抄經限五百字，午後讀時文，夜間讀古文詩賦，均須各將題目、頁

〔註684〕《嘉慶十年詳定章程》，鄧洪波主編：《中國書院學規集成》，第536頁。

〔註685〕《嘉慶十八年核定章程》，鄧洪波主編：《中國書院學規集成》，第536頁。

〔註686〕李炘：《丹陽書院條規十二則》，鄧洪波主編：《中國書院學規集成》，第1027頁。

數注於日程，每十日匯送院長處查核，以便挑背或默寫。

一、住齋不准留外人在齋房歇宿，違者逐出。平日親友探望，須向把門說知，不得直入。

一、住齋者如夜間有事不歸，須在齋長處告假，若連日有事不歸，須寫明原故清單，送監院處存查，誤課仍扣膏火。

一、某童住某齋房於某日移進，監院、齋長各注一冊，並應用床席桌椅逐細登記，該童移出，令其繳還，遇有遺失，應著賠補。

一、住院諸童，每逢朔望，該童各具衣冠，齋長率領，到院長正業堂，稟賀朔望。

一、遇查齋未曾告假一連兩次不在書院者，不准住齋。〔註687〕

湖北宜昌府墨池書院於道光十四年定規：

建立齋舍。原俾生徒親師訓遠喧囂，得專心講習，凡取入者自宜往齋肄業。今定住齋生員米額五十分，每日給米制斛一升。每年於甄考之後，願住齋者即赴監院報名註冊，各按考取名次，由正課以及附課挨補。其米額已滿而齋舍有餘，聽以次應補生員挨名居住，不給米。所有報名住齋者，即由監院隨時稽查，如一月不在齋讀書，僅來應課者，扣其本月食米，兩月者除其米額，挨補其次應補之人。如住齋讀書而欠課，亦按課扣米三分之一，庶不致虛米稟而昭核實。〔註688〕

然而隨著考課逐漸成為書院之主導性規制，諸書院的實際住院情形則與住院規制迥異。乾隆六十年，杭州敷文書院「院長及諸生只以課日來會，平日則不復居書院。」〔註689〕江西信江書院創建於康熙三十三年，時稱曲江書院，為義學。康熙五十一年修葺之，延師主之，召士子肄業其中。乾隆八年修葺之，建學舍八十餘間供士子肄業其中，乾隆四十六年始稱信江書院。嘉慶十五年時，書院建築多有損壞，「山長係借館民房，生徒無一人在院肄業。」〔註690〕

〔註687〕史致昌：《彝山書院重定章程》，鄧洪波主編：《中國書院學規集成》，第883頁。

〔註688〕程家頤：《墨池書院章程》，鄧洪波主編：《中國書院學規集成》，第993頁。

〔註689〕秦瀛：《重修敷文書院記》，陳谷嘉、鄧洪波主編：《中國書院史資料》（中冊），杭州：浙江教育出版社1998年版，第886頁。

〔註690〕《信江書院志》卷之二《源流》，《中國歷代書院志》（二），第369頁。

嘉慶年間，廣東粵秀書院「書院士子積習，往往佔據房舍，拆毀窗戶、器物，使後來者無所得房，而彼乃稱言某房若有頂手〔註691〕，即亦可得之類。此弊最久。」「又舊規院門每日封閉，於辰刻、酉刻放魚菜兩次，防弊甚為得法。蒙於辛酉之歲（注：嘉慶六年），力照此歸將酉刻改為末刻，多事者紛紛搬出，是歲竟有住院招集街坊蒙童十數人教讀，糧道驅之始息。」〔註692〕湖南城南書院道光四年時，「近來各生童往往任意占住，以致甄別取準各生童反致無齋可住。」，因此定規，「查每年散館後，諸生俱各散歸。嗣後開年以後，責成該監院官留心巡查，不許擅行住齋，俟啟館時查照甄別案內錄取之數，點名人館，方准居住，並責令齋長督同齋夫挨查明確，報明監院官，毋許冒混。」〔註693〕

而書院「以甄別所取名次為斷」改以「隨課升降」，造成爭居書院以及諸生逗留之弊端：

> 蓋以甄別所取為憑，則書院可以定某日始准住進，而案外之人不能與。全案人多，或超特准住，而後之一等不准住，均可立定規矩，不相紊亂。而諸生或自外府來，或由鄉間進，先寓別處，待甄別案發，或不取、或取在後，設自計終年所得之不憂，與隨課升降之難，心忖旅資易竭，難以久留，則且浩然思歸，別事生活，必不爭此一席之地以謀棲息矣。噫寒士甚多，而膏火有額與其不能徧給，孰若嚴其限制，何必空博此教養之名哉？而況書院甄別皆以二月，苟不錄於案而歸而變計，設館授徒時猶未晚，諸生亦決不自苦，空受此羈縻也。前述南昌爭居書院以為諸生之陋習，固非刻論。然其使諸生甘於有此陋習者，則又立法之不善，與虛應故事之為害也，於諸生何尤焉？〔註694〕

時至同光年間，隨著考課式書院之流弊亦顯，越來越多的書院開始嚴格住院肄業之規程，改變書院規制中考課的主導性地位，圍繞住院肄業重新調整書院制度，越來越多的以住院肄業為特徵的書院不斷出現。

〔註691〕注：意為頂手費，即士子通過拆毀窗戶、器物等方式使有住院資格之士子不再住院，而佔據房舍並將其出租轉讓，收取頂手費，即轉讓費。

〔註692〕馮敏昌：《書院事宜札》，鄧洪波主編：《中國書院學規集成》，第1246～1247頁。

〔註693〕《城南書院條規》，鄧洪波主編：《中國書院學規集成》，第1070頁。

〔註694〕《論書院立法》，《申報》1881年4月21日，第1版。

蘇州正誼書院，同治初年李鴻章重建後，「擇諸生十人肄業其中」，同治十年，巡撫張之萬增住院生五人。浙江台州府正學、東湖、廣文書院於同治七年定規：「正課住院者，月給食米三斗，膏火錢生員壹千文，童生六百文。副課住院者，月給食米三斗，膏火錢生員四百文，童生二百文。不住院者只給膏火錢，不給食米。」其住院規範還包括：

一、朔望清晨，詣神前行禮、山長前作揖後，於案頭恭誦《聖諭廣訓》一二條。每條廣訓衍須詳閱，周而復始，以冀潛移默化。

一、各書院由監院於肄業生員中選舉老成人推為齋長，以資約束。凡住院生童原為敬業樂群，互相砥礪，不得蕩閒逾檢，朋黨為非，尤不得干預詞訟，白召恥辱。並責成該齋長隨時一律檢點勸誡，違者分別逐革。

一、士子吃食洋煙，顯干例禁。在院肄業生童，倘有吃食者，既犯科條，尤虞沾染，轉致貽害他人。議定章程，不准住院，違者擯去。監院、董事，互相糾察，毋得徇隱。

一、書院前後門依時啟閉，定於二更加鎖，將鑰匙繳山長，黎明開門。住院生童出門必須告明山長，按時往返。凡親友探望，不准留宿，違者斥之。〔註695〕

江西信州象山書院於同治年間定規，「以每年甄別為準，超等十名，特等二十名，上取十名，中取二十名，均當住院。」「如遇超、特、上、中內生童因他故不得住院者，必先稟明院長，然後將遞遺號舍，於壹等、次取中挨次挑入，不得過六十名之額，以示限制。」限於經費，諸書住院須「自備鋪板一具，木案一具，書架一具，杌凳兩張」以及「箸碗、面盆、茶壺、燈檯零用等物」，其住院規制為：

一、住院諸生，黎明即起，夜以二更為度，其有讀書至三四鼓者，宜自量精神心力為之。雖當盛暑，不得赤足居恒，亦不得群居嬉笑，出外遊行。除告假省親而外，如有要事必須親出，當稟明院長，限定時日，出告入謁，謹守禮法。二爆時封鎖院門，非有大故，不准妄開。諸生有不遵者，由院長除名出院，以肅成規。

〔註695〕劉璈：《重定正學、東湖、廣文書院規條》，鄧洪波主編：《中國書院學規集成》，第447～449頁。

　　一、諸生除每月兩課期外，每日須有功課日記，不必專習時文，或治一經，或治一史。……每日讀何書，作何說，設何疑，問何難，必有數條不得，草率十日，呈送院長鑒核，年終送縣分別等次，取其尤者數人，量予獎賞。至劣者，由院長隨時指示。尤劣者訓飭，半年以後仍無長進者，不准住院。其雖無長進而孜孜不已，能自困勉者，仍許住院。

　　一、書院之設，作育人才，整飭風化，其義一貫。今議定每月朔望，照申明亭之例，於地方官拈香事畢，在講堂偏右安設方桌一張，地方官席地西南向坐，每年第一二次，由監院首事中擇一人東面立，宣講《聖諭廣訓》一條，……自甄別定有名次後，則令前列超等諸生中宣講。聽講之後，院長、監院及諸生均充冠詣講堂，院長南向立，監院西向立，諸生北面，三揖院長，院長答如禮；一揖監院，監院答如禮；諸生分班，交揖而退。〔註696〕

上海龍門書院為同治四年由時任蘇松太道丁日昌創設，同治六年，應寶時遷龍門書院於吾園廢址，「計所建講堂、學舍共四十一間」，「九月二十日落成，山長及諸生即以是日至院」〔註697〕，書院定規山長住院講授，諸生住院肄業，此制於劉熙載山長任上（同治六年～光緒六年間）嚴格執行之，同治九年劉熙載制定《龍門書院課程六則》，其中規定：

　　一、嚴日課。諸生宜各置行事日記冊，讀書日記冊。於行事日記冊內分晨起、午前、午後、燈下四節，按時定課，大要以晨起、午前治四子各經（一書精熟後再讀一書）及性理（每日讀數章），午後讀諸史綱鑒（專取一書，從首讀起，不得雜亂）及各家書（操其要擷其精，不得觀無益之書）或旁通時務（須有實際），有餘力或作文辭（須當於理，不得作閒雜詞章）、或習書法（須端楷），燈下或兼及科舉之業（宜多讀先正闡發義理之文）。雖間有參差，總以綿密無間為主。每日課程及事為，按候記於行事冊。讀書有心得，有疑義，按日記於讀書冊，所記宜實毋偽，宜要毋泛，不得託故不記。逢日之五、十，於師前請業請益，師有指授，必宜服膺。每月課文一次，歲終甄別以驗所學之深淺以進退焉。

〔註696〕《象山書院章程》，鄧洪波主編：《中國書院學規集成》，第695～696頁。
〔註697〕應寶時：《龍門書院記》，同治《上海縣志》卷九《學校》。

一、遵規矩。諸生住院，規矩為先。茲略仿董、程二先生學則，當興以清晨，寢以夜分，一日之內，居處必恭、步立必正、視聽必端、言語必謹、容貌必莊、衣冠必整、飲食必節、行動必省、几案必整齊、堂室必潔淨、相呼必以齒、相接必以禮、使人必莊以恕，總之以無不敬為主。……

一、循利益。諸生住院，值月朔、望昧爽，咸興整衣冠序進，師長率詣朱子位焚香，以次行二跪六叩首，禮退師長西南向立，諸生以次東北向揖，師長答揖訖，入於室，諸生以次相對揖。凡歲暮告假去及歲首始到院，整衣冠謁師長前行禮，退徧揖同學，同學答如禮。常日告假去及到院，先謁師長，前致辭揖，退徧揖同學，同學答如禮。凡呈日記諸生謁師長，前以次立，命之坐以次坐，講論訖退。常日見師長，立問安，命之坐然後坐。堂外見師長，立以俟，命之退然後退。見同學必拱手，往來必迎送，群坐必序年齒，凡此皆當率行有常，餘者可類推焉。〔註698〕

光緒十三年，張之洞創設廣雅書院，其時廣東書院之中，端溪書院，「自總督移治廣州，書院不能親臨，考校整飭雖歲時封題課試，規矩縱弛，士氣不揚。且原有齋舍止四十間，大半敝漏，不足以容來學。每逢應課，大率借名虛卷，草率塞責。」「粵秀、越華、應元三書院，專課時文，齋舍或少或無，肄業者不能住院，故有月試而無課程。前督臣阮元在建之學海堂，近年鹽運司鍾謙鈞所建之菊坡精舍，用意精美，而經費無多，膏火過少，又以建在山皐，限於地勢，故有課程而無齋舍。」張之洞認為，書院「必宜萃處久居，而後有師長檢束、朋友觀摩之益」，因此廣雅書院書院實行嚴格的住院制度，「肄業諸生，皆須住院，不住院者，不得領膏火。東省居東齋，西省居西齋，由監院派定注簿，不得東西雜居，任意搬移。」「不住院者不領膏火，以便考其行檢，無故不得給假，以期專一有成，嚴立規條，責成監院考察約束，違者即行屏黜，」〔註699〕書院內建有無邪堂為山長講經之所，冠冕樓為藏書之所，另建有東、西兩齋，書院生額二百人，東、西省各一百，東省諸生住東齋，西省諸生住西齋，每一齋有套房十間，每間住一人。每一套房中包括臥室、書房

〔註698〕《龍門書院課程六則》，《中國教會新報》，1870年，第94期，第8～10頁。
〔註699〕張之洞：《奏請廣雅書院立案折》，陳谷嘉、鄧洪波主編：《中國書院史資料》，第2226頁。

及起間各一。每齋另設有一間圖書室，藏常用書籍，另有一間自修室。〔註700〕每齋「設齋長一人，由院長擇品行老成，學業較優者充之，優加膏火，以便分齋稽察課程，奉行院長教法，轉相指授，無其人則暫闕。」

　　廣雅書院內的教學活動包括山長講學，「每月初一，院長登堂，候諸生繳呈功課簿，極少講書。諸生讀書功課簿如有疑問，臨時可答則答之。如繁複問題，攜回以筆批答。」朔望祭祀，「春秋定期，院長率諸生致祭濂溪先生祠、嶺學祠，每月朔望均須隨同院長詣兩祠行禮，畢齊集講堂，公揖院長致敬。」課程日記，「各生各立課程日記，按日注明所業於簿，誦習抄錄記其起止，解說議論有得即記，以便院長按業考勤。」「朔望行禮後，各攜所業日記簿，呈院長聽候考核詢問。」考課，「每月官課一，齋課一，官課於初旬，齋課於中旬。東西各為一榜，每榜前七十名，皆有獎賞，以名次為等差。每年自二月至十二月，皆有課，官齋共二十二課，遇閏加課。」「每課即就所習經、史、理學、經濟四門發題考校，各覘所業，繳卷以三日為限，勿庸考試時文。」此外，尚有若干紀律規定，如「諸生每日必宜早起，院門每日限定更時局鎖，諸生不得夜出」。「院內不得容留閒人住宿，未調入院之諸生，亦不得闌入。」「院內禁止賭博、酗酒、吸食洋煙。」〔註701〕

　　與此同時，張之洞還整飭端溪書院，除重修肇慶端溪書院，山長梁鼎芬擬定《端溪書院生徒住齋章程》，嚴格住院肄業制度，大略為應課生徒考取正附課，由院長選送入院，須遵守書院規條。凡住院之生徒，加給膏火，以區別於在外肄業者。生徒禁止夜出，平日因事外出，須稟明監院。此外：

　　　　一、院內膏火，以地方之遠近，定膏火之厚薄。廣東省肇慶府，每名加給銀一兩。廣州府、羅定州、陽江廳，每名加給銀一兩五錢。惠、潮、嘉、南、韶、連、高、廉、雷、瓊各屬，每名加給銀貳兩。廣西府廳州各屬，每名加給銀貳兩。（案：此項因是年有惠州、豐、潮諸生九人住院而設，十四年裁。）

　　　　一、每月朔望，院長率同在院生徒詣景賢閣行禮。

　　　　一、各生徒清晨即起，二鼓後即睡，起居有常，方能讀書。

　　　　一、各生徒每日將功課注寫日記簿上，荒懶欺飾者，革課出院。

〔註700〕周漢光著：《張之洞與廣雅書院》，第315～316頁。
〔註701〕張之洞：《廣雅書院學規》，鄧洪波主編：《中國書院學規集成》，第1309～1311頁。

　　一、各生徒在房讀書，無事靜坐，不得結隊聚談，高聲肆叫，
不遵者記大過一次，至三次革課出院。

　　一、各生徒不得短衣赤足，群立房門，既玷斯文，尤乖禮法，
不遵者記大過一次，至三次革課出院。〔註702〕

　　湖南校經書院光緒十六年，張亨嘉遷建於湘春門外，重定章程，肄業生由學政歲科兩試調撥，三年更換。「每歲以二月望前到館，十一月望後散館。其有不遵定限者，按扣膏火。凡調院勿論遠近、城鄉，均應住齋，以收取友親師之益。如或耽家食，或謀館穀，但虛應月課者，由監院稟明學院開缺另補。膏火按月給發，不得先期預領，不得屬人代領。齋房為諸生肄業之所，不得容留閒雜人等在內居住。每房每人書櫈一、書架一、方桌一、臥榻一、椅凳各二、箱架腳踏各二。」〔註703〕然不過數年，至光緒二十年江標出任湖南學政時，「近代常年住院諸生不及其半，其餘或有未經調取而反住書院者」，不得不力求整頓，「今自乙未年始，飭監院逐月造冊，詳報謀生請假，某生常住，以察其勤惰而定去取。」因「齋舍東西合計共六十三間，原額四十四，尚多空屋十九」，故而允准未經調撥而願意自備膏火住空屋者，但須由「原調四十四額中諸生，四人出結互保，呈明監院，稟明院長，即准進齋住院，隨同月課。」〔註704〕

　　河南明道書院光緒二十年改為學政主持，「凡肄業舉貢生員，均由學政採訪學行，酌量調取，寧缺毋濫。」〔註705〕書院規制極為嚴格，在此摘錄數條：

　　　　曰謁拜。每月朔望，黎明擊板，諸生咸起盥櫛，肅衣冠，謁道
　　　　統祠。至聖先師前，安置一切器具儀制，各莊嚴再擊板。院長率諸
　　　　生謁聖，再拜；獻香奠酒，再拜；退，再拜。謁程子祠，如前儀。
　　　　監院分謁啟賢祠，齋長分謁兩廡，皆如儀。諸生皆隨謁畢，請師升

〔註702〕梁鼎芬：《端溪書院生徒住齋章程》，鄧洪波主編：《中國書院學規集成》，第1365～1366頁。

〔註703〕張亨嘉：《校經書院章程》，鄧洪波主編：《中國書院學規集成》，第1080～1081頁。

〔註704〕江標：《手諭校經書院諸生》，鄧洪波主編：《中國書院學規集成》，第1082～1083頁。

〔註705〕邵松年：《明道書院日程》，鄧洪波主編：《中國書院學規集成》，第842～844頁。

講堂。監院、齋長在前，諸生以長幼序列在後，再揖師，師還揖，不具拜。師退，監院、齋長向東，諸生向西，彼此同一揖，各退。

日晨謁。每晨黎明擊板，諸生咸起盥櫛。院長、監院率諸生詣道統祠前，肅立三揖。及程子祠前肅立，次第升然，再揖。詣師室分班請安，一揖。退，各歸齋讀書。至夜二更後，擊板皆寢。

日會講。每月朔望晨飯後擊板，諸生齊至講堂，按長幼次第設位。監院一人謁師室，一揖，請師升講堂，退，帥諸生立侯講堂處，師至一揖，迎入，同向師一揖，列坐聽講。必溫恭自虛，不得箕踞交股，仰側他視，昏惰思睡。講畢，監院將《勸善規過簿》呈師，共相勸勉一番，總以誠意懇摯、辭氣婉善為主，不可過於激切。勸勉畢，復向師一揖，送師出，各退。

日質疑。每日內所讀諸書有疑問處，即籍記之以俟問，或體驗有得，立記以備質，或十日、或半月，呈師教正。

日立程。別立日程簿，將每日所讀看諸書，一一登記，且記事以驗躬行有無，檢點身心，分記善過及敬怠分數，以驗工夫疏密，……

日定課。半月一課，院長命題，或經藝、或策論。出題後，限三日繳齊，或有事故不過五日。院長評定，不定高下，但合觀前課以驗進退。

日驗功。每逢朔望，將半月內所看諸書日程簿呈師，於次一日簽發，依序考驗，背試以驗其誦之生熟否，考問以驗其得之深淺。……〔註706〕

湖南岳州府岳陽書院、慎修書院於光緒二十一年定住齋生章程，規定：

一、館規宜從嚴也

查立教不嚴，則肄業生童無所忌憚，品行即難恂謹，功修自難長進。茲應從上學起，各照院長所開功課單，按部就班，日做功．除詩文課期之外，早夜須有書聲，方不負書院名色。尤忌喧嘩談笑，無事出外浪遊。即有事出外，亦不得夜深始歸，每夜二更後頭門上鎖，即將鑰匙由看門人交院長房中，不許齋夫與看門人私自用鑰開門出入，違者送懲。凡住齋生童，每人給簽三十枝，每夜二更關門

〔註706〕黃舒昺：《明道書院學規》，鄧洪波主編：《中國書院學規集成》，第875頁。

後，親送一簽交山長存記。每月官課點名，查簽一次，如少簽一枝，即係一夜未在齋房，罰膏火三十分之一。倘少至十簽以上，並未請假者，逐齋。

一、應課宜無曠也

查每月官課一次，齋課二次。生童是否用功，有無進益，全以課藝為憑。每月除官課外，從開課之日起，不得無故曠課。如遇堂課，凡住齋者概須上堂面試，其有不到者，必先乞假，否則每一次不到，罰扣膏火四之一，三次不到，除課另補。慎修向有應交功課本，統限每月終送交院長，如有不交，亦即照曠課例，按次罰扣示做。其有潦草成文，詩錯平仄，立予戒飭。至於兩院互應堂課，院外願應堂課，均可合編甲乙，佳者給獎，以示鼓勵。另立詩課，原以鄭重其事，倘應課者有文無詩，文雖佳不列前茅，若詩課連曠兩次，亦酌扣膏火示懲。

一、童生回縣應試假期宜示限制也

四邑縣試，惟巴陵附郭，毋容給假。其平江較遠，假期以兩月半為滿，逾兩月半者，按日照扣膏火，逾三個月者，另補該縣副課第一住齋之人。臨湘、華容較近，假期以月半為滿，逾月半者按日照扣膏火，逾至兩月者另補，亦如平江之例。如非考試，自行乞假歸家，遠者逾月半，近者逾一月，均按日扣膏火。若逾兩月者，另補。至於每月發給膏火，另有刊本章程，遵照辦理，庶可以垂久遠。其由副課升補正課者，由齋長查明送單，監院榜示大堂，以昭公允，而免爭競。至於甄別冊上無名，尤不得仍蹈舊習，竟自擅居齋房，致有名者無房可住，尤宜預戒。

一、住齋宜自加慎重房門以防失物也

查書院各設更夫巡夜，或可免有他虞。惟於黎明傍晚之時，守門稍有失察，即不免小偷乘間而入，竊取衣被。所有兩院住齋生童，不但遠出宜鎖房門，即偶往同院齋房，或吃飯，或談文，亦須鎖門。如請假歸家，其衣被要件，概宜寄存妥處，以防偷竊。萬一院中仍有失物，亦須先稟院長，再行具呈到官，追贓給領。即或贓久不獲，亦須遵照上年示諭，稟請本府飭令嚴追，不可聚眾生事，滋鬧衙門，既違君子懷刑之訓，又失書院舊立之規，以有理而致無理，非特於

事罔濟，抑且反受其累，是宜切戒。如或不遵教訓，自貽重咎，斷
不肯稍從寬貸也。〔註707〕

光緒二十一年，時任蕪湖道袁爽秋整頓蕪湖中江書院，使得山長及生徒
可以住院肄業，具體情形如下：

> 茲適有鈔關書辦每次升補在房常川進呈公費，積有千餘金，例
> 為觀察津貼，乃竟一塵不染，悉數移捐書院。並增鶴俸將院規大加
> 擴充，俟考試甄別時挑取前列高材生八人，常年住院肄業，每人月
> 給薪水貲五元，使其瞻顧身家，專務窮經以致大用。又從各省採購
> 經史百家有用書籍，使諸生博觀約取，學識閎通，不致沾沾於八股
> 一門。所延山長本為旌德呂筱蘇太史，今特改聘黟縣汪仲伊賢書宗
> 沂接主講席，約花朝左右可以適館。觀察特委縣學王瑞臣廣文為監
> 院，並委陳小泉少尹會伺製辦桌椅床帳燈屏幃幕等件，並雇工將院
> 中房屋大加修整，丹堊一新，以便山長終年下榻其中，與諸生講解
> 切磋。非若向時之山長優游私邸，或遠隔山河，屆時聊閱數篇，甚
> 至錯認顏標作魯公，貽笑通都，播為奇談也。又聞觀察尚須就院後
> 添建藏經樓一座，藏置所備各種書籍，並闢地數弓栽植花木，使諸
> 生橫經講業之餘，藉以怡情悅志。〔註708〕

二十二年署松江知府陳蓉曙「創設融齋書院，就城中方正學公祠內拓地
三弓，大加修葺，遴選郡中高材生住院肄業，並延監院以課勤惰」，初時住院
生名額僅六人，二十三年春陳蓉曙再添二人，「薪水仍給五十千」〔註709〕，
五月恩詩農回任後，又為增廣二額，得十名之額數。〔註710〕「在院諸生月有
常餼，並仿上海龍門書院章程，各有日記，月終由監院匯呈府尊，以覘學業。」
光緒二十四年，知府恩詩農閱日記，「見諸生作輟者多，一月之中僅有數日到
院，殊辜栽培後進之意。遂嚴定新章每月僅許四日歸省，若作輟至五日以外，
扣發膏火一千五百文。十日以外三千文，半月以外除名另補。已劄飭監院婁
學儲廣文傳示住院諸生，俾知所儆惕。」〔註711〕

〔註707〕鍾英：《新定岳陽慎修兩書院住齋生章程》，鄧洪波主編：《中國書院學規集
成》，第 1188～1189 頁。
〔註708〕《作育人才》，《申報》1895 年 2 月 24 日，第 2 版。
〔註709〕《培植士林》，《申報》1897 年 3 月 4 日，第 1 版。
〔註710〕《嘉惠士林》，《申報》1897 年 8 月 10 日，第 2 版。
〔註711〕《整頓書院》，《申報》1898 年 5 月 27 日，第 9 版。

此外，諸多書院雖未改為住院肄業式的書院，但仍通過各種措施招諸生住院肄業。如湖州安定書院同治年間定規，「住院肄業者每月給白米三斗，每月朔日監院按名給發，不見本人不給，並於月課卷面加住院戳記。」住院肄業者，膏火加一倍，「月米及加給之膏火，必須下榻院中者，始准給發。一人不得支兩分。均由監院與齋長隨時稽查。如住院者有遠遊及他務，許稟明監院，知會齋長，隨時遷出。」〔註712〕光緒元年定規，「甄別案內前列仍准住院，但須公正紳董切實保送，每年以十人為限，監院會同山長核明送院肄業，並備文報府，如有朔望曠課或任意出入，由監院隨時稽查，告知保送之人撤退。」〔註713〕湖南巴陵縣金鶚書院創設於光緒十年，光緒十二年定規，「願住齋者，於考試甄別時卷面填明『住齋』二字，俟取列後向監院報名，先盡正課，次盡副課，再盡附課，按照名次先後搬入居住，不得爭競。正課住齋者，月發膏夥錢壹串文，米三斗。副課住齋者，月發膏夥錢八百文，米三斗，定於每月十八日按名發給，賬房先具米票並錢文送交監院。所取前列生童，務須本身親領，不得聽其冒濫。附課無膏夥無米。」〔註714〕

光緒二十一年，因「鍾山書院歷年未有一生居住」，張之洞聘梁鼎芬掌教書院，選拔高材生四十人住院肄業。〔註715〕浙江龍游縣鳳梧書院於光緒二十二年定規，「凡與考生童，均須預期赴禮房報名造冊，聽候屆期局試。其有隋願住院肄業者，甄別時親於卷面填明「請住院」字樣，照章比較名次先後，酌定城鄉人數，另行牌示。務於山長進院之日齊集候送，入書院肄業。」「凡考取前列應行住院各生，自到院之日起，每人每日酌給膳金錢五十文，按旬由監院散給，仍歸院夫專司炊爨，不准自雇火夫人院。如遇停課、告假以及無故出外，均應按日扣除，不得空支，以昭核實。」〔註716〕光緒二十二年，時任松江知府陳蓉曙整頓松江諸書院，時人便建議，書院最為緊要之務即「山長及肄業諸生皆宜住院也。嘉道以前雲間山長，代有聞人，其時本自住院，諸生亦有在院肄業者。粵匪之亂，院毀於兵火，逮前郡守江夏楊公

〔註712〕宗相文：《重訂安定書院章程》，鄧洪波主編：《中國書院學規集成》，第375～376頁。

〔註713〕郭谷齋：《參訂安定書院章程》，鄧洪波主編：《中國書院學規集成》，第377頁。

〔註714〕《金鶚書院酌議章程八條》，鄧洪波主編：《中國書院學規集成》，第1191頁。

〔註715〕《六朝金粉》，《申報》1895年5月3日，第2版。

〔註716〕《鳳梧書院章程》，鄧洪波主編：《中國書院學規集成》，第424～425頁。

修復一新，迄今二十年，閉置不用，漸見剝落。宜增籌款項，率由舊章，仍請山長蒞院。其肄業生分內、外課，亦復前規。並採蘇州之學古堂、江陰之南菁、上海之龍門各書院章程，以廣集益而宏造就，此外求忠、景賢亦可以次興修仿辦。」〔註717〕

浙江東陽縣東白書院光緒年間定規，甄別「其取列生員前十八名者，即向監院親填「住院」字樣，到院肄業，有不願者聽。」「生員住院十八名，由院供給，每名每月核錢壹千貳百文，按月逢六日加葷錢壹百文。每年九個月，計錢貳百肆拾三千文。」「生員住院拾捌名，每月初十日、二十四日為小課」，「限十三日、二十七日繳卷。或經文，或經解，或詩賦，或策論、表疏，不拘一格，交卷概不准逾限，違者不閱。」「每名給膏火錢四百文。如有不做者，停給。」「若無別故，身離院內連曠兩課者，即由監院稟縣扣除，拔其尤者充補額數。頭門定於二更扃鎖，並由縣置一簿交於監院處，逐日於每名下登記功過。在肄業者，務必恪守儒規，一出一人，必向監院告明，以便朔望送縣，考核優劣。倘有濫交征逐戲遊之徒，往來混雜，致荒大功，貽累朋輩，查知即行驅逐，拔尤者另補。書院每日一粥二飯供膳，於學道堂兩傍設備三桌，每桌六人，不得參差，亦習禮儀之一端也。」「每年定二月初一日開課，書舍拾捌間，即照編號按榜取名次挨次居住，不得預先自行擇定。由院董於三五日前著人打掃潔淨，表糊窗格。按每住房一間，床鋪一副，椅桌各一張，書架三層，衣架一個。山長、監院處，斟酌安排廚工，亦須早日預備，以免臨時倉卒。」〔註718〕

然而，諸書院之實際住院情形依舊不容樂觀，「夫住院者，為其離省太遠，由外府而來，家居不能用功。或窮鄉僻壤，見聞較隘，不如省垣之闊大，親師取友所益良多。」〔註719〕若書院規制依舊以考課為中心，則住院肄業基本上都會很快流於形式，而即使住院肄業型的書院，諸生住院情形依舊不容樂觀。光緒七年，龍門書院「和州鮑華潭先生來主講席，不駐院。於是出入可以自由。」〔註720〕光緒十七年，楊頤稱：「就目今蘇省書院而論，生徒朝夕講習，

〔註717〕《與客論松郡陳太守新政因條擬整頓郡城書院事宜一》，《申報》1896年5月27日，第1版。
〔註718〕《東白書院章程》、《東白書院每年用款》，鄧洪波主編：《中國書院學規集成》，第442～445頁。
〔註719〕《論爭居書院》，《申報》1881年4月4日，第1版。
〔註720〕李平書著：《李平書七十自述》，上海：上海古籍出版社1989年版，第16頁。

常獲稟承師訓者，南菁一席實為碩果僅存。」〔註721〕光緒五年寧波月湖書院，「被看院人私作人情，初則任人設館，繼且租作民居，擁擠夾雜，屋宇損壞」，「現經宗太守撥款修理，特飭監院戴、沈兩訓導查明院中講堂之東西兩廂屋，二堂之東西兩側屋，如暫無用處，准係在院肄業與課之生童設館，惟人數不得過多。後進正屋三間留作山長暨監院到院時起居之地云。」〔註722〕同治至光緒初年杭州崇文書院住院情形：

> 昔杭城初克復時，蔣果敏公開藩於浙，首以培養人才為先務之急，草創書院，慎選監院，廣招肄業，捐廉備辦諸生火食。爾時紫陽歸撫憲，崇文歸藩憲，敷文歸臬憲，而果敏公竭力提倡，凡諸生之供給必從其優，課期之膏獎必從其厚。時或親至院中，查察一切，有時即與諸生共食，如有供給不豐者，則傳監院申斥，或將庖人責革。而於諸生，則溫慰再三而後去……仆於庚午、辛未（注：同治九年、十年）之間過武林，曾往崇文書院訪友，信宿而返，其時蔣公雖已升任粵撫，後人猶守其舊章，不改初服現模，禮意殊有可觀。至甲戌、丙子（同治十三年、光緒二年）等年再過之，則大異從前，院內庭中蒿萊沒徑，住院者亦不若前此之多。詢諸友人則曰：近來院規大改，肄業者不照向例，憑文取入，但以條子鑽營而得之。院中廚役龐然，自大當值諸人，亦呼喚不靈。欲尋監院而訴之，則監院一月之中或來一次、或數月不來，即訴之亦無所處分。以故鄉試之年，或尚有住院以省房金者，若非鄉試之年則院中闃其無人焉。〔註723〕

由此可知，大約同治年間，因蔣益澧之整頓，加之大亂初平，生徒生計無端，故而住院肄業者眾多，而至同治末年，光緒初年，則住院者絕少矣。光緒十四年時任浙江巡撫衛榮光整頓杭州書院，「劄飭各監院遵照辦理，凡有願住院者，飭於甄別卷面自行填注明白，甄別未取之卷，仍照向例不准住院。三書院住院之額，每院以三十六人為限，由監院查明自填住院之卷，按照甄別所取等第，挨次補額，准令入院居住。倘照名次挨算在三十六名以後者，

〔註721〕《光緒朝東華錄》，光緒十七年十一月，北京：中華書局1958年版，第2009頁。

〔註722〕《驅禁占住書院》，《申報》1879年3月1日，第2版。

〔註723〕《論塾正私收贄敬事》，《申報》1893年4月5日，第1版。

則甄別卷雖取列，概不准住入院中。」〔註724〕實際住院肄業情形依舊不容樂觀，住院者多為晉省趕考士子，「住院肄業，藉供摩厲之資，且省房租之費」，光緒十九年恩科，因書院住院規則過嚴，故而「從遠方來者尚寥落若晨星，惟紹興蕭山縣人僅一江之隔，與考甄別尚不乏人也。」〔註725〕

又如詁經精舍，「赭寇削平後，湘鄉蔣果敏公重建之，十餘年來肄業者紛如，而住院者則闃無人焉。」光緒十二年學政瞿鴻禨「親試月課，拔取前列高材生二十名，優給膏火花紅，送入院中肄業」。不料十月初六日精舍起火，「住院各生爭下榻於第一樓，茶竈藥爐，星羅棋佈。是夕晚炊遺火延及床帳，遂兆焚如。諸生覩此，散若晨星，以致撲救無人，任其延蔓。比鄰聖因寺，亦遭池魚之累。幸急將新造山門拆去，始斷火路，精舍之東為照膽臺，牆宇甚高亦得安然無恙云」，「第一樓等名勝皆成焦土」，「僅存雍睦堂一所及後進之正氣、先覺、遺愛堂各數楹，其餘則均成焦土」〔註726〕，則住院肄業之事又廢棄矣。

〔註724〕《住院新章》，《申報》1888年3月12日，第2版。

〔註725〕《甄別續紀》，《申報》1893年3月19日，第2版。

〔註726〕《精舍被焚》，《申報》1886年11月9日，第2版；《西泠談屑》，《申報》1886年11月15日，第1版。